Rechtliche Probleme im Streit um Internet-Domain-Names

Europäische Hochschulschriften

Publications Universitaires Européennes
European University Studies

Reihe II
Rechtswissenschaft

Série II Series II
Droit
Law

Bd./Vol. 3775

PETER LANG
Frankfurt am Main · Berlin · Bern · Bruxelles · New York · Oxford · Wien

Susanne Neumann

Rechtliche Probleme im Streit um Internet-Domain-Names

PETER LANG
Europäischer Verlag der Wissenschaften

Bibliografische Information Der Deutschen Bibliothek
Die Deutsche Bibliothek verzeichnet diese Publikation in der Deutschen Nationalbibliografie; detaillierte bibliografische Daten sind im Internet über <http://dnb.ddb.de> abrufbar.

Zugl.: Köln, Univ., Diss., 2003

D 38
ISSN 0531-7312
ISBN 3-631-51614-2

www.peterlang.de

Für meine Familie

Vorwort

Die geradezu explosionsartige Entwicklung des Internet hat eine Vielzahl neuer Rechtsprobleme aufgeworfen. Wider Erwarten war es nicht erforderlich, für die Bewältigung dieser Probleme ein neues, originäres Online - Recht zu schaffen. Zwar mögen die internationalen Regelungen zur Registrierung einer Domain ein eigenständiges Domainrecht darstellen, für die Klärung der entstandenen Rechtsfragen kann aber im Wesentlichen auf die herkömmlichen Rechtsstrukturen zurückgegriffen werden. Dies sind insbesondere der gesamte Bereich des gewerblichen Rechtsschutzes, über den öffentlich-rechtlichen Bereich der Leistungen bis hin zum Kartellecht.

Die erforderliche Rechtssicherheit, die gerade für große, weltweit im Internet operierende Unternehmen von Nöten ist, ist zwar noch nicht gänzlich erreicht. Insbesondere im Streit um die Internet-Adressen, die sog. „Internet-Domain-Names“ ergingen in den letzten Jahren eine Fülle gerichtlicher Entscheidungen, die bezüglich vieler Rechtsfragen keine klare Linie aufwiesen. Dabei basierten die verschiedenen Sichtweisen häufig darauf, dass manche Gerichte mehr die technischen Gegebenheiten des Internets, andere mehr die rechtlichen Gegebenheiten in den Vordergrund stellten. Als problematisch hat sich zudem herausgestellt, dass es hinsichtlich vieler Lösungsmöglichkeiten, die sowohl kreativ als auch rechtlich überzeugend sind, keine Möglichkeit gibt, diese in der Praxis sinnvoll umzusetzen.

Mittlerweile sind einige Entscheidungen des BGH zur Klärung von Streitigkeiten um Internet-Domain-Names ergangen, die eine im Wesentlichen klare und in sich schlüssige Linie vorgeben. Auch an diesen Entscheidungen zeigt sich, dass sich insbesondere die Befürchtung, das Recht online und offline auseinanderdriften würde, letztlich nicht bewahrheitet hat.

Aufgrund der immer noch fortschreitenden rasanten Entwicklung des Internet werden auch weiterhin vielfältige Rechtsprobleme auftauchen. Inwieweit die bislang ergangene Rechtsprechung dann aufrechterhalten werden kann, bleibt abzuwarten. Es gilt, dem stetigen Wandel des Internet dadurch Rechnung zu tragen, dass ständig neue Lösungswege gesucht werden, die dann auch tatsächlich in der Praxis umsetzbar sind.

In dieser Arbeit werden unter Berücksichtigung der aktuellen BGH-Rechtsprechung neue Lösungsmöglichkeiten zur Klärung und zur Verringerung der Domainstreitigkeiten analysiert. Dabei ist die Rechtssprechung und Literatur bis Januar 2003 berücksichtigt worden.

Die Arbeit wurde im Sommersemester 2003 von der juristischen Fakultät der Universität zu Köln als Dissertation angenommen. Ich danke Frau Prof. Dr. Anja Steinbeck für die vorbildliche Betreuung dieser Arbeit. Der Zweitgutachterin, Frau Prof. Dr. Barbara Grunewald danke ich für die zügige Beurteilung.

Bergisch Gladbach, im Juli 2003

Susanne Neumann

Inhaltsverzeichnis

Abkürzungsverzeichnis

Abs. .... Absatz
a.F. ....alte Fassung
Anm. .... Anmerkung
APNIC .... Asia Pacific Network Information Center
ARIN .... American Registry for Internet Numbers
ARPA .... Advanced Research Projects Agency
Art. .... Artikel
Aufl. .... Auflage
BB .... Betriebsberater
BGB .... Bürgerliches Gesetzbuch
BGH .... Bundesgerichtshof
BGHZ .... Entscheidungen des BGH in Zivilsachen
bzgl. .... bezüglich
bzw. .... beziehungsweise
CR .... Computer und Recht
DB .... Der Betrieb
DENIC .... Deutsches Network Information Center
d.h. .... das heißt
DNS .... Domain-Name-System
DPMA .... Deutsches Patent- und Markenamt
DZWiR .... Deutsche Zeitschrift für Wirtschaftsrecht
eaG .... eingerichteter und ausgeübter Gewerbebetrieb
E-Commerce .... Electronic Commerce
EDV .... Elektronische Datenverarbeitung
EuGH .... Europäischer Gerichtshof
EWiR .... Entscheidungen zum Wirtschaftsrecht
f., ff. .... folgend, fortfolgend
Gem. .... gemäß
ggf. .... gegebenenfalls
GoA .... Geschäftsführung ohne Auftrag

GRUR .... Gewerblicher Rechtsschutz und Urheberrecht
GRUR-Int. .... Gewerblicher Rechtsschutz und Urheberrecht; Auslands – und internationaler Teil
GRUR-RR ....Gewerblicher Rechtsschutz und Urheberrecht – Rechtsprechungs - Report
GTLD .... generic Top-Level-Domain
GWB .... Gesetz gegen Wettbewerbsbeschränkungen
HGB ....Handelsgesetzbuch
hM. ....herrschende Meinung
HS .... Halbsatz
HTML .... Hyper Text Markup Language
http:// ....Hyper Text Transfer Protocol
IAHC .... International Ad Hoc Commitee
IANA .... Internet Assigned Numbers Authority
ICANN .... Internet Corporation for Assigned Names and Numbers
idR. .... in der Regel
InterNIC ....Internet Network Information Center
IP .... Internet-Protocol
iRd. .... im Rahmes des/der
iSd. ....im Sinne des/der
ISOC .... Internet Society
ISP .... Internet - Service -Provider
iVm. .... in Verbindung mit
K&R .... Kommunikation und Recht
krit. ....kritisch
LG ....Landgericht
Lit. .... Literatur
MA .... Markenartikel
MarkenG ....Markengesetz
MMR .... Multi Media und Recht
NIC .... Network Infomation Center
NJW ....Neue Juristische Wochenzeitschrift

NJW-RR .... NJW – Rechtsprechungs – Report Zivilrecht
Nr. .... Nummer
OLG .... Oberlandesgericht
PatG .... Patentgesetz
RFC .... Request for Comments
RIPE-NIC .... Reseaux IP Europeen Network Coordination Center
Rspr. .... Rechtsprechung
Rn. .... Randnummer
s. .... siehe
S. .... Seite
SLD .... Second-Level-Domain
sog. .... sogenannt/e
str. .... strittig
TDG .... Teledienstgesetz
TLD .... Top-Level-Domain
TKV .... Telekommunikationsgesetz
UDRP .... Uniform Domain Name Dispute Resolution Policy
UWG .... Gesetz gegen den unlauteren Wettbewerb
vgl. .... vergleiche
WIPO .... World Intellectual Property Organisation (Weltorganisation für geistiges Eigentum)
WRP .... Wettbewerb in Recht und Praxis
z.B. .... zum Beispiel
ZHR .... Zeitschrift für das gesamte Handelsrecht (und Wirtschaftsrecht)

Literaturverzeichnis

ALTHAMMER, Werner/ STRÖBELE, Paul/ KLAKA, Rainer	Markengesetz. Kommentar 6. Auflage 2000 zit.: Althammer/Ströbele/Klaka, MarkenG
APEL, Jürgen/ GROSE-RUSE, Henning	Markenrecht versus Domainrecht Ein Plädoyer für die Paradigmen des Markenrechts im Rechtsvergleich WRP 2000, 816-823 zit.: Apel/Große-Ruse, WRP 2000
BAUMBACH, Adolf/ HEFERMEHL, Wolfgang	Wettbewerbsrecht Gesetz gegen den unlauteren Wettbewerb Zugabenverordnung, Rabattgesetz und Nebengesetze 20. Auflage 1998 zit.: Baumbach/Hefermehl, Wettbewerbsrecht
BÄUMER, Ulrich	Domain Namen und Markenrecht Die Gerichtspraxis in den Vereinigten Staaten CR 1996, 174-179 zit.: Bäumer, CR 1996
BECKMANN, Marcus	Anmerkung zu OLG Hamburg v. 04.02.2002 – 3 W 8/02 (LG Hamburg) CR 2002, 446-447 zit.: Beckmann, CR 2002
BERLIT, Wolfgang	Multimedia und Marken: Aktuelle Tendenzen der markenrechtlichen Rechtsprechung NJW 1999, 701-702 zit.: Berlit, NJW 1999
- ders. -	Das neue Markenrecht 4. Auflage 2000 zit.: Berlit, Markenrecht

BETTEN, Jürgen
Titelschutz von Computerprogrammen
GRUR 1995, 5-12
zit.: Betten, GRUR 1995

BETTINGER, Torsten
Kennzeichenrecht im Cyberspace: Der Kampf um die Domain-Namen
GRUR Int. 1997, 402-420
zit.: Bettinger, GRUR Int. 1997

-ders.-
Anm. zu OLG Frankfurt/M. v. 13.02.1997 – 6 W 5/97
CR 1997, 273-274
zit.: Bettinger, CR 1997

-ders.-
Anm. zu OLG Hamm v. 13.01.1998 – 4 U 135/97
CR 1998, 243-244
zit.: Bettinger, CR 1998

-ders.-
ICANN´s Uniform Domain Name Dispute Resolution Policy
Neue außergerichtliche Konfliktlösungsverfahren im Kampf gegen missbräuchliche Domainregistrierungen
CR 2000, 234-239
zit.: Bettinger, CR 2000

-ders.-
Anm. zu LG Hamburg v. 30.06.2000
CR 2000, 618-620
zit.: Bettinger, CR 2000

BETTINGER, Torsten/ FREYTAG, Stefan
Verantwortlichkeit der DENIC e.G. für rechtswidrige Domains
CR 1999, 28-38
zit.: Bettinger/Freytag, CR 1999

BIERE, Sebastian
Anm. zu OLG Köln v. 18.12.1998 – 13 W 48/98
CR 1999, 387-388
zit.: Biere, CR 1999

-ders.-
Anm. zu LG Frankfurt/M. v. 14.10.1998 – 2 / 06 O 283/98
CR 1999, 453-454
zit.: Biere, CR 1999

BIERMANN, Claudia
Kennzeichenrechtliche Probleme des Internets: Das Domain– Name-System
WRP 1999, 997-1005
zit.: Biermann, WRP 1999

BOES, Ulrich/DEUTSCH, Volker
Die „Bekanntheit" nach dem neuen Markenrecht und ihre Ermittlung durch Meinungsumfragen
GRUR 1996, 168-173
zit.: Boes/Deutsch, GRUR 1996

BOTTENSCHEIN, Florian
Anm. zu LG Hamburg v. 01.08.2000 – 312 O 328/00
MMR 2000, 623-625
zit.: Bottenschein, MMR 2000

-ders.
Namensschutz bei Streitigkeiten um Internet – Domains
MMR 2001, 286-292
zit.: Bottenschein, MMR 2001

BÜCKING, Jens
Namens – und Kennzeichenrecht im Intenet
1. Auflage 1999
zit.: Bücking, Namens – und Kennzeichenrecht

-ders.-
Internet – Domains – Neue Wege und Grenzen des bürgerlich-rechtlichen Namensschutzes
NJW 1997, 1886-1891
zit.: Bücking, NJW 1997

-ders.-
Update Domainrecht: Aktuelle Entwicklungen im deutschen Recht der Internetdomains
MMR 2000, 656-664
zit.: Bücking, MMR 2000

-ders.-
Liberalisierung im Vergabewesen deutscher Domainadressen? – DENIC und die „Essential Facilities"-Doktrin
GRUR 2002, 27-35
zit.: Bücking, GRUR 2002

ECKHARDT, Jens
Anmerkung zu LG Flensburg v. 08.01.2002 – 2 O 351/01 – „sandwig.de"
CR 2002, 538
zit.: Eckhardt, CR 2002-09-28

EICHMANN, Helmut
Der Schutz von bekannten Kennzeichen
GRUR 1998, 201-214
zit.: Eichmann, GRUR 1998

ERNST, Stefan | Wirtschaftsrecht im Internet
BB 1997, 1057-1062
zit.: Ernst, BB 1997

-ders.- | Deutsche Städte im Internet und das Namensrecht
NJW-CoR 1997, 426-427
zit.: Ernst, NJW-CoR 1997

-ders.- | Anm. zu LG Hamburg v. 13.09.1999 – 315 O 258/99
CR 2000, 122-123
zit.: Ernst, CR 2000

-ders.- | Internetadressen, Der Stand der Rechtsprechung
MMR 2001, 368-374
zit.: Ernst, MMR 2001

FEZER, Karl-Heinz | Rechtsverletzende Benutzung einer Marke als Handeln im geschäftlichen Verkehr
-Abschied von der markenmäßigen Benutzung im MarkenG-
GRUR 1996, 566-571
zit.: Fezer, GRUR 1996

-ders.- | Erste Grundsätze des EuGH zur markenrechtlichen Verwechslungsgefahr - oder: „Wie weit springt die Raubkatze?"
NJW 1998, 13-716
zit.: Fezer, NJW 1998

-ders.- | Die Kennzeichenfunktion von Domainnamen
WRP 2000, 669-674
zit.: Fezer, WRP 2000

-ders.- | Markenrecht, Kommentar zum Markengesetz zur Pariser Verbandsübereinkunft und zum Madrider Markenabkommen.
3. Auflage 2001
zit.: Fezer, Markenrecht

FOERSTL, Uli | Die Entscheidung „shell.de" – Stärkung von Kennzeichenrechten im Internet? Zugleich Anmerkung zu BGH v. 22.11.2001 – I ZR 138/99
CR 2002, 518-524
zit.: Foerstl, CR 2002

FREITAG, Andreas
Technische Adresse oder geschütztes Unternehmenskennzeichen?
MA 1996, 495-499
zit.: Freitag, MA 1996

FÜLLKRUG, Dieter
Überlegungen zum Widerspruchsverfahren nach neuem Recht
MA 1995, 498-507
zit.: Füllkrug, MA 1995

GRAEFE, Thomas
Marken und Internet
MA 1996, 100-103
zit.: Graefe, MA 1996

HACKBARTH, Ralf
Anm. zu OLG München v. 02.04.1998 – 6 U 4798/97
CR 1998, 558-559
zit.: Hackbarth, CR 1998

-ders.-
Anm. zu OLG München v. 25.03.1999 – 6 U 4557/98
CR 1999, 384-385
zit.: Hackbarth, CR 1999

-ders.-
Anm. zu OLG Hamburg v. 5.11.1998 – 3 U 130/98
CR 1999, 186-187
zit.: Hackbarth, CR 1999

HARTMANN, Matthias
Anm. zu OLG Hamburg v. 13.07.1999- 3 U 58/98
CR 1999, 782-783
zit.: Hartmann, CR 1999

HELM, Horst
Die bösgläubige Markenanmeldung
GRUR 1996, 593-601
zit.: Helm, GRUR 1996

HELM, Marianne
Zur ergänzenden Anwendung wettbewerbsrechtlicher Bestimmungen auf markenrechtliche Tatbestände
GRUR 2001, 291-295
zit.: Helm, GRUR 2001

HOELLER, Boris
Anm. zu OLG Hamburg v. 13.07.1999- 3 U 58/98
MMR 2002, 459-461
zit.: Hoeller, MMR 2002

HOEREN, Thomas | Anmerkung zu LG Mannheim v. 8.3.1996 – 7 O 60/96
CR 1996, 355-356
zit.: Hoeren, CR 1996

-ders.- | Cybermanners und Wettbewerbsrecht – Einige Überlegungen zum Lauterkeitsrecht im Internet
WRP 1997, 993-998
zit.: Hoeren, WRP 1997

-ders.- | Internet und Recht – Neue Paradigmen des Informationsrechts
NJW 1998, 2849-2854
zit.: Hoeren, NJW 1998

-ders.- | Kurzkommentar zu OLG Karlsruhe v. 09.06.1999 – 6 U 62/99 – „ Bad –Wildbad.com"
EWiR 1999, 983 – 984
zit.: Hoeren, EWiR 1999

-ders.- | Kurzkommentar zu OLG Hamburg v. 13.07.1999 – 3 U 58/98 – „mitwohnzentrale.de"
EWiR 2000, 193 – 194
zit.: Hoeren, EWiR 2000

-ders.- | Grundzüge des Internetrechts: E-Commerce/Domains/Urheberrecht
München 2001
zit.: Hoeren, Grundzüge

HOFFMANN, Helmut | Anm. zu OLG München v. 23.9.1999- 29 U 4357/99
MMR 2000, 105-106
zit.: Hoffmann, MMR 2000

INGERL, Reinhard/ ROHNKE, Christian | Die Umsetzung der Markenrechts-Richtlinie durch das deutsche Markengesetz
NJW 1994, 1247-1255
zit.: Ingerl/Rohnke, NJW 1994

INGERL, Reinhard/ ROHNKE, Christian | Markengesetz
Gesetz über den Schutz von Marken und sonstigen Kennzeichen
1. Auflage 1998
zit.: Ingerl/Rohnke, Markengesetz

JACOBS, Rainer
Werktitelschutz für Computerspiele und Computerprogramme
GRUR 1996, 601-607
zit.: Jacobs, GRUR 1996

KELLER, Erhard
Die zeichenmäßige Benutzung im Markenrecht
- Umfang und Grenzen der markenrechtlichen Abwehrbefugnis-
GRUR 1996, 607-613
zit.: Keller, GRUR 1996

KIETHE, Kurt/ GROESCHKE, Peer
Die sittenwidrige Markenanmeldung und die Rechtsschutzmöglichkeiten des § 1 UWG
WRP 1997, 269-274
zit.: Kiethe/Groeschke, WRP 1997

KILIAN, Matthias
Die Adresse im Internet – Domains und ihr rechtlicher Schutz
DZWiR 1997, 381- 390
zit.: Kilian, DZWiR 1997

KLEINWÄCHTER, Wolfgang
ICANN als United Nations der Informationsgesellschaft?
Der lange Weg zur Selbstregulierung des Internet
MMR 1999, 452-459
zit.: Kleinwächter, MMR 1999

KOCHNIKE, Clemens/ BÄUMER, Ulrich
Die Vergaberichtlinie des InterNIC bei Internetadressen
CR 1996, 499-501
zit.: Kochnike/Bäumer, CR 1999

KOCHNIKE, Clemens/ TRÖNDLE, Rüdiger
Links, Frames und Meta-Tags
Urheber-und markenrechtliche Implikationen im Internet
CR 1999, 190-197
zit.: Kochnike/Tröndle, CR 1999

KÖHLER, Helmut/ PIPER, Henning
Gesetz gegen den unlauteren Wettbewerb
Kommentar
2001

KOTTHOFF, Jost
Fremde Kennzeichen in Metatags: Marken – und Wettbewerbsrecht
K&R 1999, 157-163
zit.: Kotthoff, K&R 1999

KUR, Annette
Namens – und Kennzeichenschutz im Cyberspace
CR 1996, 590-594
zit.: Kur, CR 1996

-dies.-
Internet – Domains
CR 1996, 325-331
zit.: Kur, CR 1996

-dies.-
Die Harmonisierung der europäischen Markengesetze
Resultate –offene Fragen- Harmonisierungslücken
GRUR 1997, 241-254
zit.: Kur, GRUR 1997

LEIBLE, Stefan/ SOSNITZA, Olaf
Anmerkung zu OLG Köln v. 27.11.2001 – 15 U 108 u. 109/01 (LG Köln) – „guenter-jauch.de"
MMR 2002, 479-480
zit.: Leible/Sosnitza, MMR 2002

MANKOWSKI, Peter
Anmerkung zu OLG München v. 15.11.2001 – 29 U 3769/01 – „literaturhaus.de"
CR 2002, 450-452
zit.: Mankowski, CR 2002

MARWITZ, Petra
Domainrecht schlägt Kennzeichenrecht?
WRP 2001, 9-13
zit.: Marwitz, WRP 2001

MEYER, Sebastian
Neue Begriffe in Neuen Medien – Eine Herausforderung für das Markenrecht
GRUR 2001, 204-210
zit.: Meyer, GRUR 2001

MIETZEL, Jan Gerd/ HERO, Marco
Sittenwidriger Domainhandel: Gibt es die „Hinterhaltsdomain"?
MMR 2002, 84-88
zit.: Mietzel/Hero, MMR 2002

Münchener Kommentar
Kommentar zum Bürgerlichen Gesetzbuch
Band 4: Schuldrecht BT
(§§ 705-853)
3. Auflage 1992-1998
zit.: MünchKomm/Bearbeiter

NORDEMANN, Axel/ GODDAR, Heinz/
Gewerblicher Rechtsschutz und Urheberrecht im Internet

TÖNHARDT, Marion/ CZYCHOWSKI, Christian	CR 1996, 645-657 zit.: Nordemann/Goddar/Tönhardt/Czychowski, CR 1996
NORDEMANN, Axel	Internet – Domains und zeichenrechtliche Kollisionen NJW 1997, 1891-1897 zit.: Nordemann, NJW 1997
NORDEMANN, Jan Bernd/ CZYCHOWSKI, Christian/ GRÜTER, Patrick Winfried	Das Internet, die NameServer und das Kartellrecht NJW 1997, 1897-1902 zit.: Nordemann/Czychowski/Grüter, NJW 1997
OMSELS, Hermann-Josef	Die Kennzeichenrecht im Internet GRUR 1997, 328-337 zit.: Omsels, GRUR1997
PALANDT, Otto	Kommentar zum Bürgerlichen Gesetzbuch + Ergänzungsband Schuldrechtsmodernisierungsgesetz 61. Auflage 2001 zit.: Palandt/Bearbeiter, BGB
PFEIFFER, Tim	Cyberwar gegen Cybersquatter GRUR 2001, 92-98 zit.: Pfeiffer, GRUR 2001
PIPER, Henning	Der Schutz der bekannten Marken GRUR 1996, 429-439 zit.: Piper, GRUR 1996
RACZ, Christian	Second-Level-Domains aus kennzeichenrechtlicher Sicht 2001 zit.: Racz, Second-Level-Domains
REINHART, Andreas	Kollisionen zwischen eingetragenen Marken und Domain-Namen WRP 2001, 13-19 zit.: Reinhart, WRP 2001
RENCK, Andreas	Kennzeichenrechte versus Domain-Names -Eine Analyse der Rechtsprechung- NJW 1999, 3587-3594 zit.: Renck, NJW 1999

-ders.-	Scheiden allgemeine Begriffe und Gattungsbezeichnungen als Internet-Domain aus? Eine Anmerkung zur Entscheidung des OLG Hamburg vom 13. Juli 1999 – „mitwohnzentrale.de“ WRP 2000, 264-269 zit.: Renck, WRP 2000
SACK, Rolf	Die „Verwässerung“ bekannter Marken und Unternehmenskennzeichen WRP 1985, 459-467 zit.: Sack, WRP 1985
-ders.-	Sonderschutz bekannter Marken GRUR 1995, 81-98 zit.: Sack, GRUR 1995
-ders.-	Probleme des Markenschutzes im Ähnlichkeitsbereich WRP 1998, 1127-1141 zit.: Sack, WRP 1998
SCHNEIDER, Gerhard	Die Wirksamkeit der Sperrung von Internet-Zugriffen MMR 1999, 571-577 zit.: Schneider, MMR 1999
SCHÖNBERGER, Katja	Der Schutz des Namens von Gerichten gegen die Verwendung als oder in Domain-Namen GRUR 2002, 478-485 zit.: Schönberger, GRUR 2002
SCHÖNKE, Adolf **SCHRÖDER, Horst**	Strafgesetzbuch Kommentar 26. Auflage 2001 zit.: Schönke/Schröder, StGB
SCHREIBAUER, Marcus/ **MULCH, Joachim**	Die im Jahr 2000 veröffentlichte Rechtsprechung zum Internetrecht Zeichen-, Urheber-, Wettbewerbrecht und Verantwortlichkeit WRP 2001, 481-494 zit.: Schreibauer, WRP 2001
VON SCHULTZ, Detlef	Markenrecht Kommentar Heidelberg 2002 zit.: von Schultz/Bearbeiter, Markenrecht

SCHWARZ, Matthias
Recht im Internet
Der Rechtsberater für Online – Anbieter und – Nutzer
Stand Aug. 2001
zit.: Schwarz/Bearbeiter, Recht im Internet

SICK, Ulrich/ RICHTER, Heike
Rechtsschutz im Zusammenhang mit Domain-Grabbing
K&R 2000, 339-348
zit.: Sick/Richter, K&R 2000

SOERGEL
Bürgerliches Gesetzbuch mit Einführungsgesetz und Nebengesetzen
Band 1 Allgemeiner Teil (§§ 1-103)
13. Auflage 2000
zit.: Soergel/Bearbeiter, BGB

SOSNITZA, Olaf
Gattungsbegriffe als Domain-Namen im Internet
K&R 2000, 209
zit.: Sosnitza, K&R 2000

SPINDLER, Gerald
Verantwortlichkeit von Dienstanbietern nach dem Vorschlag einer E – Commerce – Richtlinie
MMR 1999, 199-207
zit.: Spindler, MMR 1999

STARCK, Joachim
Markenmäßiger Gebrauch – Besondere Voraussetzungen für die Annahme einer Markenverletzung?
GRUR 1996, 688-693
zit.: Starck, GRUR 1996

STRATMANN, Holger
Internet domain names oder der Schutz von Namen, Firmenbezeichnungen und Marken gegen die Benutzung durch Dritte als Internet-Adresse
BB 1997, 689-693
zit.: Stratmann, BB 1997

STRÖMER, Tobias H.
Anmerkung zu LG Lüneburg v. 29.01.1997 – 3 O 336/96
CR 1997, 290-291
zit.: Strömer, CR 1997

-ders.-
Kommentar
K&R 2000, 192-193
zit.: Strömer, K&R 2000

THIELE, Markus/ ROHLFING, Bernd — Gattungsbezeichnungen als Domain-Namen
MMR 2000, 591-596
zit.: Thiele/Rohlfing, MMR 2000

UBBER, Thomas — Rechtsschutz bei Missbrauch von Internet – Domain
WRP 1997, 497-513
zit.: Ubber, WRP 1997

ULLMANN, Eike — Der Schutz der Angabe zur geographischen Herkunft – wohin?
- Die geographische Herkunftsangabe im Wettbewerbsrecht und im Markenrecht-
GRUR 1999, 666-673
zit.: Ullmann, GRUR 1999

VARADINEK, Brigitta — Trefferlisten von Suchmaschinen im Internet als Werbeplatz für Wettbewerber
- Zugleich ein Beitrag zum Erfordernis des kennzeichenmäßigen Gebrauchs nach neuem Markenrecht-
GRUR 2000, 279-285
zit.: Varadinek, GRUR 2000

VIEFHUES, Martin — Reputationsschutz bei Domain Names und Kennzeichenrecht
MMR 1999, 123-127
zit.: Viefhues, MMR 1999

VIEFHEUS, Martin — Internet und Kennzeichenrecht: Meta – Tags
MMR 1999, 336-341
zit.: Viefhues, MMR 1999

-ders.- — Folgt die Rechtsprechung zu den Domain Names wirklich den Grundsätzen des Kennzeichenrechts?
NJW 2000, 3239-3243
zit.: Viefhues, NJW 2000

-ders.- — Anmerkung zu LG Essen v. 22.09.1999 – 11 T 370/99
MMR 2000, 286-291
zit.: Viefhues, MMR 2000

VÖLKER, Stefan/ WEIDERT, Stefan
Domain-Namen im Internet
WRP 1997, 652-663
zit.: Völker/Weidert, WRP 1997

WAGNER, Gerhard
Zeichenkollision im Internet
ZHR 1998, 701-721
zit.: Wagner, ZHR 1998

WEGNER, Ralf
Rechtlicher Schutz von Internetdomains
Kollisionsrecht
CR 1998, 676-684
zit.: Wegner, CR 1998

-ders.-
Der rechtliche Schutz von Internetdomains
Kennzeichenrechtliche und deliktische Anspruchsgrundlagen
CR 1999, 250-258
zit.: Wegner, CR 1999

WEINKNECHT, Jürgen
Anm. zu OLG Frankfurt/M., BB 1997, 545 - „wirtschaft-online"
http://www.weinknecht.de/olgffm.htm
zit.: Weinknecht, Anm. zu OLG Frankfurt/M.

WENDLANDT, Bettina
Gattungsbegriffe als Domainnamen – Marken – und wettbewerbsrechtliche Behandlung aus deutscher und U.S. – amerikanischer Sicht
WRP 2001, 629 – 648
zit.: Wendlandt, WRP 2001

WELZEL, Stephan
Anm. zu OLG Frankfurt/M. v. 14.09.1999-11 U Kart 59/98
MMR 2000, 39-40
zit.: Welzel, MMR 2000

-ders.-
Anm. zu LG Frankfurt/M. v. 22.03.2000-3/8 O 153/99
MMR 2000, 627-629
zit.: Welzel, MMR 2000

-ders.-
Anm. zu BGH v. 17.05.2001 – I ZR 251/99
MMR, 2001, 744-747
zit.: Welzel, MMR 2001

WESSING, Jens Eckhardt | Anm. zu LG Flensburg v. 08.01.2002 – 2 O 351/01 – „sandwig.de“
CR 2002, 538
zit.: Wessing, CR 2002

WIEBE, Andreas | Zur Kennzeichnungsfunktion von Domain Names
CR 1998, 157-165
zit.: Wiebe, CR 1998

-ders.- | „Deep-Links“- Neue Kommunikationsformen im Wettbewerb aus lauterkeitsrechtlicher Sicht
Zugleich eine Besprechung der Entscheidung des OLG Celle vom 12.5.1999, Az. 13 U 38/99
WRP 1999, 734-740
zit.: Wiebe, WRP 1999

WILMER, Thomas | Offene Fragen der rechtlichen Einordnung von Internetdomains
Domainhandel, Suchmaschinen und neue Top-Level-Domains
CR 1997, 562-566
zit.: Wilmer, CR 1997

WITHÖFT, Anselm | Anm. zu LG Düsseldorf v. 18.06.1998 – 4 O 160/98
CR 1998, 690-691
zit.: Withöft, CR 1998

Rechtsprechungsverzeichnis

EuGH

Datum	Aktenzeichen	Fundstelle	Bezeichnung
11.11.1997	C – 251/95	GRUR Int. 1998, 56-58 = GRUR 1998, 387-627	Springende Raubkatze II
16.07.1998	C – 210/96	WRP 1998, 848-851	6-Korn-Eier
23.02.1999	C – 63/97	JZ 1999, 835-840	BMW

ÖOGH

29.01.2002	4 Ob 246/01g	MMR 2002, 452-455	Graz2003.at

RG

11.01.1927	II 166/26	RGZ 115, 401-411	

BGH

Datum	Aktenzeichen	Fundstelle	Bezeichnung
26.01.1951	I ZR 19/50	GRUR 1951, 283-285	Möbelbezugstoffe
11.12.1951	-	BGHZ 4, 167-169	-
27.01.1953	I ZR 55/52	GRUR 1953, 252-255	Weyland & Hoever
09.06.1953	I ZR 97/51	BGHZ 10, 196-205	DUN-Europa
25.02.1955	I ZR 124/53	GRUR 1955, 481-484	Hamburger Kinderstube
18.05.1955	I ZR 8/54	GRUR 1955, 492-502	-
15.01.1957	I ZR 56/55	GRUR 1957, 352-354	Pertusin II
20.09.1957	I ZR 14/56	GRUR 1958, 90-93	Hähnel
30.06.1959	I ZR 31/58	GRUR 1960, 83-88	Nährbier
18.09.1959	I ZR 118/57	GRUR 1960, 33-37	Zamek
22.01.1960	I ZR 41/58	GRUR 1960, 340-345	Werbung für Tonbandgeräte
24.02.1961	I ZR 83/59	BGHZ 34, 320-324	Vitasulfat
26.06.1963	I b ZR 127/62	GRUR 1964, 94-99	Tonbandgeräte-Händler

15.01.1965	I b ZR 46/63	GRUR 1965, 363-365	Fertigbrei
10.11.1965	I b ZR 101/63	GRUR 1966, 623-627	Kupferberg
11.11.1966	I b ZR 91/64	GRUR 1967, 304-307	Siroset
30.01.1970	I ZR 48/68	GRUR 1970, 305-307	Löscafe
08.02.1971	III ZR 33/68	DB 1971, 571-572	-
02.04.1971	I ZR 22/70	GRUR 1971, 365-368	Wörterbuch
12.01.1972	I ZR 60/70	GRUR 1972, 553-554	Statt Blumen ONKO-Kaffee
07.05.1975	I ZR 128/74	GRUR 1976, 379-381	KSB
25.02.1977	I ZR 165/75	GRUR 1977, 543-547	Der 7. Sinn
31.01.1979	I ZR 21/77	DB 1979, 688-692	-
28.09.1979	I ZR 125/75	GRUR 1980, 110-112	TORCH
14.11.1980	I ZR 134/78	GRUR 1981, 142-145	-
24.11.1981	I ZR 7/80	GRUR 1982, 301-304	Kunststoffhohlprofil II
09.12.1982	I ZR 133/80	BGHZ 86, 90-97	Rolls Royce
09.06.1983	I ZR 70/81	GRUR 1984, 54-56	Kopierläden
17.04.1984	VI ZR 26/82	GRUR 1984, 684-687	Mordoro
29.11.1984	I ZR 158/82	BGHZ 93, 96-99 = GRUR 1985, 550-553	DIMPLE
17.01.1985	I ZR 172/82	GRUR 1985, 461-463	Gefa/Gewa
10.10.1985	I ZR 135/83	GRUR 1986, 74-78	Shamrock III
18.12.1985	I ZR 122/83	GRUR 1986, 475-477	Fernschreibkennung
18.12.1986	I ZR 111/84	GRUR 1987, 520-524	Chanel No. 5 I
07.07.1988	I ZR 36/87	GRUR 1988, 829-830	Verkaufsfahrten II
09.03.1989	I ZR 153/86	GRUR 1989, 510-513	Teekanne II
21.09.1989	I ZR 27/88	GRUR 1990, 463-465	Firmenrufnummer
07.12.1989	I ZR 3/88	GRUR 1990, 375-377	Steuersparmodell
26.04.1990	I ZR 127/88	WRP 1991, 19-22	Pressehaftung I
29.11.1990	I ZR 13/89	BGHZ 113, 82-90	Salomon
06.12.1990	I ZR 297/88	BGHZ 113, 115-131 = GRUR 1991, 609-613	SL
31. 01.1991	I ZR 71/89	GRUR 1992, 48-53	frei öl
21.03.1991	I ZR 111/89	GRUR 1991, 863-868	Avon
07.05.1992	I ZR 119/90	WRP 1992, 640-642	Pressehaftung II

29.10.1992	I ZR 264/90	GRUR 1993, 404-406	Columbus
21.01.1993	I ZR 25/91	GRUR 1993, 767-769	Zappel-Fisch
04.02.1993	I ZR 42/91	GRUR 1993, 556-559 = WRP 1993, 399-402	Triangle
18.02.1993	I ZR 14/91	GRUR 1993, 561-562	Produktinformation
24.11.1993	XII ZR 51/92	BGHZ 124, 173-186	-
10.02.1994	I ZR 79/92	BGHZ 125, 91-105	Markenverunglimpfung I
09.06.1994	I ZR 272/91	BGHZ 126, 208-216	Mc Laren
30.06.1994	I ZR 40/92	GRUR 1994, 841-843 = WRP 1994, 739-743	Suchwort
30.06.1994	I ZR 167/92	GRUR 1994, 819-821	-
03.11.1994	I ZR 71/92	WRP 1995, 96-102	NEUTREX
03.11.1994	I ZR 122/92	GRUR 1995, 62-65	Betonerhaltung
10.11.1994	I ZR 147/92	GRUR 1995, 751-752	WSV Werbung für Möbel
18.05.1995	I ZR 99/93	GRUR 1995, 583-584	Montana
12.07.1995	I ZR 140/93	GRUR 1995, 825-829	Torres
18.10.1995	I ZR 227/93	GRUR 1996, 71-73	-
07.12.1995	I ZR 130/93	GRUR 1996, 267-270	AQUA
14.12.1995	I ZR 240/93	WRP 1996, 279-284	-
10.10.1996	I ZR 129/94	WRP 1997, 325-328	Architektenwettbewerb
21.11.1996	I ZR 149/94	NJW 1997, 1928-1930	NetCom
10.04.1997	I ZR 3/95	WRP 1997, 1059-1062	-
24.04.1997	I ZR 44/95	NJW 1997, 3313-3315 = CR 1998, 5 -6	PowerPoint
09.10.1997	I ZR 95/95	GRUR 1998, 412-415	Analgin
19.02.1998	I ZR 138/95	GRUR 1998, 1034-1037	Makalu
05.03.1998	I ZR 13/96	GRUR 1998, 830-835	Les Paul-Gitarren
30.04.1998	I ZR 268/95	WRP 1998, 1181-1184 = GRUR 1999, 161-164	MAC Dog
22.09.1999	I ZR 50/97	WRP 2000, 533-535	FACTS
20.10.1999	I ZR 167/97	WRP 2000, 517-520	Orient-Teppichmuster
17.02.2000	I ZR 239/97	WRP 2000, 724-727	Space-Fidelity Peepshow

05.10.2000	I ZR 21/77	DB 1979, 688-692	DB Immoblilienfonds
17.05.2001	I ZR 251/99	BGHZ 148, 13-25	ambiente.de
17.05.2001	I ZR 216/99	NJW 2001, 3262-3265	mitwohnzentrale.de
22.11.2001	I ZR 138/99	CR 2002, 525-529	shell.de
11.04.2002	I ZR 317/99	MMR 2002, 456-459	vossius.de

OLG

Gericht	**Datum**	**Aktenzeichen**	**Fundstelle**	**Bezeichnung**
OLG Hamburg	07.09.1989	3 U 33/89	GRUR 1990, 53-55	-
OLG Köln	19.08.1994	2 W 128/94	NJW 1995, 1759-1760	Rolex
OLG Hamburg	21.09.1995	3 U 113/95	WRP 1996, 215-218	Kinder-Schoko-Bons
OLG Hamburg	07.12.1995	3 U 168/92	WRP 1996, 572-576	Les Paul-Gitarren
OLG München	23.05.1996	29 U 4316/95	WRP 1996, 1056-1059	Sittenwidrige Markenanmeldung
OLG Frankfurt/M.	13.02.1997	6 W 5/97	CR 1997, 271-273	wirtschaft-online.de
OLG Stuttgart	13.10.1997	2 U 107/97	MMR 1998, 372	deta.com
OLG Hamm	13.01.1998	4 U 135/97	CR 1998, 241-243	krupp.de
OLG Stuttgart	03.02.1998	2 W 77/97	CR 1998, 621-622 = NJW-RR 1998, 1341	steiff.com
OLG München	02.04.1998	6 U 4798/97	CR 1998, 556-558	freundin.de
OLG Hamm	28.05.1998	4 U 243/97	NJW-RR 1999, 631	pizza-direkt
OLG Karlsruhe	24.06.1998	6 U 247/97	WRP 1998, 900-901	zwilling.de
OLG Dresden	29.09.1998	14 U 433/98	CR 1999, 102-105	dresden-online.de
OLG Dresden	20.10.1998	14 U 3613/97	CR 1999, 589-592	-
OLG Hamburg	05.11.1998	3 U 130/98	CR 1999, 184-186	emergency.de
OLG Düsseldorf	17.11.1998	20 U 162/97	WRP 1999, 343-347	ufa.de
OLG Köln	18.12.1998	13 W 48/98	CR 1999, 385-386	herzogenrath.de
OLG München	25.03.1999	6 U 4557/98	CR 1999, 382-384	shell.de
OLG München	22.04.1999	29 W 1389/99	MMR 1999, 547-548	Buecher.de/ Amazon.de

OLG Karlsruhe	09.06.1999	6 U 62/99	MMR 1999, 604-605	badwildbad.com
OLG Hamburg	13.07.1999	3 U 58/98	CR 1999, 779-782 = MMR 2000, 40-44	mitwohnzentrale.de
OLG München	12.08.1999	6 U 4484/98	MMR 2000, 104-105	rolls-royce.de
OLG München	10.09.1999	29 U 5973/98	CR 1999, 778-779	tnet.de
OLG Frankfurt/M.	14.09.1999	11 U Kart 59/98	MMR 2000, 36-39	ambiente.de
OLG München	23.09.1999	29 U 4357/99	MMR 2000, 100-101	buecher.de
OLG Köln	05.11.1999	6 U 43/99	MMR 2000, 161-163	-
OLG München	20.01.2000	29 U 5819/99	MMR 2000, 277	Intershopping.com
OLG München	06.04.2000	6 U 4123/99	WRP 2000, 775-778	-
OLG Frankfurt/M.	12.04.2000	6 W 33/00	WRP 2000, 645-647	weideglueck.de
OLG Frankfurt/M	04.05.2000	6 U 81/99	WRP 2000, 772-774	alcon.de
OLG Köln	06.07.2000	18 U 34/00	MMR 2001, 170-171	Maxem.de
OLG Braunschweig	20.07.2000	2 U 26/00	MMR 2000, 610-611 = CR 2000, 614-615	stahlguss.de
OLG Hamm	02.11.2000	4 U 95/00	GRUR-RR 2001,105-106 = MMR 2001, 237-238	sauna.de
OLG Hamburg	02.11.2000	3 U 071/00	GRUR-RR 2001,126-130	Intershop
OLG Dresden	28.11.2000	14 U 2486/00	WRP 2001, 706-711	kurt-biedenkopf.de
OLG Hamburg	15.02.2001	3 U 97/00	GRUR-RR 2001, 182-184	startup.de
OLG Frankfurt /M.	08.03.2001	6 U 31/00	K&R 2001, 420-422	praline-tv.de
OLG Frankfurt /M.	10.05.2001	6 U 72/00	GRUR-RR 2001, 264-266	weltonline.de
OLG Hamm	19.06.2001	4 U 32/01	CR 2002, 217-219	veltins.com
OLG München	11.07.2001	27 U 922/00	CR 2002, 56-58	boos.de
OLG Karlsruhe	12.09.2001	6 U 13/01	MMR 2002, 118-119	dino.de
OLG München	20.09.2001	29 U 5906/00	MMR 2002, 115-118	champagner.de
OLG München	20.09.2001	29 U 3014/01	MMR 2002, 170-172	mbp.de

OLG Köln	02.10.2001	6 W 91/01	MMR 2002, 170	Schneider-Intercom.de
OLG Hamburg	25.10.2001	3 U 8/01	MMR 2002, 480-481	jobpilot.de
OLG Köln	26.10.2001	6 U 76/01	MMR 2002, 167-170	lotto-privat.de
OLG Nürnberg	06.11.2001	3 U 2393/01	GRUR 2002, 460-461	steuererklaerung.de
OLG München	15.11.2001	29 U 3769/01	CR 2002, 449-450	literaturhaus.de
OLG Köln	27.11.2001	15 U 108 u. 109/01	MMR 2002, 476-479	guenter-jauch.de
OLG Düsseldorf	15.01.2002	20 U 76/01	CR 2002, 447-449	duisburg-info.de
OLG Koblenz	25.01.2002	8 U 1842/00	MMR 2002, 466-468	vallendar.de
OLG Hamburg	04.02.2002	3 W 8/02	CR 2002, 446	handy.com

LG

LG Köln	17.12.1996	3 O 507/96	CR 1997, 291-292	pulheim.de
LG Köln	17.12.1996	3 O 477/94	BB 1997, 1121	kerpen.de
LG München	15.01.1997	1 HKO 3146/96	CR 1997, 479-481	juris.de
LG Braunschweig	28.01.1997	9 O 450/96	NJW 1997, 2687-2688	braunschweig.de
LG Lüneburg	29.01.1997	3 O 336/96	CR 1997, 288-290	celle.de
LG Frankfurt/M.	26.02.1997	2/06 O 633/96	BB 1997, 1120-1121	-
LG Frankfurt/M.	29.02.1997	2/06 O 633/96	CR 1997, 287-288	-
LG Ansbach	05.03.1997	2 O 99/97	NJW 1997, 2688	ansbach.de
LG Düsseldorf	04.04.1997	34 O 191/96	GRUR 1998, 159-165 = CR 1998, 165-171	epson.de
LG Braunschweig	23.04.1997	9 O 90/97	CR 1998, 210-212	-
LG München I	18.07.1997	21 O 17599/96	CR 1997, 540-543	freundin.de
LG Mannheim	01.08.1997	7 O 291/97	CR 1998, 306-307	ARWIS
LG Braunschweig	05.08.1997	9 O 188/97	CR 1998, 364-367	Deta.com
LG Bonn	22.09.1997	1 O 374/97	MMR 1998, 110-112	detag.de

LG Mannheim	17.10.1997	7 U 241/97	WRP 1998, 920-923	zwilling.de
LG Düsseldorf	15.01.1998	4 O 353/97	NJW-RR 1999, 841	Alltours
LG Hamburg	25.03.1998	315 O 792/97	CR 1999, 47-49	eltern.de
LG Düsseldorf	18.06.1998	4 O 160/98	CR 1998, 688-690	JPNW
LG München I	11.08.1998	9 HK O 8546/98	CR 1999, 325-326	-
LG Düsseldorf	22.09.1998	4 O 473/97	MMR 1999, 369-371	NAZAR
LG Frankfurt/M.	14.10.1998	2/06 O 283/98	CR 1999, 452-453	-
LG Köln	25.02.1999	31 O 1080/97	MMR 1999, 414-415	-
LG München I	04.03.1999	17 HKO 18453/98	CR 1999, 451-452	Fnet
LG München I	25.05.1999	9 HKO 850/99	MMR 2000, 220-221	Telco-Explorer
LG Köln	10.06.1999	31 O 55/99	MMR 2000, 120	Bindestrich in der Domain
LG Paderborn	01.09.1999	4 O 228/99	MMR 2000, 49-50	-
LG Mannheim	10.09.1999	7 O 74/99	MMR 2000, 47-49	Nautilus
LG Essen	22.09.1999	11 T 370/99	MMR 2000, 286-291	-
LG Köln	23.09.1999	31 O 522/99	MMR 2000, 45-46	hauptbahnhof.de
LG Duisburg	02.12.1999	8 O 219/99	MMR 2000,168-170	-
LG Köln	23.02.2000	14 O 322/99	MMR 2000,437-438	maxem.de
LG Hamburg	01.03 2000	315 O 219/99	MMR 2000, 436-437	luckystrike.de
LG Frankfurt/M.	22.03.2000	3/8 O 153/99	MMR 2000, 627-629	01051.de
LG Köln	23.05.2000	33 O 216/00	MMR 2000, 625-627	WDR.org
LG Hamburg	30.06.2000	416 O 91/00	CR 2000, 617-618	lastminute.com
LG Hamburg	12.07.2000	315 O 148/00	K&R 2000, 613	Audi-lamborghini.net und .org
LG Hamburg	01.08.2000	312 O 328/00	MMR 2000,620-623	Joop.de
LG Hamburg	11.08.2000	312 O 472/00	GRUR-RR 2001,109-110	COM:ON
LG München II	14.09.2000	W 5 KLs 70 Js 12730/99	CR 2000, 847-848	-
LG München I	28.09.2000	4 HKO 13251/00	MMR 2001, 185-187	-
LG Köln	10.10.2000	33 O 286/00	MMR 2001, 55-56	Zwangsverstei-gerungen.de
LG Berlin	07.11.2000	2 W 101/00	K&R 2001, 168	-
LG Augsburg	15.11.2000	6 O 3536/00	MMR 2001, 243	Boos.de

LG Hamburg	13.10.2000	416 O 129/00	CR 2001, 131-132	-
LG München I	16.11.2000	7 O 5570/00	CR 2001, 129-131	rechtsanwaelte.de
LG Frankfurt/M.	23.03.2001	3/12 O 4/01	CR 2001, 713-715	drogerie.de
LG Düsseldorf	06.07.2001	38 O 18/01	CR 2002, 138	literaturen.de
LG Hamburg	13.07.2001	416 O 63/01	CR 2002, 136	-
LG Düsseldorf	03.08.2001	38 O 38/01	MMR 2002, 489	Exes.de
LG Flensburg	08.01.2002	2 O 351/01	CR 2002, 537-538	sandwig.de
LG Erfurt	31.01.2002	3 O 2554/01	CR 2002, 302	suhl.de

KG

KG	25.03.1997	5 U 659/97	NJW 1997, 3321-3322	concert-concept
KG	21.01.2000	5 U 8730/99	MMR 2000, 549-551	
KG	16.02.2001	5 U 9865/00	GRUR-RR 180-184	checkin.com

A. Einleitung

I. Problemstellung

Das Internet ist ein Kommunikationsmedium, welches den gesamten Erdball umspannt und in dem sich physische und örtliche Schranken auflösen. Aufgrund der Globalisierung des Wirtschaftsverkehrs hat es in den letzten Jahren an großer wirtschaftlicher Bedeutung gewonnen. Für Unternehmen ist es heute nicht mehr denkbar, nicht im Internet präsent zu sein. Sie bedürfen daher einer Domainadresse, unter welcher sie für den Nutzer im Internet erreichbar sind. Der Inhaber einer Domain ist in der Lage auf seinem Computer eine Homepage zu installieren, auf der er seine Waren oder Dienstleistungen am Markt präsentieren kann. Um die Suche im Internet für den Nutzer zu erleichtern, werden meist die jeweiligen Unternehmenskennzeichen als Domain angemeldet. Jedoch kann auch die Registrierung von Marken von Vorteil sein, etwa um dem Verbraucher spezifische Informationen zum Produkt anbieten zu können. Je einprägsamer ein Domainname ist, desto größer ist sein Werbe- und Marktwert, da er häufiger angewählt wird.

Problematisch ist, dass jeder Domainname weltweit nur einmal vergeben werden kann, folglich nur eine begrenzte Zahl an Domains zur Verfügung steht. Konflikte aufgrund der Registrierung und Verwendung eines Domainnamen können dann auftreten, wenn dieser mit dem Namen, der Marke oder der geschäftlichen Bezeichnung einer anderen Person oder eines anderen Unternehmens identisch oder ähnlich ist. In einer Vielzahl von Fällen wurden berühmte Namen und Marken von Marken – oder Namenspiraten gleichsam gehortet, um sie dann gegen hohe Summen an die jeweiligen Unternehmen oder Dritte zur Nutzung zu veräußern (sog. „Domain-Grabbing“). Probleme ergeben sich ebenso in den Fällen, in welchen eine Domain-Registrierung nicht zum Missbrauch derselben erfolgt, sondern Konflikte aus zufälligen Übereinstimmungen von Domains unterschiedlicher Länder bzw. Märkte resultieren, etwa wenn eine Privatperson ihren eigenen, die Identität mit einem weltbekannten Unternehmen suggerierenden Familiennamen als Domain verwendet.

II. Ziel der Arbeit und Gang der Untersuchung

Ziel dieser Arbeit ist es, die mit der Registrierung und Verwendung von Domainnamen verbundenen rechtlichen Fragen und Probleme aufzuzeigen, zu diskutieren und neue Lösungsansätze zu entwickeln. Insbesondere werden die Ansprüche beleuchtet, welche dem Kennzeicheninhaber zur Durchsetzung seiner Kennzeichenrechte gegenüber dem Domainname-Inhaber zustehen, andererseits wird auch gezeigt, welcher Schutz dem Inhaber einer Domain zukommt.

Hierzu ist es unerlässlich, in einem ersten Teil die technischen und organisatorischen Grundlagen des Domain – Name – Systems darzustellen (A.III.-IV). Im zweiten Teil wird zunächst gezeigt, welche Rechte dem Inhaber von Kennzeichenrechten gegen einen Dritten zustehen, der das Kennzeichen als Domainname registriert und nutzt. Eingegangen wird sowohl auf Ansprüche aus Markenrecht (B I), als auch auf solche aus dem Namensrecht (B II), aus dem Wettbewerbs – (B IV) und aus dem Deliktsrecht (B V).

Bei der Behandlung der markenrechtlichen Ansprüche wird insbesondere diskutiert, was im Internet als verwechslungsfähige Ware bzw. Dienstleistung anzusehen ist (B I 2 b). Geklärt wird auch das Problem der rechtlichen Einordnung von Domainnamen (B I 6). Weiterhin wird ermittelt, ob gegen die Registrierung von Gattungsbezeichnungen als Internetdomain vorgegangen werden kann, wenn kein eigenes Kennzeichenrecht an diesem Begriff besteht (B I 8). Besonderer Wert wird auf die Lösung der Frage gelegt, wie die Ansprüche des Kennzeicheninhabers in ihrer Rechtsfolge ausgestaltet sind, vor allem, ob ihm ein Anspruch auf Übertragung der Domain zustehen kann (B I 9).

Im Rahmen der Behandlung des Namensrechts wird auch auf die Problematik des Namensschutzes für Gemeinden im Internet (B II 5) sowie die Rechte von Gleichnamigen (B II 6) eingegangen.

Danach werden die ergänzend heranzuziehenden Ansprüche aus dem Wettbewerbsrecht (B IV) und dem Deliktsrecht (B V) behandelt.

Im darauf folgenden Teil der Arbeit werden zusätzlich mögliche Ansprüche des Kennzeicheninhabers gegen die Vergabestelle DENIC eG (C I) und den Service-Provider (C II) geprüft. Im Anschluss hieran wird die Frage erörtert, welche Rechte einem Domaininhaber zum Schutz der von ihm registrierten Domain zustehen (D). Letztlich werden Möglichkeiten zur Konfliktvermeidung im Rahmen der Nutzung von Domainnamen aufgezeigt (E) und es wird ein Überblick über die gefundenen Ergebnisse gegeben (F).

III. Technischer Hintergrund

1. Internet

1969 wurde der Vorgänger des Internet („Interconnected network“), das sog. Arpanet vom amerikanischen Militär entwickelt. Es sollte durch die Schaffung eines dezentralen Netzwerkes im Falle eines nuklearen Angriffs die Möglichkeit eines Informationsaustauschs gewährleisten.[1] Aus diesem dezentralen Netzwerk entstand nach Abklingen der Gefahr einer nuklearen Konfrontation der Supermächte das Internet.[2] Es folgte ein Anschluss wissenschaftlicher Netzwerke und ab 1990 stand das Internet auch zum kommerziellen Gebrauch offen.[3] Heute stellt das Internet den Zusammenschluss zahlreicher unabhängiger Datennetzwerke zu einem weltweiten Großnetzwerk dar, welches die Datenübermittlung

---

[1] Kochnike/ Bäumer, CR 1996, 499.

[2] Schwarz/Poeck/Jooss, Recht im Internet, Kap. 4-2.1, S.18.

[3] Völker/Weidert, WRP 1997, 652.

von jedem an das Netz angeschlossen Rechner an einen anderen Rechner des Netzes ermöglicht.[4] Die Informationen werden auf einem ans Internet angeschossenen Rechner, dem sog. Server bereitgestellt und können über einen weiteren Rechner, den sog. Client, abgerufen werden.[5] Das wichtigste Netz im Internet ist das 1990 geschaffene WWW (World Wide Web). Dieses ermöglicht es Unternehmen, öffentlichen Institutionen sowie Privaten, über eigene Web-Sites Informationen im Internet zu präsentieren. Diese Informationen können in Form einfacher Texte, über Datenbanken, animierte Grafiken bis hin zu akustischen Darstellungen bereitgestellt werden.[6] Das World Wide Web ist besonders benutzerfreundlich, da es durch sog. Hyperlinks sämtliche Dokumente miteinander verbindet und somit durch einen einzigen Mausklick auf den entsprechenden Hyperlink sofort die gewünschte Site erreicht werden kann. Adressierungsschema des WWW ist der Unified Resource Locator (URL), welcher genau spezifiziert, in welchem Verzeichnis des WWW die gewünschte Information zu finden ist.[7]

2. Internet-Adressen

Die Software des Internet, das Internet-Protocol muss jeden Computer erkennen können. Daher ist für die Kommunikation der ans Internet angeschlossenen Rechner („Host-Computer") untereinander eine individuelle Netzadresse für jeden einzelnen erforderlich.[8] Bei diesen Internet-Adressen ist zwischen den Internet-Protokoll-Nummern (Internet-Protocol, IP) und den Domainnamen zu unterscheiden.[9]

a. IP-Adressen

Bei der IP-Adresse handelt es sich um eine aus einer längeren Ziffernfolge bestehende Adresse, die nach Maßgabe des TCP/Internet-Protocols zugeteilt wird.[10] Diese numerischen Adressen sind jedoch wenig benutzerfreundlich, da sie keinerlei Assoziationen zu dem hinter der Adresse stehenden Domainname-Inhaber wecken und dadurch nur schwer einprägsam sind. Daher wurde in den 80er Jahren ergänzend zum numerischen System das sog. Domainname-System (DNS) eingeführt.[11]

---

[4] Stratmann, BB 1997, 689.
[5] Schneider, MMR 1999, 571.
[6] Bücking, Namens – und Kennzeichenrecht, S.10.
[7] Bettinger, GRUR Int. 1997, 402, 404.
[8] Renck, NJW 1999, 3587, 3588.
[9] Fezer, WRP 2000, 669.
[10] Schwarz/Poeck/Jooss, Recht im Internet, Kap. 4-2.1, S.11.
[11] Bäumer, CR 1996, 174; Nordemann/Czychowski/Grüter, NJW 1997, 1897, 1898.

b. Domainnamen

Das Domainname-System ist ein alphabetisches System, durch welches die IP-Adresse eines jeden Rechners in einer Buchstabenfolge ausgedrückt wird. Jedem an das Internet angeschlossenen Rechner weltweit wird ein Name zugewiesen. Bei der Eingabe des Namens, also der Domain, wird diese Anfrage vom Server des Nutzers an einen sog. „Name-Server" übermittelt, bei dem der gesuchte Name als technische Adresse registriert ist. Ist dies nicht der Fall, so wird die Anfrage schließlich zu einem der großen „Root-Name-Server"[12] weitergeleitet. Dieser ermittelt dann die dem Domainnamen zugeordnete IP-Adresse und eröffnet damit den Zugang zu dem angewählten Rechner. Damit wird der Domainname in das numerische Zeichen zurückübersetzt.[13] Ein typischer Domainname sieht z.B. wie folgt aus:

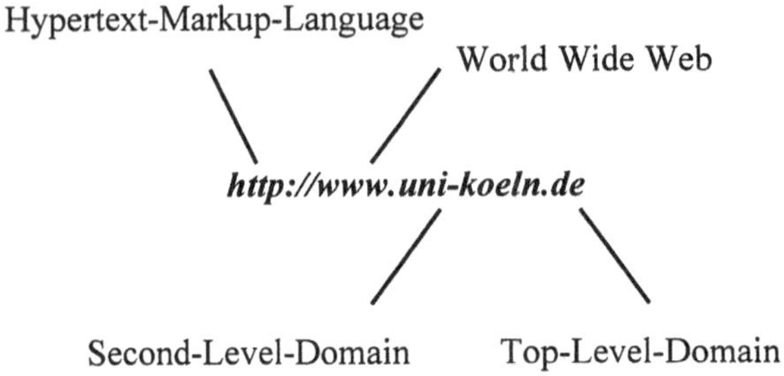

c. Domain-Levels

Aufgrund der Vielzahl der angeschlossenen Rechner besteht auch ein Bedarf an einer Vielzahl an Domains. Daher setzt sich die Domain (der URL) aus mehreren Ebenen zusammen, welche von rechts nach links aneinandergereiht und jeweils durch Punkte getrennt werden. Die Bildung des URL erfolgt fast immer nach dem gleichen Schema. Ganz rechts steht die Top-Level-Domain (TLD). Diese Top-Level-Domain beschreibt entweder thematisch, welcher Gruppe von Anbietern der Web-Inhalte der jeweilige Host-Rechner-Betreiber angehört (generische bzw. thematische Domainnamen) oder sie gibt Auskunft über die Vergabeorganisation des Domainnamens (geographische Domains).

[12] Die Root-Name-Server verwalten nur die Domains, welche in Übereinstimmung mit dem von der IANA/ICANN vorgegebenen Adressierungsstandards, dem Domain-Name-System, registriert worden sind.

[13] Ubber, WRP 1997, 497; Schwarz/Poeck/Joos,, Kap. 4-2.1, S.12.

Die geographischen Domains werden in internationalen Länderkennzeichen vergeben, welche den ISO 3166 Länderkennungen entsprechen.[14] So steht z.B. „.de" für eine von der deutschen Vergabestelle DENIC eG vergebene Domain, „.ch" für eine solche in der Schweiz oder „.at" für eine österreichische Adresse. Eine europaweite Kennung „.eu" ist in Planung und soll höchstwahrscheinlich 2003 auf den Markt kommen. Die geographischen TLDs stehen zum Teil jedermann offen, teils werden sie aber nur unter Erfüllung weiterer Bedingungen, wie etwa den Nachweis des Wohnsitzes im entsprechenden Land, vergeben.

Ursprünglich wurden in den USA die folgenden sieben generischen TLDs vergebenen: die Bezeichnung „.com" ist für den kommerziellen Bereich reserviert, „.edu" für Bildungseinrichtungen, „.org" für Non-Profit-Organisationen, „.gov" für staatliche US-Einrichtungen, „.int" für internationale Einrichtungen, „.mil" für das US-Militär und „.net" für Betreiber von Netzwerken weltweit.[15] Von diesen sieben TLDs stehen die TLDs „.com", „.net" und „.org" grundsätzlich jedermann offen.

Bereits seit 1996 wurde in der World Intellectual Property Organization (WIPO) über eine Reformierung des Domain-Name-Systems diskutiert. Ziel der Diskussion sollte die Erweiterung der generischen TLDs sein, in der Hoffnung, hierdurch die Streitigkeiten um Domainnamen zu verringern.[16] Am 16. November 2000 hat die ICANN schließlich die Einführung folgender sieben neuer gTLDs beschlossen: „.biz" für Unternehmen, „.info" für Internetseiten mit allgemeinen Informationen, „.aero" für Luftfahrtunternehmen, „.coop" für Genossenschaften, „.museum" für Museen, „.name" für Privatpersonen und „.pro" für bestimmte Berufsgruppen.

Links neben der TLD befindet sich die Second-Level-Domain und gegebenenfalls weitere Sub- Domains (Unterverzeichnisse, Dateien). Es kann unterschiedlich viele Sub-Domains geben, in der Regel sind es aber nicht mehr als fünf. Die Second-Level-Domain ist der eigentliche Name der Site. Sie kann vom Internetnutzer frei gewählt werden und bis zu 20 Zeichen lang sein. Infolgedessen ist sie besonders zur Individualisierung geeignet.[17] Dieselbe Second-Level-Domain kann unter mehreren Top-Level-Domains registriert werden, so dass viele deutsche Unternehmen diese Möglichkeit nutzen, um ihre Firma sowohl unter der TLD „.de" wie auch unter der TLD „.com" anzumelden.[18] Auf der linken Seite schließt sich bei der Adressierung von Web-Sites zur Bezeichnung der Zugriffsart (Übertragungsprotokoll) die Third-Level-Domain, meist die Abkürzung

---

[14] Völker/Weidert, WRP 1997, 652, 653.

[15] Schwarz/Poeck/Jooss, Recht im Internet, Kap. 4-2.1, S. 13; Nordemann /Czychowski/ Grüter, NJW 1997, 1897, 1898 .

[16] Hoeren, Grundzüge des Internetrechts, S. 118.

[17] Stratmann, BB 1997, 689, 690.

[18] Völker/Weidert, WRP 1997, 652, 653.

„http://" (Hyper Text Transfer Protocol), gefolgt von der Abkürzung *„www."* (World Wide Web) für den Server an.[19] Durch dieses System ist es den Internet – Usern leicht möglich, die gewünschte Web-Site im Netz zu finden. In der Regel brauchen nur der Firmenname oder die gesuchte Marke sowie die erforderlichen Zusätze „http//:www" in das URL Feld eingegeben zu werden, um die Homepage des jeweiligen Unternehmens zu finden.

IV. Zuordnungs- und Registrierungsverfahren

1. Vergabestellen

Trotz der anarchischen Struktur des Internet wurde schon früh die Notwendigkeit erkannt, eine zentrale Organisation zur Vergabe der IP-Adressen einzurichten, die dafür Sorge tragen sollte, dass jede IP-Adresse weltweit tatsächlich nur einmal vergeben wird. Nach wie vor ist die Zuteilung der Domainnamen weder gesetzlich geregelt noch wird sie durch staatliche Stellen kontrolliert. Es besteht auch kein internationaler Konsens über die Regelungen und Voraussetzungen im Hinblick auf die Registrierung von Domainnamen, vielmehr obliegt es grundsätzlich den einzelnen Vergabestellen, konfliktvermeidende Regelungen zu treffen.

Die Verwaltung der IP-Adressen und die Domain-Vergabe wird im Auftrag der *„Internet Assigned Numbers Authority"* (IANA) durch sog. *„Network Information Centers"* (NIC) geregelt, bei denen es sich größtenteils um private Organisationen handelt.[20] Als zentrale Organisation für die Vergabe von Domainnamen unterhalb der generischen TLDs, insbesondere der TLD „.com" wurde als erstes in den USA das *„InterNIC"* (Internet Network Information Center) gegründet. Diesem wurde 1993 durch Vertrag zwischen der amerikanischen Regierung (vertreten durch die National Science Foundation) und den Firmen General Automatic, AT&T sowie Network Solutions Inc. die Aufgabe der Registrierung der IP-Adressen und später der Domainnamen übertragen.

„IANA" wurde vom Dachverband der Internet Organisationen „Internet Society"[21] (ISOC) und vom „U.S. Federal Network Council"[22] mit der Vergabe der IP-Adressen betraut. Sie ist die über allen NICs stehende Autorität für die Regelungen der IP-Adressen weltweit, hat aber die Registrierungsaufgaben an regionale oder überregionale Institutionen delegiert. Für Europa erfolgte die administrative und technische Koordination des Internet und die Vergabe der regionalen

---

[19] Schwarz/Poeck/Jooss, Recht im Internet, Kap. 4-2.1, S.15;
Ubber, WRP 1997, 497, 498.

[20] Bücking, Namens- und Kennzeichenrecht, S. 14.

[21] Vgl. http://www.isoc.org.. Bei ISOC handelt es sich um den Dachverband der Internet – Organisationen. Er ist das höchste Gremium zur Förderung der internationalen Internet – Entwicklung.

[22] Das U.S. Federal Network Council wurde von der amerikanischen Regierung mit dem Ziel der Weiterentwicklung und Koordinierung des Internet eingerichtet.

TLDs zunächst allein durch das *„Reseaux IP Europeen Network Coordination Center“* (RIPE-NCC[23]) in Amsterdam, für den amerikanischen Raum wurde das *American Registry for Internet Numbers* (ARIN) und für den asiatischen Raum die Institution *Asia Pacific Network Information Center* (APNIC) geschaffen.[24]

Die Registrierungsaufgaben der einzelnen NICs basieren auf der Grundlage des Internet Standards RFC 1591. Danach ist es nicht Aufgabe der Vergabestellen, die Anträge zur Registrierung von Domainnamen auf entgegenstehende Rechte Dritter zu untersuchen. Diese Pflicht obliegt vielmehr dem Antragsteller. Obwohl es sich bei RFC 1591 um keine Rechtnorm handelt, werden diese Grundsätze de facto weltweit anerkannt.

Unternehmen haben heute die Möglichkeit, sich die von ihnen gewünschte Domain unter verschiedenen TLDs registrieren zu lassen. Für deutsche Unternehmen werden die interessanten TLDs die geographische TLD „.de“ oder die generische TLD „.com“ sein. Bedingt durch die Wahl der Domain unterscheiden sich Vergabestelle, Vergabeverfahren und die Lösung von Kennzeichenkonflikten.

a. InterNIC

Das InterNIC vergibt die internationalen Top-Level-Domains „.com“, „.net“, „.edu“ und „.org“. Diese Domains stehen allen Nutzern weltweit zur Verfügung. Mit der enormen Zunahme der Anträge auf Zuteilung eines Domainnamens wurde es für das InterNIC mit der Zeit unmöglich, die Aufgabe der Registrierung weltweit alleine zu bewältigen, was zu einer Übertragung dieser Aufgabe auf Unterorganisationen führte. So gibt es in fast allen europäischen Ländern nationale Vergabestellen, die jeweils unter ihrer nationalen Top-Level-Domain Second-Level-Domains vergeben.[25]

b. DENIC eG

Für die Bundesrepublik Deutschland ist die DENIC eG (Deutsches Network Information Center eG) die bundesweit zentrale Registrierungsstelle für Domains unter der Top-Level-Domain „.de“. Auch die Domainvergabe durch die DENIC eG wird aufgrund einer direkten vertraglichen Vereinbarung mit IANA auf der Basis des RFC 1591 wahrgenommen.
Im August 1993 wurde zunächst der „Interessenverbund Deutsches Network Information Center“ (IV-DENIC), eine Gesellschaft bürgerlichen Rechts, gegründet, der seine Tätigkeit an der Universität Karlsruhe durchführte. Das DENIC (Deutsches Network Information Center) wurde nach einer Ausschreibung durch den IV-DENIC und die Deutsche-Interessen-Gemeinschaft Internet e.V.

---

[23] Vgl. http://www.ripe.net.
[24] Kur, CR 1996, 325, 326.
[25] Renck, NJW 1999, 3587, 3588.

(DIGI) ins Leben gerufen. Nach Umwandlung in eine eingetragene Genossenschaft, die am 17. Dezember 1996 gegründet und am 29. September 1997 ins Genossenschaftsregister eingetragen wurde, wurde die Ansässigkeit der DENIC eG ab Juli 1997 nach Frankfurt verlegt. Mitglieder der DENIC eG sind Internet - Service - Provider (ISP), die ihren Kunden lokale Zugänge zum Internet zur Verfügung stellen. Nachdem die Registrierungsanträge für die Vergabe von Domainnamen eine Zeit lang nur noch an die ISP gerichtet werden konnten, um das Haftungsrisiko des DENIC bei unzulässigen Haftungsrisiken einzuschränken[26], können die Anträge nun wieder entweder unmittelbar an die DENIC eG oder an einen der ISP gerichtet werden.[27] Zu beachten ist jedoch, dass Second-Level-Domains unter der Top-Level-Domain „.de“ nur an Personen mit allgemeinem Gerichtsstand in Deutschland vergeben werden.[28] Zur Zeit sind ca. 5.790.300 Domains bei der DENIC eG registriert.[29] Für die Third-Level-Domains und weitere Sub-Domains ist aber nicht die DENIC eG, sondern ausschließlich der jeweilige ISP des Internet-Nutzers zuständig.

2. Vergabe – und Streitschlichtungsverfahren

a. InterNIC

Aufgrund der freien Wählbarkeit der Second- Level- Domain und dem Ausschluss der Registrierung identischer Domainnamen entstehen zwangsläufig Kollisionen von Internetdomains mit allen Arten von Kennzeichen. In den USA wurde daher 1995 die sog. „Domain Name Dispute Policy“[30] geschaffen, welche die Eintragungsvoraussetzungen und das Verfahren bei Kennzeichenkonflikten regelte. Der Domaininhaber unterwarf sich mit der Anerkennung der Domainvergabeordnungen bei der Registrierung der Domain direkt den Regelungen der „Domain Name Dispute Policy“. Danach hatte sich jeder Anmelder einer Internet Domain vor der Registrierung zu versichern , dass durch die Registrierung keine Rechte Dritter verletzt werden. Zudem wurde der Antragsteller verpflichtet, die am Vergabeverfahren beteiligten Organisationen für den Fall kennzeichenrechtlicher Streitigkeiten von der Haftung freizustellen. Fühlte sich der Inhaber einer US- bundesstaatlichen oder ausländischen Marke durch einen Domainnamen in seinen Kennzeichenrechten verletzt, hatte er die Möglichkeit, sich in einer Art Widerspruchsverfahren an NSI zu wenden, sofern der Domainanmelder vorher hiervon in Kenntnis gesetzt wurde. Lag die Nutzung der Domain zeitlich nach der erstmaligen Benutzung des Kennzeichens, wurde der Domainname von NSI auf den sog. „Hold Status“ gesetzt, mit der Folge, dass der Do-

---

[26] Hoeren, CR 1996, 355.
[27] Vgl. § 1 der Registrierungsrichtlinien der DENIC eG unter http://www.denic.de/doc/fac/vergaberichtlinie.html .
[28] Wegner, CR 1998, 676, 677.
[29] Stand: Oktober 2002.
[30] Vgl. http//:rs.internic.net/domain-info/internic-domain-6.html.

mainname grundsätzlich bis zur gerichtlichen Klärung des kennzeichenrechtlichen Streits von keiner Partei mehr genutzt werden konnte. Gelang aber dem Anmelder innerhalb einer Frist von 30 Tagen der Nachweis, dass er auch Inhaber des Kennzeichens ist, konnte er die Domain bis zur gerichtlichen Klärung weiterverwenden. Gelang ihm dieser Nachweis nicht, war es ihm möglich, sich einen neuen Domainnamen registrieren zu lassen. Erst nach der Dauer von 90 Tagen ab diesem Zeitpunkt wurde der alte Domainname gelöscht.[31]
Dieses Verfahren stieß vielfach auf Kritik, da es nicht umfassend genug war. Zum einen wurden ausschließlich formale Aspekte berücksichtigt, während wettbewerbsrechtliche Ansprüche Dritter ebenso wenig Beachtung fanden, wie die Identität der Waren oder Dienstleistungen. Berücksichtigt wurden in dem Verfahren zudem ausschließlich eingetragene Marken.[32] Damit blieb nicht nur Inhabern von Firmen und Titeln sondern auch denen berühmter, aber nicht eingetragener Marken die Möglichkeit der Beschwerde bei der „Domain Name Dispute Policy“ verwährt.

Die ICANN[33] hat daher mit der am 24.10.1999 verabschiedeten „Uniform Domain Name Dispute Resolution Policy“ (UDRP)[34] ein Konfliktlösungsverfahren entwickelt, welches für den Bereich der TLDs „.com“, „.net“ und „.org“ verbindlich ist. Dieses trat am 01.01.2000 gemeinsam mit den „Rules für Uniform Domain Name Dispute Resolution Policy“ (RUDRP)[35], welche die Verfahrensordnung, nach welcher die ICANN - Schiedsgerichte ihre Entscheidungen treffen sollen, beinhaltet, in Kraft und löste die NSI „Domain Name Dispute Policy“ ab. Es handelt sich um ein quasi-administratives Verfahren, welches speziell für die Behebung von Konflikten um Domainnamen entwickelt wurde. Die UDRP gilt für alle Registrierungen, die nach dem Zeitpunkt vorgenommen wurden, zu dem sich die jeweilige Vergabestelle der UDRP unterworfen hat. Auch hier akzeptiert der Anmelder mit der Registrierung seiner Domain die Regelungen der „Uniform Domain Name Dispute Policy“. Als Streitschlichtungsorgane kommen vier verschiedene, vom ICANN lizensierte Organisationen in Betracht. Dies sind das National Arbitration Forum[36], das eResolution Consortium[37], das CPR-Institut for Dispute Resolution[38] und vor allem die Schiedsstelle der WIPO[39]. Die Entscheidung über den Domainnamenkonflikt trifft dann ein aus einer oder

---

[31] Vgl. Bettinger, GRUR Int. 1997, 402, 406.
[32] Ubber, WRP 1997, 497, 499.
[33] Zu Struktur, Arbeitsweise und Aufgaben der ICANN vgl. Kleinwächter, MMR 1999, 452; siehe auch http://www.icann.org.
[34] http://www.icann.org/udrp/udrp-policy-24oct99.htm.
[35] http://www.icann.org/udrp/udrp-rules-24oct99.htm.
[36] http://www.arb-forum.com/domains.
[37] http://www.resolution.ca.
[38] http://www.cpradr.org.
[39] http://arbiter.wipo.int/domains.

drei Personen bestehendes Panel, welches aus im internationalen Markenrecht qualifizierten Personen besteht und unter Berücksichtigung der Verfahrensbeteiligten bestimmt wird. Das Verfahren ist insbesondere deshalb von Vorteil, da in der Regel binnen 40-45 Tagen nach Einlegung der Beschwerde eine Entscheidung getroffen wird und diese keiner staatlichen Anerkennung bedarf. Zudem sind die Kosten (1500 US$ für bis zu fünf Domainnamen bei einem Schiedsrichter) geringer als im Falle eines Gerichtsverfahrens. Folge der Entscheidung im Schiedsgerichtsverfahren kann die Übertragung der Domain sein. Zu beachten ist, dass die Zuständigkeit der staatlichen Gerichte durch dieses Verfahren nicht eingeschränkt wird. So steht den Beteiligten zunächst ein Wahlrecht zwischen dem außergerichtlichen und dem gerichtlichen Verfahren und auch nach Abschluss des außergerichtlichen Verfahrens noch der Weg zu den staatlichen Gerichten offen.[40]

Auch bei diesem neueren Streitschlichtungsverfahren gibt es aber Nachteile zu bemängeln. Diese liegen vor allem in der Beschränkung des Beschwerdeverfahrens auf eindeutige Missbrauchsfälle, wie auch in der beschränkten Rechtsfolge, die zwar einen Übertragungsanspruch, aber keinen Anspruch auf Schadensersatz oder Kostenerstattung vorsieht.

b. DENIC eG

aa. Prioritätsprinzip

Die Vergabe von Domainnamen durch die DENIC eG erfolgt nach dem Prioritätsprinzip (first come, first served). Die DENIC eG prüft lediglich, ob die beantragte Adresse bereits vergeben ist. Ist dies nicht der Fall, so wird der Domainname in die Datenbank des Zentralrechners eingetragen und mit einer IP-Adresse verbunden. Folge der Registrierung ist, dass eine einmal vergebene Internet-Adresse blockiert ist und nicht erneut vergeben werden kann. Hat also der Antragsteller seinen Antrag auf Erteilung des Domainnamen gestellt, bevor der Dritte sein Markenrecht gesichert oder wiederholt genutzt hat, kann er ihn grundsätzlich weiter benutzen. Ob er sein Nutzungsrecht tatsächlich ausübt, unterliegt keiner gesonderten Prüfung.[41] Auch eine Überprüfung hinsichtlich entgegenstehender Rechte Dritter an der Domain wird durch die DENIC eG grundsätzlich nicht durchgeführt.[42] Vielmehr hat der Anmelder zu versichern, dass er zur Nutzung der Domain berechtigt ist, dass der von ihm gewünschte Domainname nicht mit Rechten Dritter kollidiert und nicht gegen Gesetze verstößt.[43] Für den Fall, dass der Domainname-Inhaber die Vergaberichtlinien oder eine sonstige Verpflichtung gröblich verletzt oder die Domain nach rechtskräftiger

---

[40] Vgl. zum Verfahren näher Stömer, K&R 2000, 587 ff. und Bettinger, CR 2000, 234.
[41] Völker/Weidert, WRP 1997, 652, 654.
[42] Reinhart, WRP 2001, 13, 14; Wilmer, CR 1997, 562.
[43] Vgl. § 3 Abs. 1 der Registrierungsbedingungen der DENIC eG.

Feststellung eines Gerichts Rechte Dritter verletzt oder unter Verstoß gegen gesetzliche Vorschriften genutzt worden ist, behält sich die DENIC eG in ihren Vergabebestimmungen das Recht vor, die Domainüberlassung fristlos zu kündigen.

Die Eintragungspraxis nach dem Prioritätsprinzip führt häufig dazu, dass Domain-Interessenten feststellen müssen, dass ihr Name, ihre Firma – oder Markenbezeichnung bereits anderweitig als Domain vergeben sind. Früher bestand sogar die Möglichkeit, sich kostengünstig einen Domainnamen beim DENIC reservieren zu lassen. Dieser Reservierungsservice wurde aber am 01.02.1997 eingestellt, vor allem, um der Gefahr des „Domain-Grabbings" entgegenzuwirken.[44]

bb. Dispute-Eintrag

Ein Streitschlichtungsverfahren wie das InterNIC es durchführt existiert bei der DENIC eG nicht. Fühlt sich jemand durch die Eintragung eines Domainnamens durch einen Dritten in seinen Rechten verletzt, kann er einen sog. Dispute-Eintrag durch die DENIC eG vornehmen zu lassen. Dafür muss er glaubhaft machen, dass ihm Rechte an der eingetragenen Domain zustehen und er aus diesen gegen den Domaininhaber vorgeht. Durch den Dispute-Eintrag wird die Möglichkeit der Übertragung der Domain an einen Dritten während des anhängigen Rechtsstreits verhindert. Er hat zunächst Wirkung für ein Jahr, kann aber auf Antrag verlängert werden, wenn nachgewiesen wird, dass die Auseinandersetzung noch nicht beendet ist. Folglich verhindert der Dispute-Eintrag nicht die Nutzung, sondern lediglich die Übertragung der Domain bis zur gerichtlichen oder außergerichtlichen Lösung des Domainnamenkonfliktes.[45] Der Dispute–Eintrag führt somit nur einen eingeschränkten Schutz des Kennzeicheninhabers herbei, da die Gefahr einer Rufausbeutung oder Verwässerungsgefahr seines Zeichens bestehen bleibt.

cc. Kontrahierungszwang der DENIC eG

Noch nicht abschließend geklärt ist, ob die DENIC eG ein Kontrahierungszwang im Hinblick auf die Domainvergabe trifft.[46] Für einen solchen könnte die faktisch marktbeherrschende Stellung der DENIC eG in diesem Bereich sprechen. Sie ist in der Bundesrepublik Deutschland die einzige zur Vergabe von Domains befugte Institution und könnte damit den wettbewerbsregelnden Normen der §§ 19, 20 GWB unterliegen. Danach würde ihr die Verantwortung für die Aufrechterhaltung fairer Wettbewerbsbedingungen auf dem Markt der Domainver-

---

[44] Ubber, WRP 1997, 497, 500.

[45] Bettinger/Freytag, CR 1999, 28, 30; Schwarz/Poeck/Jooss, Recht im Internet, Kap. 4-2.1, S.22.

[46] Vgl. zu dieser Frage auch Bücking, MMR 2000, 656, 664.

gabe obliegen.[47] Bedenken bestehen jedoch insofern, als dass sich die marktbeherrschende Stellung der DENIC eG lediglich auf die Vergabe der TLD „.de" bezieht. Basierend hierauf könnte die Monopolstellung der DENIC eG zweifelhaft sein.[48] Die anderen TLDs wie „.com", „.org" oder „.net" werden zwar nicht in der Bundesrepublik Deutschland vergeben, sie stehen aber dennoch weiterhin jedermann zur Verfügung.[49] Andererseits muss auf die Nachfrager des deutschen Raumes abgestellt werden, die sich in aller Regel für die Domain „.de" interessieren werden. Zudem muss das Bundesgebiet für die Beurteilung der Monopolstellung schon deswegen maßgeblich sein, da an dessen Grenzen die deutsche Rechtssetzungs – und Vollstreckungsbefugnis grundsätzlich endet.[50] Selbst wenn man aber eine Monopolstellung der DENIC eG annimmt, kann die Pflicht zur Registrierung nicht bei entgegenstehenden Rechten Dritter bestehen. Zur Beantwortung der Frage nach dem Kontrahierungszwang ist als rechtlicher Maßstab das Kennzeichenrecht sowie das UWG heranzuziehen. Unter Berücksichtigung dessen ist die DENIC eG nur dann zur Registrierung einer Domain verpflichtet, wenn dieser keine sachlichen Gründe entgegenstehen. Solche können etwa vorliegen, wenn Rechte Dritter oder ein Freihaltebedürfnis an der beantragten Domain bestehen.[51]

---

[47] LG Frankfurt/M., MMR 2000, 627 – „01051.de"; OLG Frankfurt/M. MMR 2000, 36, 37 – „ambiente.de".

[48] Welzel, MMR 2000, 39, 40.

[49] Welzel, MMR 2001, 744.

[50] Bücking, GRUR 2002, 27, 28; siehe auch Nordemann/Czychowski/Grüter, NJW 1997, 1897, 1900.

[51] Welzel, MMR 2000, 627, 629; Nordemann/Czychowski/Grüter, NJW 1997, 1897, 1900.

B. Ansprüche gegen Domain-Name-Inhaber

I. Ansprüche aus dem MarkenG

1. Anwendungsbereich

Dem Kennzeicheninhaber stehen je nach Kennzeichen unterschiedliche Anspruchsnormen zum Schutz des Zeichens zur Verfügung. Im Markengesetz ist unter dem Oberbegriff der „Kennzeichen" der Schutz der Marken, geschäftlichen Bezeichnungen und geographischen Herkunftsangaben geregelt. Diese sind als sachlich gleichwertig anzusehen.[52]

a. Marken

Das neue Markengesetz trat am 1.1.1995 in Kraft und löste das bis dahin geltende Warenzeichengesetz ab. Der Begriff der Marke ist seitdem sehr weit gefasst und schützt praktisch jede denkbare Kennzeichnungsform.[53] Gem. § 3 Abs. 1 MarkenG können als Marke „alle Zeichen, insbesondere Wörter einschließlich Personennamen, Abbildungen, Buchstaben, Zahlen, Hörzeichen, dreidimensionale Gestaltungen einschließlich der Form einer Ware oder ihrer Verpackung sowie sonstige Aufmachungen einschließlich Farben und Farbzusammenstellungen geschützt werden, die geeignet sind, Waren oder Dienstleistungen eines Unternehmens von denjenigen anderer Unternehmen zu unterscheiden." Der Markenschutz entsteht nach dem Markengesetz entweder durch Eintragung der Marke in das beim Deutschen Patent – und Markenamt geführte Markenregister (§ 4 Nr.1 MarkenG) oder – ohne Eintragung - kraft Verkehrsgeltung (§ 4 Nr.2 MarkenG).

b. Geschäftliche Bezeichnungen

Unter den Begriff der geschäftlichen Bezeichnung fallen sowohl Unternehmenskennzeichen als auch Werktitel. Unternehmenskennzeichen sind gem. § 5 Abs. 2 S.1 MarkenG solche Zeichen, die im geschäftlichen Verkehr als Name, als Firma oder besondere Bezeichnung eines Geschäftsbetriebs oder eines Unternehmens benutzt werden. Schutzfähig sind auch einzelne Firmenbestandteile, sofern diese selbst kennzeichnungsfähig sind, also hinreichende Unterscheidungskraft besitzen.[54] Im Gegensatz zu den Marken wird der Schutz der geschäftlichen Bezeichnungen nicht durch eine Eintragung in ein Register erlangt, er beginnt grundsätzlich mit Benutzungsaufnahme der Bezeichnung im Verkehr.[55]

---

[52] Ingerl/Rohnke, MarkenG, § 6 Rn. 9; LG München I CR 1999, 325.
[53] Ingerl/Rohnke, MarkenG, § 3 Rn. 8.
[54] BGH NJW 1997, 1928, 1929 – „NetCom"; OLG München MMR 1999, 547- „Buecher.de/ Amazon.de"; Hackbarth, CR 1999, 186, 187 .
[55] Ingerl/Rohnke, MarkenG, § 5 Rn. 48.

Als Werktitel geschützt sind nach der Legaldefinition des § 5 Abs. 3 MarkenG insbesondere Druckschriften, Film-, Ton- und Bühnenwerke. Der Werktitelschutz fußt auf dem alten § 16 UWG.[56] Um von ihm erfasst zu sein, genügt es bereits, wenn nur geringfügig von beschreibenden Angaben oder Beschaffenheitsangaben abgewichen wird.[57] Der Schutz beginnt regelmäßig mit der tatsächlichen Aufnahme und Benutzung des Werktitels. Dabei reicht jede Benutzungshandlung im Inland aus, die auf eine dauerhafte wirtschaftliche Betätigung schließen lässt[58]; dies wird in den meisten Fällen das Erscheinen des Werks sein. Der Zeitpunkt der Benutzungsaufnahme kann auch vorverlegt werden, indem der Titel durch „Titelschutzanzeigen" schon vor der Nutzungsaufnahme in Fachblättern bekannt gemacht wird.[59]

Im geschäftlichen Verkehr kann ein Zeichen zugleich die Funktionen verschiedener Arten von Kennzeichen erfüllen; so kann ein Unternehmenskennzeichen zugleich auch Marke sein, etwa durch Eintragung ins Markenregister oder durch Erlangung von Verkehrsgeltung.[60]

c. Geographische Herkunftsangaben

Der Schutz geographischer Herkunftsangaben nach dem MarkenG erfasst sowohl unmittelbare geographische Herkunftsangaben (§ 126 Abs. 1.Alt. MarkenG), also jegliche geographische Namen, wie auch mittelbare Herkunftsangaben (§ 126 Abs. 1 2.Alt. MarkenG), z.B. bildliche Darstellungen.[61]Hauptsächlicher Anwendungsbereich ist der Schutz der Namen von Orten, Gegenden, Gebieten oder Ländern, sowie von Zeichen, welche im Verkehr mittelbar zur Kennzeichnung der geographischen Herkunft von Waren oder Dienstleistungen benutzt werden.[62] Im Rahmen der gesetzlichen Vorschriften, insbesondere der §§ 1, 3 UWG, §§ 127, 135 MarkenG, ist grundsätzlich jedermann berechtigt, geographische Herkunftsangaben zu benutzen.[63] Voraussetzung ist aber, dass er mit seiner Ware oder Dienstleistung den erforderlichen regionalen Bezug aufweist.[64]

---

[56] BGH NJW 1997, 1928, 1929 – „NetCom"; Berlit, NJW 1999, 701; Betten, GRUR 1995, 5 ff.

[57] Althammer/Ströbele/Klaka, MarkenG § 5 Rn. 55.

[58] Ingerl/Rohnke, MarkenG § 5 Rn. 49.

[59]OLG Hamburg, CR 1999, 184, 185 –„emergency.de"; Berlit, NJW 1999, 701.

[60] Fezer, Markenrecht, § 5 Rn.7.

[61] Fezer, MarkenG, § 126 Rn. 6f.

[62] Berlit, Markenrecht, Rn. 410.

[63] OLG München, MMR 2002, 115, 116 – „champagner.de".

[64] Ullmann, GRUR 1999, 666, 667.

2. §§ 4, 14 MarkenG – Schutz der Marke

§ 14 Abs. 2 MarkenG erfasst drei unterschiedliche Konstellationen: Den Schutz der Marke in Fällen der Zeichenidentiät (§ 14 Abs. 2 Nr. 1 MarkenG), ihren Schutz in Fällen der Verwechslungsgefahr (§14 Abs. 2 Nr. 2 MarkenG) und den Schutz der bekannten Marke (§14 Abs. 2 Nr. 3 MarkenG).

a. § 14 Abs. 2 Nr.1 MarkenG – Zeichenidentität

Für einen Anspruch gem. § 14 Abs. 2 Nr.1 MarkenG ist erforderlich, dass Markenidentität zwischen dem Verletzerzeichen und der geschützten Marke vorliegt. Man spricht hier von einer sog. „Doppelidentität“, da es sich um die Benutzung eines identischen Zeichens für Waren oder Dienstleistungen handeln muss, die mit denjenigen identisch sind, für die die Marke des Anspruchstellers Schutz genießt.[65] Ist diese Doppelidentität gegeben, kommt es auf eine Verwechslungsgefahr nicht mehr an.[66]

b. § 14 Abs. 2 Nr.2 MarkenG - Verwechslungsgefahr

Für einen Anspruch aus § 14 Abs. 2 Nr. 2 MarkenG genügt Markenähnlichkeit. Der Schutz der Marke besteht gegen eine Verwechslungsgefahr im Verkehr einschließlich der Gefahr, dass das durch den Dritten genutzte Zeichen gedanklich mit ihr in Verbindung gebracht wird.

Für die Feststellung der Verwechslungsgefahr ist stets auf die Wechselwirkung zwischen dem Tatbestandsmerkmal der Ähnlichkeit der verwendeten Zeichen, der Branchennähe und dem Bekanntheitsgrad der Marke abzustellen.[67] Durch die Benutzung der Marke auf dem Markt wächst ihre Bekanntheit, diese wiederum macht ihre Kennzeichnungskraft im Verkehr aus. Steigt der Bekanntheitsgrad der Marke am Markt, erhöht sich folglich auch ihre Kennzeichnungskraft. Je größer diese Kennzeichnungskraft ist, desto mehr erweitert sich auch der Schutzumfang der Marke vor Verwechslungsgefahr. Danach kann die Nähe der Waren oder Dienstleistungen umso geringer sein, je näher sich die Zeichen im Ähnlichkeitsbereich kommen und je stärker sich die Kennzeichnungskraft der zu schützenden Marke darstellt. Umgekehrt kann eine große Nähe von Waren oder Dienstleistungen zur Verwechslungsgefahr auch bei Zeichen führen, wenn deren Ähnlichkeit und /oder Kennzeichnungskraft zu der zu schützenden Marke geringer sind.[68]

---

[65] Wegner, CR 1999, 250, 254.

[66] Sack, WRP 1998, 1127.

[67] LG Hamburg, CR 1999, 47, 48 – „eltern.de“; LG Mannheim, MMR 2000, 47 f. – „nautilus“; Fezer, NJW 1998, 713, 714.

[68] Fezer, Markenrecht, § 14 Rn. 103, 119 ff..

Zu unterscheiden ist also zwischen der Ähnlichkeit der Marke und der Verletzerdomain einerseits und der Ähnlichkeit der Waren und Dienstleistungen andererseits.

aa. Ähnlichkeit von Marke und Verletzerdomain

Um zu beurteilen, ob Identität oder Ähnlichkeit zwischen dem Kennzeichen und der Domain besteht, ist zunächst festzulegen, welcher Teil der Domain für diese Prüfung von Relevanz ist. Die Rechtsprechung stellt auf die Identität oder Ähnlichkeit der Marke mit der Second-Level-Domain, also dem eigentlichen Namen der Domain, ab.[69] Die TLD sowie die Bezeichnung des Übertragungsprotokolls (http://) und des World Wide Web (www) werden grundsätzlich nicht mitberücksichtigt, da sie lediglich technisch notwendige Angaben für die Bestimmung des Zielrechners darstellen und somit nicht der Unterscheidung dienen.[70] Dies gilt jedoch nicht durchgehend. Zu unterscheiden ist zwischen den geographischen TLDs („.de", „.at", „.es") und den funktionalen TLDs („.museum" für Museen oder „.aero" für Fluggesellschaften). Erstere finden bei der Feststellung der Verwechslungsgefahr keine Berücksichtigung.[71] Bei den funktionalen TLDs hingegen macht der Nutzer sich schon bei der Eingabe der Domain Gedanken über die Branche. In diesen Fällen kann daher im Einzelfall eine, wenn auch nur geringe, Kennzeichnungskraft bestehen. Der Nutzer hat ein Interesse daran, unter branchenspezifischen Domains auch nur den Anbieter der jeweiligen Branche zu finden. So kann auch der TLD „.com" Indizwirkung zukommen, da sie zumindest auf eine kommerzielle Tätigkeit hinweist.[72] Werden die TLDs heute also grundsätzlich nicht mitberücksichtigt, so kann sich dies aber durch die geplante Erweiterung der spezifischen TLDs in der Zukunft ändern. Der Nutzer wird durch die hiermit verbundene Verfeinerung der thematischen Zuordnung verstärkt auf die jeweilige TLD achten.

Grundsätzlich können Marken im Rahmen der Verwechslungsgefahr in drei Richtungen wirken. Es kann auf den Klang, das Bild oder den Sinn einer Marke abgestellt werden.[73] Es wird davon ausgegangen, dass der Durchschnittsverbraucher dabei die Marke als Ganzes wahrnimmt und nicht auf verschiedene

---

[69] OLG Karlsruhe, WRP 1998, 900, 901 – "zwilling.de" ; OLG Stuttgart, NJW-RR 1998, 1341 – "steiff.com" ; LG Braunschweig, CR 1998, 364, 366 – "deta.com".

[70] LG Köln, MMR 2000, 625, 626 – „WDR.org"; Keine Unterscheidung zwischen funktionalen und geographsichen TLDs macht das OLG Hamburg, CR 2002, 446 – „handy.com". Nach Ansicht des Gerichts sollen auch die funktionalen TLDs im Rahmen der Verwechslungsgefahr nicht zu berücksichtigen sein.

[71] LG Hamburg, CR 1999, 47, 48-"eltern.de"; LG Mannheim, MMR 2000, 47, 48 - „nautilus".

[72] Reinhart, WRP 2001, 9, 19; Beckmann, CR 2002, 446, 447; Biere, CR 1999, 387.

[73] Fezer, NJW 1998, 713, 714; OLG München, MMR 2002, 170, 171 – „mbp.de".

Einzelheiten achtet.[74] Im allgemeinen wird dabei im Ähnlichkeitsbereich eine gewisse Flexibilität gefordert und an die Gefahr einer gedanklichen Assoziation, als ein Bestandteil der Verwechslungsgefahr, angeknüpft.[75] Diese allgemeinen Regeln will *Nordemann* auch auf Domainbezeichnungen anwenden. Er geht davon aus, dass das Internet längst nicht mehr nur von Fachleuten und Computerfreaks, sondern hauptsächlich von „Durchschnittsverbrauchern" genutzt wird. Zudem würden die Domainnamen nicht nur im Internet selbst, sondern in zunehmenden Maße auch für die Werbung im geschäftlichen Verkehr außerhalb des Internets genutzt. Daher dürften an Domainnamen keine veränderten Anforderungen gestellt werden.[76]

Zwar ist den Feststellungen *Nordemanns* bezüglich der Nutzer des Internets wie auch der Nutzung der Domains außerhalb des Internets zuzustimmen, dennoch würde eine Anwendung der allgemeinen Grundsätze auf Domainnamen die besonderen technischen Gegebenheiten des Internet außer acht lassen. Im Gegensatz zum allgemeinen Geschäftsverkehr außerhalb des Internets können bei Domainnamen Bildelemente, Farben oder spezifische Schrifttypen keine Berücksichtigung finden. Auch eine ähnliche Aussprache ist nicht beachtlich. So besteht bei Domainnamen keine Verwechslungsgefahr zwischen einem Ski und einem Schi oder zwischen Zentis und Säntis.[77] Eine einschränkende Auslegung des gedanklichen Inverbindungbringens ist aber auch aus einem anderen Grunde geboten. Da jede Domain weltweit nur einmal vergeben werden kann, wird der zur Verfügung stehende Namensraum im Internet immer enger. Dies führt zwangsläufig zu einer Annäherung der Domainbezeichnungen. Die in der deutschen Praxis üblichen Maßstäbe an die optische und klangliche Verwechslungsgefahr müssen daher relativiert werden und zu einem modifizierten Prüfungsmaßstab im Rahmen der Ähnlichkeitsprüfung bei Internetdomains führen.[78] Die anzulegenden Maßstäbe müssen verschärft werden, d.h., dass an die Voraussetzungen der Annahme einer Verwechslungsgefahr höhere Anforderungen zu stellen sind. Die Anwendung der üblichen Maßstäbe würde in hohem Maße zu einer Blockade anderer Domainnamen führen.

Nicht eindeutig geklärt ist bislang, ab welchem Grad der schriftlichen Ähnlichkeit Verwechslungsgefahr anzunehmen ist. In der Rechtsprechung geht die Tendenz zum Anlegen eines strengen Ähnlichkeitsmaßstabes. Das OLG Frankfurt/M. lehnte in der Entscheidung „wirtschaft-online.de" die analoge Anwendung des § 8 Abs. 2 Nr. 1, 2 MarkenG auf Internetdomains ab, da im Gegensatz

---

[74] EuGH, GRUR Int. 1998, 56, 57 f. – „Springende Raubkatze II".
[75] Althammer/Ströbele/Klaka, § 14 Rn.20.
[76] Nordemann, NJW 1997, 1891, 1894.
[77] Bsp. von Wegner, CR 1999, 250, 254.
[78] KG, GRUR –RR 2001, 180, 181 –„checkin.com"; Schwarz/Poeck/Jooss, Recht im Internet, Kap. 4 – 2.2, S. 22.

zur eingetragenen Marke, welche ihren Inhaber auch vor Verwechslungsgefahr schütze, die Domain nur in ihrer identischen Verwendung Sperrwirkung entfalte, diese also bereits durch geringfügige Abwandlungen oder Zusätze überwunden werde.[79] Das OLG Hamm konnte in seiner Entscheidung „krupp.de“ die Frage nach der Verwechslungsgefahr offen lassen, da hier eine identische Verwendung zwischen der Domainadresse und dem Firmenschlagwort der Klägerin vorlag, welche jedenfalls „auf keinen Fall zu billigen“ war. Auch in diesem Urteil wurde aber darauf hingewiesen, dass bereits geringfügige Namenszusätze die Verwechslungsgefahr hätten beseitigen können.[80] In einer späteren Entscheidung betonte das Gericht dann, dass bei einer eingetragenen Marke mit denkbar schwacher Kennzeichnungskraft bereits minimale Abweichungen in nur einem Buchstaben ausreichten, um die Verwechslungsgefahr auszuschließen.[81] Die bloße Verwendung eines zusätzlichen Bindestrichs wurde allerdings für unzureichend angesehen, die Verwechslungsgefahr zweier Zeichen auszuräumen.[82]

Auch in der Literatur wird vielfach vertreten, dass aufgrund des begrenzten Domainangebots im Internet schon die Änderung eines einzigen Buchstabens ausreichen solle, um die Ähnlichkeit zu umgehen. Ansprüche des Kennzeicheninhabers seien nur bei einer identischen Verwendung des aussagekräftigen Bestandteils der Bezeichnung gegeben.[83] Diese Aussage ist aber in ihrer Pauschalität nicht haltbar. Auch hier muss sich an der Frage orientiert werden, ob durch die Verwendung der Domain eine gedankliche Verbindung mit dem Markeninhaber wahrscheinlich erscheint oder nicht. Zur Feststellung der Verwechslungsgefahr ist damit letztlich auf den Durchschnittsverbraucher abzustellen, der eine Markenbezeichnung normalerweise als Ganzes wahrnimmt und nicht auf verschiedene Einzelheiten achtet.[84] Dennoch ist der Tendenz in Rechtsprechung und Literatur zuzustimmen, da sich das Anlegen eines strengeren Maßstabs durchaus mit der Nutzung des Internets durch den „Durchschnittsverbraucher“ vereinbaren lässt. Dieser achtet im Internet sorgfältiger auf Unterschiede gerade

---

[79] OLG Frankfurt/M., CR 1997, 271, 272.

[80] OLG Hamm, CR 1998, 241, 243-„krupp.de“.

[81] OLG Hamm, NJW-RR 1999, 631 –„pizza direkt“; ähnlich das KG, GRUR-RR 2001, 180, 181 –„checkin.com“.

[82] OLG München, CR 1999, 778, 779 – „tnet.de“; LG Köln, MMR 2000, 120 –„Bindestrich in der Domain“; in der Entscheidung „COM:ON“ des LG Hamburg sollte hingegen allein die Verwendung des Sonderzeichens in der Domain eine hinreichende Unterscheidungskraft begründen, GRUR-RR 2001, 109, 110 – „COM:ON“.

[83] Biermann, WRP 1999, 997, 1000; Nordemann, NJW 1997, 1891, 1894; Kur, CR 1996, 590, 593; Schwarz/Poeck/Jooss, Recht im Internet, Kap. 4-2, S.4 f; OLG Köln, MMR 2002, 170 – „Schneider-Intercom.de“.

[84] LG München I, MMR 2000, 220, 221 - „Telco-Explorer“ mit Verweis auf EuGH GRUR Int. 1998, 56, 58 –„Springende Raubkatze II“; OLG Hamburg, GRUR – RR 2001, 126, 128 – „Intershop“, Althammer/Ströbele/Klaka, § 14 Rn. 15.

auch in der Schreibweise der Domains.[85] Er wird bald erkennen, dass die exakte Schreibweise des Domainnamens im Internet von größter Bedeutung für das Auffinden der Homepage ist. Zudem ist davon auszugehen, dass der Durchschnittsverbraucher längst kein flüchtiger, sondern ein „durchschnittlich informierter, aufmerksamer und verständiger Verbraucher“ ist.[86]

Zusammenfassend lässt sich festhalten, dass dem Weg der Rechtsprechung, höhere Maßstäbe bezüglich der Verwechslungsgefahr anzulegen, zu folgen ist. Die Änderung eines Domainnamen allein durch Hinzufügen oder Entfernen eines Punktes oder Bindestrichs genügt folglich nicht, um die Verwechslungsgefahr zu umgehen, die Änderung eines einzelnen Buchstaben kann hingegen in vielen Fällen bereits ausreichen.

bb. Ähnlichkeit von Waren und Dienstleistungen

Eine weitere Voraussetzung für die Bejahung der Verwechslungsgefahr i.R.d. § 14 Abs. 2 Nr.2 MarkenG ist grundsätzlich, dass Identität oder Ähnlichkeit zwischen den sich gegenüberstehenden Waren bzw. Dienstleistungen besteht. Strittig ist, ob dieses Erfordernis auch im Internet zur Anwendung gelangen soll oder ob hier allein der Domainname für die Verwechslungsgefahr maßgeblich ist und es auf die zusätzliche Ähnlichkeit der Waren und Dienstleistungen nicht ankommt.

Teils wird vertreten, es solle allein die Verwendung des Domainnamens für eine Kennzeichenrechtsverletzung ausreichen, auf die angebotenen Inhalte komme es nicht an.[87] Gestützt wird dies auf die Überlegung, dass der Domainname in der Regel ohne einen sachlichen Zusammenhang aufgerufen wird und sich daher zunächst unabhängig von der Ware oder Dienstleistung eine Verwechslungsgefahr ergeben kann.[88] Der Zeitraum, in dem der Nutzer die Domain eingibt bis zum Erscheinen der Homepage ist aber derart kurz, dass er sich in diesen wenigen Sekunden kaum irrige Gedanken über den Inhaber der Domain machen kann. Dieser äußerst kurze Zeitraum vermag eine kennzeichenrechtliche Sonderbehandlung der Internetdomains nicht zu rechtfertigen.[89] Nach weit verbreite-

---

[85] KG, GRUR-RR 2001, 180, 181- “CHECK IN/checkin.com.”

[86] EuGH GRUR 1998, 387, 389 „Springende Raubkatze“; EuGH, WRP 1998, 848, 850 „6-Korn-Eier“; BGH WRP 2000, 724, 726 „Space-Fidelity-Peepshow“; BGH WRP 2000, 517, 519 f. – “Orient-Teppichmuster”.

[87] Marwitz, WRP 2001, 9, 10 f..

[88] Marwitz, WRP 2001, 9, 10.

[89] Bottenschein, MMR 2001, 286, 289.

ter Ansicht in Rechtsprechung und Literatur wird daher für die Feststellung der Verwechslungsgefahr der Inhalt der Homepage mitberücksichtigt.[90]

Im Fall „freundin.de“ führte das LG München aus, dass es bei der Frage um die Verwechslungsgefahr auf die Waren und Dienstleistungen ankomme, die auf der Homepage angeboten und beworben würden. Hier stand die Marke „freundin“ für Druckerzeugnisse und der Domainname „freundin.de“ für die Dienstleistung der Partnervermittlung. Diese beiden Produktgruppen wurden vom Gericht als nicht ähnlich angesehen, so dass die Beklagte ihre Domain behalten durfte.[91]

Auch das OLG Frankfurt/M. lehnte in seiner Entscheidung „alcon.de“ eine kennzeichenrechtliche Verwechslungsgefahr trotz Kennzeichenidentität wegen Branchenferne ab. Bei der Klägerin handelte es sich um ein Unternehmen, welches Arzneimittel und Medizinprodukte aus dem Bereich der Augenheilkunde vertrieb. Die Beklagte hingegen beschäftige sich mit der Vermögensverwaltung sowie dem Erwerb und der Veräußerung von Beteilungsgesellschaften. Das Gericht führte zur Begründung der Ablehnung der Verwechslungsgefahr den Vergleich mit zwei börsennotierten Unternehmen an. Eine gemeinsame Börsennotierung könne ebenso wenig die Branchenferne der Unternehmen überbrücken wie der gemeinsame Auftritt zweier Unternehmen im Internet. Es sei auch keine internetspezifische Besonderheit, dass Namensgleiche in Nachschlagewerken neben-, über- oder untereinander aufgeführt würden. Eine ähnliche Situation läge auch bei Einträgen der Unternehmen in Telefonbüchern, Branchenverzeichnissen oder Wirtschaftslexika vor, ohne dass hierdurch eine markenrechtlich relevante Verwechslungsgefahr zwischen Unternehmen verschiedener Branchen ernsthaft erwogen würde.[92] *Marwitz* gibt hiergegen zu bedenken, dass sich das Domain - Name - System gerade nicht in festgelegten Strukturen bewegt. Eine Beschränkung auf Waren – und Dienstleistungsbereiche und damit ein Neben – oder Untereinander der Unternehmen gebe es im Domainbereich gerade nicht.[93] Es ist einem Domainnamen nicht anzusehen, für welche Produkte er steht. Zudem bestehe die jederzeitige Möglichkeit, die Inhalte der Web-Sites zu verändern. Dadurch sei eine latente Gefährdung der Annäherung an das Kennzeichen des Zeicheninhabers gegeben. Bereits mit der Registrierung der Domain würde die Verwechslungsgefahr ausgelöst und eine ständige Gefahrenquelle geschaf-

---

[90] LG München I, CR 1997, 540, 543 f. – „freundin.de“; OLG Hamm, NJW-RR 1999, 631- „pizza-direkt.de“; OLG Frankfurt/M., WRP 2000, 772, 773 – „alcon.de“; LG Mannheim, MMR 2000, 47, 48 f. – „nautilus“; OLG München, MMR 2000, 277 – „Intershopping.com“; LG Hamburg, GRUR-RR 2001, 109, 110 – „COM:ON“; LG Düsseldorf, MMR 2002, 489 – „exes.de“; Hackbarth, CR 1998, 558; Reinhart, WRP 2001, 9, 18; Wegner, CR 1999, 250, 255; Viefhues, MMR 2000, 3239; Apel/Große-Ruse, WRP 2000, 816, 817.
[91] LG München I, CR 1997, 540, 543 f. – „freundin.de“.
[92] OLG Frankfurt/M., WRP 2000, 772, 773 – „alcon.de“.
[93] Marwitz, Domainrecht, WRP 2001, 9, 10.

fen.[94] *Marwitz* folgert daraus, dass auch bei völliger Branchenferne die Annahme von Verwechslungsgefahr nicht ausgeschlossen sein könne.[95]

Ihre Argumentation vermag indes nicht zu überzeugen. Die Bedenken bezüglich der Systematik des Internet sind zwar nachzuvollziehen, jedoch ist das hierauf beruhende Ergebnis wenig überzeugend. Es lässt sich nicht mit der Systematik des Gesetzes in Einklang bringen. Gem. § 14 Abs. 2 Nr.3 MarkenG kann einem Kennzeichen auch bei Branchenferne, also trotz mangelnder Verwechslungsgefahr Schutz zukommen, sofern es sich um ein „bekanntes" Kennzeichen handelt. Wäre ein Anspruch gem. § 14 Abs. 2 Nr. 2 MarkenG aufgrund von Verwechslungsgefahr auch bei Branchenferne möglich, verbliebe § 14 Abs. 2 Nr. 3 MarkenG kaum eigener Regelungsinhalt, da in diesen Fällen ebenso gut Schutz gem. § 14 Abs. 2 Nr.2 MarkenG gewährt werden könnte. Der Schutz der „normalen" Marken würde hierdurch dem der bekannten Marke stark angenähert. Auch mit Sinn und Zweck des § 14 Abs. 2 Nr. 2 MarkenG lässt sich die Auffassung von *Marwitz* nicht vereinbaren. Durch das in § 14 Abs. 2 Nr. 2 MarkenG normierte Erfordernis der Ähnlichkeit der Waren/Dienstleistungen soll sichergestellt werden, dass ein Zeichen nicht für sämtliche Waren/Dienstleistungsbereiche monopolisiert wird. Außerhalb des Internet ist es unproblematisch möglich, dass zwei identische Marken für verschiedene Waren oder Dienstleistungen nebeneinander existieren. Im Internet kann aber jeder Domainname nur einmal vergeben werden. Würde man hier nur auf die Ähnlichkeit der Domains abstellen und die Registrierung allein in der Schreibweise ähnlicher Domainnamen aufgrund von Verwechslungsgefahr ablehnen, würde die ohnehin schon sehr begrenzte Auswahl an Domainnamen noch weiter eingeschränkt und die Gefahr einer Monopolisierung vergrößert.[96]

Auch die Argumentation, es bestehe eine latente Verwechslungsgefahr, da der Inhalt der Web-Site jederzeit geändert werden könne, überzeugt nicht. Zwar ist nicht von der Hand zu weisen, dass die Änderung des Inhaltes einer Web-Site mit sehr viel weniger Aufwand verbunden ist, als die Änderung eines ganzen Geschäftsbetriebes außerhalb des Internet, beispielsweise wenn ein Unternehmen seine Produktion von Textilien auf Sportutensilien umstellt und dadurch aufgrund des Wechsels der Warenklasse eine Verwechslungsgefahr mit einem anderen Unternehmen herbeiführt, welches die gleiche oder eine ähnliche Marke für die nun gleichen oder ähnlichen Waren führt. Die Frage ist aber, ob die Wahrscheinlichkeit der plötzlichen Änderung des Inhaltes einer Web-Site so groß ist, dass hierin bereits eine Verwechslungsgefahr i.S.d. § 14 Abs. 2 Nr.2 MarkenG gesehen werden kann. Das Problem ist vergleichbar damit, dass ein Domainname registriert wird, aber noch keine Web-Site besteht, auf welcher

---

[94] Marwitz, Domainrecht, WRP 2001, 9, 11.
[95] Dieser Ansicht auch Wagner, ZHR 1998, 701, 713 ff..
[96] Schwarz/Poeck /Jooss, Recht im Internet, Kap. 4.2.2, S. 21.

Waren oder Dienstleistungen angeboten werden. In beiden Fällen ist eine Herbeiführung einer Verwechslungsgefahr möglich, kann aber noch nicht festgestellt werden. Ebenso wie in den Fällen der Registrierung einer Domain ohne Errichtung einer Web-Site könnten auch hier Ansprüche aus MarkenG nur im Rahmen einer vorbeugenden Unterlassungsklage geltend gemacht werden, in welcher der Kennzeicheninhaber darlegen müsste, dass der Domaininhaber eine die Verwechslungsgefahr herbeiführende Änderung der Web-Site plane.[97]

Einen völlig anderen Lösungsansatz wählte das LG Düsseldorf. Nach der Entscheidung „.epson.de“[98] scheint die Frage nicht darin zu liegen, ob im Rahmen der Verwechslungsgefahr auch auf die Ähnlichkeit der Waren und Dienstleistungen abzustellen ist, sondern vielmehr, welche Waren und Dienstleistungen im Internet miteinander zu vergleichen sind, was also überhaupt als verwechslungsfähige Ware anzusehen ist. Das Gericht entschied, verwechslungsfähige Ware/Dienstleistung sei schon die Homepage selbst, nicht erst die auf ihr präsentierten Waren/Dienstleistungen. Die Domain würde kennzeichnend auf eine Homepage hinweisen, diese unter allen Homepages identifizieren und die so gekennzeichnete Ware „Homepage“ von allen anderen Waren „Homepages“ unterscheiden. Zur Begründung wurde ein Vergleich mit zwei vom Titel her identischen Zeitschriften herangezogen. Auch hier sei der konkrete Inhalt für die Beurteilung der Verwechslungsgefahr nicht entscheidend.[99]

Der Vergleich der Domains mit Zeitschriften passt aber nicht. Zwar ist zuzugestehen, dass bei Zeitschriften, die sich an das allgemeine Publikum wenden, die Verwendung eines identischen Werktitels tatsächlich in hohem Maße geeignet ist, eine Verwechslungsgefahr zu begründen, da in der Regel eine hohe Verkehrsgeltung erreicht wird. In der Rechtsprechung und Literatur wurde in derartigen Fällen zunächst auch vielfach eine Verwechslungsgefahr bejaht.[100] In einer späteren Entscheidung führte der BGH jedoch aus, dass die weitgehende Identität der Titel alleine nicht ausreiche, um eine Verwechslungsgefahr anzunehmen.[101] Er zielte aber auch nicht nur auf den sachlichen Inhalt der Zeitschriften ab. Allein hierauf abzustellen könne nach Ansicht des BGH nur dann zur Ablehnung der Verwechslungsgefahr führen, wenn der Inhalt bei identischen Titeln der Zeitschriften deutlich – etwa durch entsprechende, auf ihn hinweisende Untertitel – hervorgehoben würde. Ansonsten sei für die Verwechslungsgefahr zwischen Zeitschriftentiteln auf die Marktverhältnisse, insbesondere auf den Cha-

---

[97] Vgl. hierzu ausführlich unten B.I. 5.a..
[98] LG Düsseldorf, CR 1998, 165 – "epson.de“
[99] LG Düsseldorf, CR 1998, 165, 168 – „epson.de“.
[100] BGH GRUR 1977, 543, 546 – „Der 7. Sinn“, wo es jedoch nicht um eine Zeitschrift, sondern um eine, im Ergebnis gleich zu behandelnde, Fernsehserie ging; Fezer, Markenrecht, § 15 Rn. 171.
[101] BGH, WRP 2000, 533 ff. –“FACTS”.

rakter und das Erscheinungsbild der Zeitschriften abzustellen. Dabei hätten Gegenstand, Aufmachung, Erscheinungsweise und Vertriebsform Einfluss auf die Verwechslungsgefahr.[102]

Diese Argumente führen aber im Hinblick auf Domainnamen nicht weiter. Eine Domain ist schon nicht mit einem Zeitschriftentitel vergleichbar. Im Gegensatz zu diesem erscheint sie weit weniger als Titel denn als Unternehmenskennzeichen. Aufgrund der Unkörperlichkeit der Domain wird der Nutzer in gesteigertem Maße dem Inhalt der Web-Site Beachtung schenken. Erscheint hier nicht der von ihm erwartete Inhalt, wird er dies unmittelbar nach Eingabe der Domain bemerken. Die mögliche kurzzeitige irrige Vorstellung über den Inhalt ist dabei, wie schon gesagt wurde, nicht zu beachten. Ein weiterer wesentlicher Unterschied zu Zeitschriften liegt darin, dass die Leistung der Zeitschriften gerade in der Aufarbeitung, Auswahl und Präsentation der Informationen besteht, während durch eine Homepage die Waren und Dienstleistungen überhaupt erst angeboten werden. Die Homepage selbst kann daher grundsätzlich nicht als Ware oder Dienstleistung im Sinne des § 14 Abs. 2 Nr. 2 MarkenG angesehen werden[103], sie ist im Regelfall eben nur ein Kommunikationsmittel zum Anbieten der Ware.[104]

Wäre die Homepage tatsächlich selbst die verwechslungsfähige Ware/Dienstleistung, führte dies zudem zu einem stark eingeschränkten Schutz des Markeninhabers. Die Errichtung einer Homepage wäre der Warenklasse 38 (Telekommunikation) zuzuordnen. Damit hätten Markeninhaber, deren Kennzeichen nicht für diese Klasse eingetragen sind, keine Möglichkeit, gegen die Nutzung der identischen Domain vorzugehen.[105] Folgte man den Ausführungen in der Entscheidung „epson.de“, führte dies in der Konsequenz dazu, dass letztlich auch gegenüber denjenigen kennzeichenrechtliche Unterlassungsansprüche gewährt werden müssten, die einen Domainname lediglich auf Briefpapier nutzen würden, selbst wenn ansonsten aufgrund mangelnder Ähnlichkeit der Waren/Dienstleistungen Ansprüche gem. § 14 Abs. 2 Nr. 2 MarkenG nicht in Betracht kämen. Bedenken bezüglich des Urteils des LG Düsseldorf bestehen darüber hinaus insofern, als dass es eine Vielzahl privater Homepages, sowie solche von Vereinen und Interessenverbänden gibt. Diese können aber erst recht nicht als „Ware“ qualifiziert werden. Folgte man der Ansicht des LG Düsseldorf, müsste also für die Qualifikation einer Homepage als Ware/Dienstleistung auch noch zwischen gewerblich genutzten und privaten Homepages unterschieden werden.

---

[102] BGH, WRP 2000, 533, 534 – „FACTS“.
[103] Apel/Große-Ruse, WRP 2000, 816, 818.
[104] OLG Hamburg, GRUR-RR 2001, 126, 129 – „Intershop“; Wegner, CR 1999, 250, 255.
[105] Reinhart, WRP 2001, 9, 18; Wegner, CR 1999, 250, 255.

Nur in seltenen Fällen kann die Homepage selbst die gekennzeichnete Ware/Dienstleistung im Sinne des Markengesetzes sein, etwa wenn auf ihr nicht nur Produkt – oder Unternehmensinformationen bereitgestellt werden, sondern über sie auch der Abruf eigenständiger Unterhaltungs-, Recherche- oder Kommunikationsvermittlungsdienstleistungen ermöglicht wird. Dann liegt eine kennzeichenrechtlich relevante Verknüpfung zwischen Domain, Homepage und angebotener Leistung vor.[106]

cc. Ergebnis

Für die Beurteilung der Verwechslungsgefahr im Internet müssen die gleichen Kriterien gelten wie außerhalb dessen. Ohne konkrete Inhalte wäre das Internet praktisch bedeutungslos. Es kann folglich nicht allein auf den Domainnamen abgestellt werden. Die Ähnlichkeit der Waren/Dienstleistungen des Inhalts der Web-Sites mit denen, die unter der Marke angeboten werden ist vielmehr in die Betrachtung mit einzubeziehen. Zumindest bei völliger Branchenferne ist ein Anspruch aus § 14 Abs. 2 Nr.2 MarkenG nicht möglich.[107]

c. § 14 Abs. 2 Nr. 3 MarkenG - bekannte Marke

Alle diese Probleme um die Feststellung des Vorliegens einer Verwechslungsgefahr entstehen nicht bei einer bekannten Marke, welche gem. § 14 Abs. 2 Nr. 3 MarkenG geschützt ist, sofern ihre Unterscheidungskraft oder Wertschätzung ohne rechtfertigenden Grund in unlauterer Weise ausgenutzt oder beeinträchtigt wird. Die Beeinträchtigung kann in einer Rufausbeutung, Rufschädigung oder dem Hervorrufen von Verwässerungsgefahr liegen. Die Norm ermöglicht einen Schutz bekannter Marken über den Bereich der Ähnlichkeit der Waren/Dienstleistungen bzw. über die Branchennähe hinaus.

Zunächst stellt sich die Frage, wann eine bekannte Marke vorliegt. Vor Inkrafttreten des Markengesetzes gab es die bekannte Marke zwar als Beschreibung, jedoch nicht als Rechtsbegriff. Schutz außerhalb des Ähnlichkeitsbereichs kam nur der berühmten Marke zu. Um die Bekanntheit einer Marke zu bestimmen, ist daher auf die zur berühmten Marke entwickelten Grundsätze zurückzugreifen.

Abzustellen ist auf die jeweiligen Umstände des Einzelfalls. Dabei gewinnen Eigenart, Originalität und Einmaligkeit der Marke, ihre Unterscheidungskraft, die Art der Ware, für welche sie Schutz genießt, die Nähe der beiderseitigen Waren zueinander sowie die Bedingungen des jeweiligen Marktes an Bedeutung.[108] Die Festlegung eines bestimmten Bekanntheitsgrades in Form eines festen Prozentsatzes ist aufgrund der jeweils zu berücksichtigenden Umstände nicht

---

[106] Ingerl/Rohnke, Markengesetz, § 14 Rn. 241.

[107] Viefhues, MMR 1999, 123; Apel/Große-Ruse, WRP 2000, 816, 817; OLG Hamm, NJW-RR 1999, 631- „pizza-direkt.de"; LG München I, CR 1997, 540 – „freundin.de".

[108] BGHZ 113, 82, 87 – „Salomon"; BGHZ 113, 115, 127 – „SL".

angebracht.[109] Als Richtschnur bei der Feststellung der Bekanntheit wurde aber lange Zeit eine Untergrenze von ca. 30 % angenommen.[110] Zu berücksichtigen sind sowohl quantitative (Grad der Verkehrsbekanntheit), wie auch qualitative (guter Ruf) Kriterien.[111] Dabei sind die qualitativen Kriterien in den Fällen der Ausnutzung oder Beeinträchtigung der Wertschätzung von Relevanz, auf die quantitativen Kriterien ist hingegen in den Fallgruppen der Ausnutzung oder der Beeinträchtigung der Unterscheidungskraft abzustellen. Für den Grad der Verkehrsbekanntheit ist im Rahmen der Rufausbeutung nur der von dem beanstandeten Zeichen angesprochene Verkehrskreis maßgeblich, während für die Rufschädigung und Verwässerung die Bekanntheit in jeglichen Verkehrskreisen, unabhängig davon, ob es sich um potentielle Abnehmer der Ware handelt oder nicht, genügen soll.[112]

aa. Rufausbeutung (Ausnutzung der Wertschätzung der Marke)

Die Rufausbeutung einer bekannten Marke bedeutet die Ausnutzung ihrer Unterscheidungskraft und Wertschätzung. Erforderlich ist ein Imagetransfer, also die Übertragung des wirtschaftlich verwertbaren schutzwürdigen guten Rufs, den der Verkehr aufgrund positiver Erfahrungen mit der Marke verbindet.[113]

Problematisch ist, dass durch die Nutzung einer bekannten Marke als Domain der Ruf der verwendeten Marke nicht wirklich auf das eigene Produkt übergeleitet wird. Vielmehr soll der Nutzer nur zu der Homepage des Domaininhabers hingeleitet werden, auf der dann die eigenen Produkte beworben werden. Es wird also der gute Ruf nicht übertragen, sondern nur der aus dem guten Ruf resultierende Aufmerksamkeitseffekt ausgenutzt. Dies für die Annahme einer Rufsausbeutung ausreichen zu lassen, erscheint bedenklich.

Wegner[114] will dieses Verhalten für die Bejahung einer Rufausbeutung genügen lassen. Er beruft sich auf Entscheidungen des BGH, nach welchen eine Rufausbeutung auch dann anzunehmen ist, wenn der gute Ruf einer fremden Marke auf andere Weise als durch Übertragung für den Absatz der eigenen Waren[115] oder speziell zur Erlangung eines Aufmerksamkeitseffektes ausgenutzt wird.[116] Der Domaininhaber nutzt die Bekanntheit der fremden Marke, um die Internet-

---

[109] OLG München, CR 1998, 556, 557 – „freundin.de".
[110] BGH GRUR 1985, 550, 551 – „DIMPLE"; Sack, GRUR 1995, 81, 86; Boes/Deutsch, GRUR 1996, 168, 169.
[111] Ingerl/Rohnke, NJW 1994, 1247, 1251.
[112] Ingerl/Rohnke, NJW 1994, 1247, 1251.
[113] BGHZ 125, 91, 99 – „Markenverunglimpfung I".
[114] Wegner, CR 1999, 250, 256.
[115] BGHZ 126, 208, 211 – „Mc Laren".
[116] Bereits in der „Kräutermeister" - Entscheidung sah der BGH in dem bloßen Erzielen eines besonderen Aufmerksamkeitseffektes eine unlautere Rufausbeutung, BGH GRUR 1981, 142, 144; so später auch in BGHZ 125, 91, 103 – „Markenverunglimpfung I".

Nutzer auf seine Homepage zu locken und fördert damit auch den Absatz seiner Waren. Das Ausnutzen der Wertschätzung der bekannten Marke sei in diesem Fall als ebenso unlauter anzusehen, wie die Übertragung des guten Rufs, so dass auch in diesen Fällen eine Rufausbeutung gegeben sei.[117]

Den herangezogenen Entscheidungen des BGH kann aber im Ergebnis nicht gefolgt werden. Für die Annahme einer Rufausbeutung bedarf es der Übertragung der Wertschätzung gerade hinsichtlich der Ware oder Dienstleistung, da sich der gute Ruf in der Regel insbesondere aus der Qualität oder den Besonderheiten des Produkts ergibt.[118] Wird aber eine bekannte Marke nur als Domainname und nicht zugleich auch für die auf der Web-Site beworbenen Produkte verwendet, so kann allein darin noch keine Übertragung der Wertschätzung liegen. Der Internet-User wird sofort mit Erscheinen der Web-Site feststellen, dass die angebotenen Produkte nichts mit der bekannten Marke gemein haben. Sie werden dann erst gar nicht mit den Waren des Markeninhabers in Zusammenhang gebracht, so dass auch keine den guten Ruf ausnutzende Verwendung vorliegt.[119]

Eine Rufausbeutung kann folglich nur dann angenommen werden, wenn das Image der bekannten Marke gerade auf die Waren/Dienstleistungen einer Web-Site übertragen werden soll, die Ausnutzung des Aufmerksamkeitseffektes also als unlauter anzusehen ist, nicht aber schon allein deshalb, weil der Name einer bekannten Marke als Domainname verwendet wird.

Auch das OLG Karlsruhe stellte im Fall „zwilling.de" auf die Übertragung der Wertschätzung der Ware bzw. Dienstleistung ab. Allerdings sah es dabei die Schaltung von Werbebalken und Links als die maßgebliche Dienstleistung des Domaininhabers an.[120] Es verkannte, dass das Angebot der Schaltung der Werbebalken und Links an Unternehmen und nicht an die Internet-User gerichtet war. Für die Bestimmung der Bekanntheit der Marke sind im Rahmen der Rufausbeutung aber nur die von dem beanstandeten Zeichen angesprochenen Verkehrskreise maßgeblich.[121] Dies sind die Internet-User, wenn es um die Frage geht, ob ein Bezug zwischen dem Image des Markeninhabers und der auf der Web-Site des Domaininhabers angebotenen Waren/Dienstleistungen gesehen werden kann. Von daher war die Entscheidung des OLG Karlsruhe zwar im Ansatz richtig, im Ergebnis jedoch verfehlt.

bb. Rufschädigung (Beeinträchtigung der Wertschätzung der Marke)

Im Rahmen der Rufschädigung geht es nicht um die unbefugte Verwendung der Marke durch einen fremden Dritten, sondern um die Übertragung eines negati-

---

[117] Wegner, CR 1999, 250, 256.
[118] LG Mannheim, WRP 1998, 920, 922 – „zwilling.de".
[119] Viefhues, MMR 1999, 123, 125.
[120] OLG Karlsruhe, WRP 1998, 900, 901 – „zwilling.de".
[121] Ingerl/Rohnke, NJW 1994, 1247, 1251.

ven Images auf die bekannte Marke durch Erweckung einer für die bekannte Marke ungünstigen Assoziation. Auf eine Beeinträchtigung der Marke hat auch das OLG Karlruhe, wenn auch nur in zweiter Linie, in „zwilling.de“ abgestellt. Der Internet-User würde auf eine Web-Site gelockt, auf welcher sich andere Waren fänden, als die aufgrund der Eingabe des Namens erwarteten.
Darin sollte nach Auffassung des Gerichtes eine Rufschädigung zu sehen sein.[122] Hiergegen spricht jedoch, dass der User, welcher andere Waren als erwartet vorfindet, gleich erkennt, dass diese nicht im Zusammenhang mit denen des Markeninhabers stehen. Zudem wäre für eine Rufschädigung erforderlich, dass die gefundenen Waren von schlechterer Qualität wären und der User diese Erkenntnis auf die bekannte Marke übertragen und mit ihr in Zusammenhang bringen würden. Die Nutzung des Namens der Marke als Domain führt aber allenfalls zu einer Zuordnungsverwirrung, welche mangels Zusammenhangs zur Qualität noch nicht notwendig zur Abwertung der Ware führt.[123] Die Qualität der beworbenen Ware lässt sich nur im jeweiligen Einzelfall bestimmen. Immerhin ist auch denkbar, dass die Ware von hervorragender Qualität ist, so dass es zu einem für den Markeninhaber vorteilhaften Imagetransfer kommen könnte. Die Frage, ob ein Imagetransfer stattfindet, ist letztlich nach den Umständen des Einzelfalls unter Berücksichtigung des Inhalts der Web-Site, insbesondere der Qualität der dort beworbenen Waren, zu treffen und kann nicht allein aus der Nutzung der bekannten Marke als Domain hergeleitet werden.

cc. Verwässerungsgefahr

Können also Rufausbeutung und Rufschädigung im Rahmen des E-Commerce nicht ohne weiteres angenommen werden, so wird die Verwendung einer bekannten Marke als Domainname aber häufig zu einer Verwässerungsgefahr führen. Eine Verwässerungsgefahr ist gegeben, wenn ein Name mit überragender Verkehrsgeltung durch die Verwendung eines daran angelehnten Namens beeinträchtigt werden kann.
Eine Verwechslungsgefahr muss dafür nicht vorliegen.[124] Auch eine unlautere Nutzung ist dann nicht für den Schutz erforderlich, der Schutz besteht gegen Verwässerung durch Verlust der Alleinstellung.

Im Unterschied zur Rufausbeutung wird im Rahmen der Verwässerungsgefahr nicht das Image der Marke als solches auf die eigenen Produkte übertragen, sondern es wird die Unterscheidungskraft der bekannten Marke beeinträchtigt, indem ihre Anziehungskraft als solche verwertet wird.[125] Das Erzielen von Aufmerksamkeit und Hinführen zur eigenen Homepage sind somit typische

---

[122] OLG Karlsruhe, WRP 1998, 900, 901 – „zwilling.de“.
[123] Viefhues, MMR 1999, 123, 125.
[124] Schwarz/Poeck/Joos, Recht im Internet, Kap. 4-2.2, S. 54.
[125] Bücking, Namens – und Kennzeichenrecht, S. 77.

Anwendungsfälle der Verwässerungsgefahr, da durch die Hinführung des Internet-Users auf eine von ihm nicht erwartete Homepage zumindest ein Zusammenhang des Domaininhabers zum Kennzeicheninhaber vermutet und dadurch die Unterscheidungskraft der bekannten Marke beeinträchtigt wird.

dd. Unlauterkeit/Fehlen eines rechtfertigenden Grundes

Weitere Voraussetzung für einen Anspruch gem. § 14 Abs. 2 Nr. 3 MarkenG ist für alle Tatbestandsvarianten des Bekanntheitsschutzes, dass die Benutzung der Marke ohne rechtfertigenden Grund in unlauterer Weise erfolgt.
Die Unlauterkeit begründende Merkmale können beispielsweise vorliegen, wenn der Markeninhaber an der wirtschaftlichen Nutzung seiner Marke, die er auch im Warenbereich des Verletzers nutzen könnte, gehindert wird[126] oder der gute Ruf der fremden Marke für den eigenen Warenabsatz[127] oder als Vorspann für die eigene Werbung[128] genutzt wird.

Zu beachten ist, dass nicht jedes Ausnutzen des Aufmerksamkeitseffektes ohne weiteres die Unlauterkeit des Handelns begründen kann. Nahezu jede bekannte Marke verfügt über ein gesteigertes Aufmerksamkeitspotential. Sähe man jegliches Ausnutzen von Aufmerksamkeit zugleich als unlauter an, würde letztlich jede bekannte Marke allein hierdurch vor Rufausbeutung geschützt. Es ist daher – wie stets bei der Beurteilung wettbewerbsrechtlicher Sachverhalte - in jedem Einzelfall zu prüfen, ob die Ausnutzung bzw. Beeinträchtigung des guten Rufs der bekannten Marke ohne rechtfertigenden Grund erfolgt.[129] Dies geschieht außerhalb des Internets im Rahmen einer Interessenabwägung, in welche insbesondere der Bekanntheitsgrad der Marke, deren Originalität und Wertschätzung, sowie auch die Besonderheiten des jeweiligen Marktes einbezogen werden. Die Unlauterkeit der Anlehnung oder Annäherung an die fremde Marke kann im Einzelfall beispielsweise dann gerechtfertigt sein, wenn das Handeln durch die Kunst (Art. 5 Abs. 3 GG) – oder Pressefreiheit (Art. 5 Abs. 1 GG) gerechtfertigt ist.[130]

Im Internet müssen diesbezüglich aber strengere Maßstäbe gelten. Bei der Nutzung einer bekannten Marke als Domainname spricht für die Annahme von Unlauterkeit schon, dass das Kennzeichen hier nicht nur ausgenutzt und verwässert wird, sondern zudem der Inhaber der Marke vollständig an deren Nutzung als Domainname gehindert wird.[131] Die Unlauterkeit kann allerdings entfallen, wenn dem Inhaber des Domainnamens ein besonderes Recht zur Nutzung der

---

[126] BGHZ 113, 82, 86 – „Salomon"; Völker/Weidert, WRP 1997, 652, 659.
[127] Völker/Weidert, WRP 1997, 652, 659.
[128] BGHZ 86, 90, 95 – "Rolls Royce".
[129] LG Mannheim, WRP 1998, 920, 923 – „zwilling.de".
[130] BGH GRUR 1984, 684, 685 – „Mordoro".
[131] Völker/Weidert, WRP 1997, 652, 659.

Domain zusteht. Ein Rechtfertigungsgrund dieser Art wird teilweise etwa in § 23 Nr. 1 MarkenG gesehen.[132] Hierauf wird im Folgenden noch eingegangen.[133]

3. §§ 5, 15 MarkenG – Schutz der geschäftlichen Bezeichnung

Die Systematik des Schutzes einer Marke und einer geschäftlichen Bezeichnung ist so gut wie gleich. Die obigen Ausführungen zum Schutz der Marke gelten daher mit geringen Abweichungen, welche im Folgenden dargestellt werden, auch für die geschäftliche Bezeichnung.

a. Verwechslungsgefahr, § 15 Abs. 2 MarkenG

Im Gegensatz zu § 14 Abs. 2 Nr. 2 MarkenG hat der Gesetzgeber bei der Beeinträchtigung geschäftlicher Bezeichnungen in § 15 Abs. 2 MarkenG allein auf die Verwechslungsgefahr abgestellt und das Erfordernis der Branchennähe nicht als eigenständige Voraussetzung normiert. Nach h.M. haben aber hier die gleichen Grundsätze zu gelten wie auch bei § 14 Abs. 2 Nr. 2 MarkenG.[134] Die Branchennähe wird im Rahmen der Verwechslungsgefahr mitberücksichtigt. Dies ergibt sich aus dem Grundsatz der Wechselwirkung. Um die Verwechslungsgefahr von Unternehmenskennzeichen festzustellen, ist auf die Wechselwirkung zwischen der Ähnlichkeit der verwendeten Zeichen und der Branchennähe abzustellen.[135] Dabei kommt es auf die Ähnlichkeit der Branche insbesondere dann an, wenn ein Unternehmenszeichen nicht den von § 15 Abs. 3 MarkenG geforderten Bekanntheitsgrad erreicht.

Der einzige Unterschied zu § 14 Abs. 2 Nr. 2 MarkenG liegt folglich darin, dass hier die Abgrenzung nicht nach „Ware – oder Dienstleistungen", sondern nach „Branchen und Werkarten bzw. Werkinhalten" vorgenommen wird.[136]

b. Schutz des bekannten Unternehmenskennzeichens, § 15 Abs. 3 MarkenG

Ebenso wie bei den bekannten Marken gem. § 14 Abs. 2 Nr. 3 MarkenG kommt es auch bei bekannten Unternehmenskennzeichen nicht auf die Branchennähe an. Ein Unterlassungsanspruch gem. § 15 Abs. 3 MarkenG kann daher selbst gegenüber einem branchenfremden Unternehmen bestehen. Erforderlich ist aber auch hier wieder, dass durch die unbefugte Verwendung die Unterscheidungs-

---

[132] In Erwägung gezogen wurde dies etwa vom OLG München, CR 1998, 556, 557 – „freundin.de"; OLG Karlsruhe, WRP 1998, 900, 901 – „zwilling.de". Zur Anwendbarkeit des § 23 Nr. 1 MarkenG siehe unten B.I.6..

[133] Zur Anwendbarkeit des § 23 Nr. 1 MarkenG siehe unten B.I.7..

[134] OLG Frankfurt/M., WRP 2000, 772, 773 – „alcon.de"; Wegner, CR 1999, 250, 257.

[135] BGH GRUR 1993, 404, 405 – „Columbus"; Ingerl/Rohnke, MarkenG § 14 Rn. 551.

[136] Wagner, ZHR 98, 701, 713.

kraft oder Wertschätzung des Unternehmens ohne rechtfertigenden Grund in unlauterer Weise beeinträchtigt oder ausgenutzt wird.

4. Schutz der geographischen Herkunftsangabe

Aus dem Schutzbereich der geographischen Herkunftsangabe ergibt sich bereits, dass kein individueller Markenschutz einzelner Verwender gewährt wird, sondern alle die Unternehmen geschützt werden, welche Waren oder Dienstleistungen in dem entsprechenden geographischen Gebiet produzieren oder erbringen.[137] Wer mit seinen Waren oder Dienstleistungen den erforderlichen regionalen Bezug nicht aufweist, kann gem. § 128 Abs. 1 MarkenG von den nach § 13 Abs. 2 UWG zur Geltendmachung von Ansprüchen Berechtigten, nämlich gewerblichen Verbänden und Verbraucherschutzvereinen, auf Unterlassung in Anspruch genommen werden.
Ansonsten gelten auch hier dieselben Grundsätze wie beim Schutz der Marke oder geschäftlichen Bezeichnung. So genießen auch bekannte geographische Herkunftsangaben gem. § 127 Abs. 3 MarkenG den besonderen Schutz vor Rufausbeutung oder Verwässerung. Gem. § 127 Abs. 4 MarkenG werden auch solche Namen und Zeichen vom Schutz des Markenrechts erfasst, die den geographischen Herkunftsangaben nur ähnlich sind, sofern eine Irreführungsgefahr besteht oder der gute Ruf der Herkunftsangabe verwässert werden könnte.

5. Benutzung im geschäftlichen Verkehr

Eine weitere gemeinsame Voraussetzung für den Schutz aller Kennzeichen nach dem Markengesetz ist, dass eine „Benutzung im geschäftlichen Verkehr" stattfindet (§§ 14 Abs. 2, 15 Abs. 2 MarkenG). Benutzungshandlungen im rein privaten Bereich begründen keinen Kennzeichenschutz.
Das Merkmal der Markennutzung „im geschäftlichen Verkehr" wird zu Schutzzwecken des Markeninhabers weit ausgelegt. Ein Handeln im geschäftlichen Verkehr liegt schon dann vor, wenn in der entsprechenden Tätigkeit die irgendwie geartete Förderung eines beliebigen Geschäftszwecks gesehen werden kann bzw. die Teilnahme am Erwerbsleben zum Ausdruck kommt.[138] Eine geschäftliche Nutzung liegt demnach bei rein privatem Handeln, bei amtlich-hoheitlichen Tätigkeiten wie auch bei rein politischen, wissenschaftlichen, sozialen oder sportlichen Aktivitäten nicht vor.[139] Für die Feststellung, ob eine Domain im geschäftlichen Verkehr genutzt wird ist grundsätzlich auf den Inhalt der Homepage abzustellen. Es genügt für die Annahme einer geschäftlichen Nutzung im Internet bereits, wenn unter der Domain Werbung oder Handel betrieben wird.[140] Auch die Verwendung der Domain außerhalb des Internet, etwa auf Ge-

[137] Berlit, Markenrecht, Rn. 411.
[138] Fezer, MarkenG, § 14 Rn. 40 f..
[139] Ingerl/Rohnke, MarkenG, § 14 Rn. 35 ff..
[140] LG Hamburg, MMR 2000, 436, 437 – „luckystrike.de".

schäftspapieren oder das Angebot zum Kauf stellt eine geschäftliche Nutzung dar.[141] Ist der Inhaber der Web-Site eine Person mit Kaufmannseigenschaft, liegt die Vermutung einer Benutzung der Domain im geschäftlichen Verkehr nahe.[142] Auch anderen Merkmalen kann Indizwirkung zukommen, wie beispielsweise der Verwendung der TLD „.com", da hierunter grundsätzlich kommerzielle Tätigkeiten stattfinden.[143] Allein die Tatsache, dass die Kommunikation im Internet mit Kosten verbunden ist und eine Vertragsbeziehung zu einem Provider voraussetzt, führt hingegen noch nicht zur Annahme einer geschäftlichen Nutzung.[144] Ansonsten wäre jede Nutzung eines Domainnamen zugleich als eine solche im geschäftlichen Verkehr anzusehen.

a. Registrieren einer Domain

Problematisch stellt sich die Beurteilung der Fälle dar, in denen sich ein Anmelder eine kollidierende Domain zwar registrieren lässt, diese aber noch nicht nach außen in Gebrauch nimmt. Die Diskussion um dieses Problem entstand ursprünglich im Rahmen der bloßen Reservierung von Domains. Zwar ist das reine Reservieren einer Domain bei der DENIC eG seit dem 31.01.1997 nicht mehr möglich, die Problematik ist aber ähnlich geblieben. Eine Domain kann registriert werden, ohne dass eine Überprüfung bezüglich ihrer tatsächlichen Nutzung stattfindet. Dementsprechend ist es möglich, dass bei Anwahl einer Domain eine leere Web-Site erscheint. Der Internet – User erhält dann bei Aufrufen der Site keine Angaben über den Domaininhaber, sondern lediglich den Hinweis, dass sich die aufgerufene Web-Site noch im Aufbau befindet.[145] Die Frage ist, ob in diesem Vorgehen schon eine „Benutzung" im Sinne des Markenrechts gesehen werden kann.[146]
In der Literatur wird oftmals unterschieden, ob die Registrierung durch eine Privatperson oder einen Gewerbetreibenden erfolgt. Es liege keine geschäftliche Nutzung der Domain vor, wenn diese durch eine Privatperson zur rein privaten Nutzung ohne Gewinnerzielungsabsicht registriert wird.[147] Bei der Registrierung der Domain durch einen Gewerbetreibenden sei eine geschäftliche Nutzung hingegen zu vermuten.[148] Das soll sich schon daraus ergeben, dass die Registrierung der Domain wegen der damit verbundenen Kosten allein dann sinnvoll sei, wenn die Domain auch tatsächlich möglichst gewinnbringend genutzt werden

---

[141] Kur, CR 1996, 590, 591.
[142] Völker/Weidert, WRP 1997, 652, 658, Kur, CR 1996, 590, 591.
[143] Wegner, CR 1999, 250, 254; Meyer, GRUR 2001, 204, 208; Reinhart, WRP 2001, 13, 15.
[144] Reinhart, WRP 2001, 13, 15.
[145] Vgl. Strömer, CR 1997, 290.
[146] Das OLG Dresden sieht in jeder Reservierung einer Domain zugleich ein Handeln im geschäftlichen Verkehr, CR 1999, 589, 591 – „cyberspace.de".
[147] Meyer, GRUR 2001, 204, 208; Reinhart, WRP 2001, 13, 15.
[148] Racz, Second-Level-Domains, S. 176; Bücking, Namens – und Kennzeichenrecht, S. 79.

solle.[149] Dieses Argument überzeugt jedoch nicht. Die Kosten für die Anmeldung einer Domain liegt zur Zeit bei 116 €. Dies ist ein Betrag, den auch eine Vielzahl an Privatpersonen noch aufbringt, um sich auch zu rein privaten Zwecken eine Domain registrieren zu lassen.

In den Fällen der bloßen Registrierung der Domain durch Gewerbetreibende liegt zwar noch keine tatsächliche Benutzung des Kennzeichens, da dem Publikum durch die Eingabe der Domain noch kein Homepage-Angebot zugänglich gemacht wird, es ist aber eine Benutzungsabsicht anzunehmen.[150] Dies ergibt sich schon aus der Vermutung des § 344 Abs. 1 HGB. So führte das LG Lüneburg aus, dass durch die Reservierung der Domain „celle.de" eine spätere Benutzung vorbereitet werden solle. Dadurch stehe eine Beeinträchtigung des Kennzeichenrechtes unmittelbar bevor (sog. Erstbegehungsgefahr[151]), welche durch eine vorbeugende Unterlassungsklage gem. § 14 Abs. 5 MarkenG bzw. § 15 Abs. 4 MarkenG abgewehrt werden könnte.[152] Ähnlich entschied auch das LG München I im Fall „juris.de"[153]. Auch hier sah das Gericht bereits in der Reservierung der Domain eine Verletzungshandlung. Die Absicht der Beklagten, sich der Adresse auch tatsächlich im geschäftlichen Verkehr zu bedienen, wurde vermutet und eine Benutzungsabsicht, die zur Erstbegehungsgefahr führe, angenommen.[154]

Zur Begründung der aus der Benutzungsabsicht resultierenden Erstbegehungsgefahr wird oftmals eine Parallele zu den Eintragungen ins Marken – oder Handelsregister gezogen. So stellt nach Ansicht des LG Düsseldorf schon die Anmeldung eines verwechselbaren Zeichens für gleiche oder ähnliche Waren zu einem Register eine Beeinträchtigung des älteren Rechts dar.[155] Auch nach anderen Entscheidungen in der Rechtsprechung wird eine Benutzungsabsicht schon mit der Anmeldung zum Registereintrag indiziert, wodurch eine vorbeugende Unterlassungsklage gerechtfertigt sein soll.[156]

Als problematisch könnte sich allerdings erweisen, dass die Feststellungen der Gerichte sich stets auf Anmeldungen zu amtlichen Registern bezogen. Die Frage ist, ob sie sich auch auf die Registrierung bei privaten Organisationen, wie der DENIC eG, anwenden lassen. Hieran könnten Zweifel bestehen, da bei Eintra-

---

[149] Nordemann, NJW 1997, 1891, 1893.
[150] LG Düsseldorf, GRUR 1998, 159, 161 – „epson.de".
[151] Zur Begehungsgefahr durch formale Eintragungen vgl. BGH WRP 1993, 399, 401f. – „Triangle"; BGH GRUR 1966, 623, 637 – „Kupferberg"; Sack, WRP 1985, 459, 464.
[152] LG Lüneburg, CR 1997, 288, 289 – „celle.de".
[153] LG München I CR 1997, 479 – „juris.de".
[154] LG München I CR 1997, 479, 481 – „juris.de".
[155] LG Düsseldorf, GRUR 1998, 159, 161 – „epson.de".
[156] BGH, GRUR 1993, 556, 557 – „Triangle"; BGH GRUR 1970, 305 f. – "Löscafe".

gungen in amtliche Register besondere Eintragungsvoraussetzungen zu beachten sind. So basiert die durch die Rechtsprechung angenommene Erstbegehungsgefahr auf § 11 UWG a.F., welcher den Benutzungswillen als Eintragungsvoraussetzung statuierte. Ein solcher wird in den Richtlinien der DENIC eG nicht ausdrücklich vorausgesetzt.
Die Tatsache, dass keine Kontrolle über eine tatsächliche Nutzung der Domain stattfindet, bedeutet aber nicht, dass auch kein Benutzungswille gefordert wird. Dieser wird durch die Abschaffung der Reservierungsmöglichkeit von Domains vielmehr impliziert. Die Ansicht, bereits im Zeitpunkt der Registrierung stets vorbeugend die Rechtsschutzmöglichkeiten des Markenrechts einsetzen zu können, hat auch in der Literatur Zustimmung gefunden.[157]

Fraglich ist aber, ob ein Schutz des Markeninhabers über vorbeugenden Rechtsschutz in diesen Fällen tatsächlich mit den Schutzvoraussetzungen des Markenrechts in Einklang zu bringen ist. In § 14 Abs. 2 – Abs. 4 MarkenG sind verschiedene Benutzungshandlungen aufgeführt. Dabei erfasst Abs. 4 zwar auch vorbereitende Handlungen, jedoch setzen alle Varianten in allen Absätzen die Nutzung der Marke im Zusammenhang mit einer konkreten Ware oder Dienstleistung voraus. Daraus ergibt sich, dass sich auch der Unterlassungsanspruch nicht allein aus einer Nutzung der Domain im geschäftlichen Verkehr ergibt, sondern dass auch hier eine darüber hinausgehende Verwechslungsgefahr bestehen muss. Wird aber eine Domain lediglich registriert, ohne dass auch ein bestimmter Inhalt auf ihr angeboten wird, ist nicht abzusehen, ob überhaupt eine geschäftliche Nutzung der Domain geplant ist und wenn ja, ob später tatsächlich Waren oder Dienstleistungen auf ihr angeboten werden sollen, die eine Verwechslungsgefahr herbeiführen können.[158] Die bloße Registrierung einer Domain ohne Bezug zu einem Produkt oder Gewerbe, allein zum Zweck der Freihaltung der Domain, stellt somit grundsätzlich keine Benutzung im kennzeichenrechtlichen Sinne dar.[159]

Anders kann dies sein, wenn eine bekannte Marke als Domain registriert wird. Bei diesen besteht in erhöhtem Maße die Gefahr, dass die Internetseite in Zukunft auch genutzt werden soll und zu einer Verwässerung oder Beeinträchtigung der Marke führt. Nach dem Sinn und Zweck der §§ 14 Abs. 2 Nr.3, 15 Abs. 3 MarkenG soll es aber erst gar nicht zu einer Beeinträchtigung der bekannten Marke kommen, so dass der Kennzeichenschutz auch schon im Vorfeld

---

[157] Kur, CR 1996, 325, 327.

[158] OLG Köln, MMR 2002, 167, 169 – „lotto-privat.de". Das LG Düsseldorf sah in „epson.de" z.B. einen Unterlassungsanspruch gem. § 14 Abs. 5 MarkenG aufgrund einer hinreichend konkret drohenden Verletzungsgefahr als gegeben an; hier war die Nutzungsabsicht des Zeichens für ähnliche Waren/Dienstleistungen aber unzweifelhaft dargelegt.

[159] OLG Karlsruhe, MMR 2002, 118, 119 – „dino.de".

lückenlos gewährleistet sein muss.[160] Eine vorbeugende Unterlassungsklage aufgrund von Erstbegehungsgefahr hätte letztlich nur dann Aussicht auf Erfolg, wenn der Zeicheninhaber beweisen könnte, dass die Benutzung sowohl im geschäftlichen Verkehr erfolgen wird, als auch, zumindest bei nicht bekannten Marken, dass es durch diese Nutzung zu einer Verwechslungsgefahr kommen werde.

Zusammenfassend lässt sich feststellen, dass die Benutzungsabsicht im geschäftlichen Verkehr bei Gewerbetreibenden schon aufgrund der Registrierung vermutet wird. Der Beweis des Vorliegens von Verwechslungsgefahr ist dann nicht von Relevanz, wenn es sich um eine bekannte Marke handelt. In allen anderen Fällen wird aber eine Verwechslungsgefahr nicht ohne weiteres anzunehmen und zu beweisen sein, solange noch keine Inhalte auf der Web-Site geschaltet sind. Somit wird die vorbeugende Unterlassungsklage nach dem Markengesetz in diesen Fällen oftmals nicht zum Schutz des Markeninhabers führen.

b. Domain-Grabbing

Eine andere Beurteilung erfordern hingegen die Fälle des sog. „Domain-Grabbing". „Domain-Grabbing" (auch Cybersquatting genannt[161]) bedeutet, dass ein Anmelder sich eine oder mehrere Domains mit bekannten Marken oder Unternehmensbezeichnungen einzig zu dem Zweck registrieren lässt, diese gegen ein hohes Entgelt an dritte Unternehmen oder den Markenberechtigten bzw. das berechtigte Unternehmen selbst zu verkaufen.[162] Nach h.M. ist in diesen Fällen das Erfordernis der Nutzung im geschäftlichen Verkehr weit auszulegen.[163]
Teilweise wird vertreten, dass selbst das bloße Horten von Domains ohne Veräußerungsabsicht schon ein Handeln im geschäftlichen Verkehr darstelle, da der Domain – Inhaber dadurch in den Wettbewerb eingreife und sein Handeln hiermit einen geschäftlichen Hintergrund erhielte.[164] Diese Ansicht scheint zunächst bedenklich, da zweifelhaft ist, ob im Horten und anschließendem Weiterkauf der Domains tatsächlich schon ein Wettbewerbsverhältnis gesehen werden kann.[165]
Jedoch braucht auf ein Wettbewerbsverhältnis gar nicht abgestellt zu werden. Das MarkenG schützt gem. §§ 14 Abs. 2 und Abs. 4, 15 Abs. 2 und Abs. 3 das Kennzeichen grundsätzlich vor im „geschäftlichen Verkehr" vorgenommenen Handlungen. Ein konkretes Wettbewerbsverhältnis ist hier nicht erforderlich. Das Handeln im geschäftlichen Verkehr ist, wie gezeigt, weit auszulegen.[166]

---

[160] OLG Hamm, CR 2002, 217-218 – „veltins.com".
[161] Pfeiffer, GRUR 2001, 92.
[162] Biermann, WRP 1997, 997, 998, vgl. auch LG München II, CR 2000, 847, 848.
[163] Schwarz/Poeck/Jooss, Recht im Internet, Kap- 4-2.2, S.10; Reinhart, WRP 2001, 13, 15; Kur, CR 1996, 590, 591; Racz, Second-Level-Domains, S. 94.
[164] Reinhart, WRP 2001, 13, 15.
[165] Vgl. hierzu ausführlich unten B.IV.2.b..
[166] Wegner, CR 1999, 250, 257; Racz, Second-Level-Domains, S. 174.

Auch im bloßen Horten von Domains liegt daher ein geschäftliches Handeln im weiteren Sinne, da wirtschaftliche Zwecke verfolgt werden, mithin eine Teilnahme am Erwerbsleben erfolgt. Soll aber der Domainname zusätzlich auch noch zur Veräußerung angeboten werden, wird grundsätzlich auch in den Wettbewerb eingegriffen.[167] Durch das Handeln mit Domainnamen wird daher der rein private Bereich der Nutzung verlassen.[168] Dies gilt für Private wie Gewerbetreibende gleichermaßen.[169]

6. Kennzeichenmäßige Benutzung

Umstritten war lange Zeit die Frage, ob der Schutz einer Marke nach dem Markengesetz auf den Schutz gegen eine kennzeichenmäßige Benutzung beschränkt sei. Kennzeichenmäßige Nutzung einer Marke bedeutet deren Benutzung zur Kennzeichnung einer Ware oder Dienstleistung ihrer Herkunft nach entsprechend der Auffassung des Verkehrs.[170] Dabei genügt die objektive, nicht völlig fernliegende Möglichkeit des Verkehrs, das Zeichen als Herkunftshinweis anzusehen.[171] Ob der Verwender das Zeichen auch subjektiv zur Kennzeichnung der betrieblichen Herkunft verwenden wollte, ist ohne Belang.[172]

Gemäß den früheren §§ 15, 16 UWG musste der Einsatz des verletzenden Zeichens gerade zum Zwecke der Kenntlichmachung der Herkunft der Ware oder Dienstleistung erfolgen. Hieran wurde vereinzelt festgehalten.[173] Für diese Ansicht sprach die Auslegung der europarechtlichen Grundlage des Markengesetzes. Gem. Art. 5 Abs.1 der entsprechenden EG-Richtlinie[174] steht der Marke Identitäts – und Verwechslungsschutz gegenüber unerlaubten „Benutzungen" des Zeichens zu. In Abs. 5 wird dies dahingehend konkretisiert, dass die Bestimmungen der Mitgliedstaaten über die Verwendung von Zeichen zu „anderen" Zwecken als der Unterscheidung von Waren und Dienstleistungen unberührt bleiben. Daraus lässt sich schließen, dass die Verletzungstatbestände eine kennzeichenmäßige Benutzung voraussetzen. Der deutsche Gesetzgeber hat keine dem Art. 5 Abs. 5 der Richtlinie entgegenstehende Norm geschaffen, was dafür spricht, am Erfordernis des kennzeichenmäßigen Gebrauchs festzuhalten. Dies

---

[167] Ausführlich hierzu unten B.IV.2.b.bb.
[168] Kur, CR 1996, 590, 591; Meyer, GRUR 2001, 204, 208; Racz, Second-Level-Domains, S. 175 f..
[169] Biermann, WRP 1997, 997, 998.
[170] Fezer, GRUR 1996, 566, 567.
[171] OLG Hamburg, WRP 1996, 572, 576 – „Les Paul-Gitarren"; Ubber, WRP 1997, 497, 504; Starck, GRUR 1996, 688, 689.
[172] Starck, GRUR 1996, 688, 689; Ingerl/Rohnke, Markengesetz, § 14 Rn. 61.
[173] OLG München, MMR 1999, 547 – „Buecher.de"; Keller, GRUR 1996, 607, 608 f.; Sack, GRUR 1995, 81, 93f.; Piper, GRUR 1996, 429, 434.
[174] 1. Richtlinie 89/104/EWG des Rates zur Angleichung der Rechtsvorschriften der Mitgliedstaaten über die Marken v. 21.12.1988 (AblEG 1989 Nr. L 40 S.1, berichtigt durch ABlEG 1989 Nr. L 159, S.60), im Folgenden als „Markenrechts-Richtlinie" oder „Richtlinie" zitiert.

müsste dann sowohl für § 14 wie auch § 15 MarkenG gelten. Zwar gilt die Richtlinie explizit nur für § 14 MarkenG. Der Grundsatz der Einheit der Rechtsordnung lässt aber keine andere Auslegung für § 15 MarkenG zu.[175]

Im Gegensatz zu den Formulierungen der EG-Richtlinie steht aber die amtliche Begründung zum MarkenG. Hier heißt es an verschiedenen Stellen, dass jede Benutzung eines kollidierenden Zeichens untersagt sei[176] und es nicht mehr auf die kennzeichenmäßige oder nicht kennzeichenmäßige Verwendung ankomme.[177] Der Gesetzgeber hat die Voraussetzung der kennzeichenmäßigen Nutzung gerade nicht aus dem Warenzeichengesetz übernommen. Der Wortlaut des Markengesetzes gibt keinen Hinweis mehr auf ein derartiges Erfordernis. Dies steht in Einklang damit, dass die Schutzgüter des Markengesetzes nicht unverändert aus dem Warenzeichengesetz übernommen wurden. Nach letzterem sollte vor allem die Herkunftsfunktion einer Marke geschützt werden.[178] Daher war für die Verletzung einer Marke eine kennzeichenmäßige Nutzung des Zeichens unabdingbar. Nach dem Markengesetz soll zwar ebenfalls in erster Linie die Herkunftsfunktion geschützt werden, darüber hinaus aber auch der Goodwill der Marke.[179] Daher muss sie vor jeder unlauteren Nutzung, nicht nur der kennzeichenrechtlichen, geschützt sein. Ein Großteil der Literatur hat sich dieser amtlichen Begründung angeschlossen[180]; vom BGH wurde die Streifrage in der „Les Paul-Gitarren“ –Entscheidung ausdrücklich offengelassen.[181]

Der EuGH interpretierte in der „BMW“- Entscheidung[182] aus dem Jahre 1999 erstmals das Kriterium der kennzeichenmäßigen Benutzung als Voraussetzung einer markenrechtlichen Verletzungshandlung. Jedoch legte er dafür das Merkmal der Markenrechtsverletzung extensiv aus. Abgrenzungskriterium hinsichtlich des Vorliegens oder Nichtvorliegens einer kennzeichenmäßigen Nutzung soll der Zweck der Markenbenutzung sein. Eine Benutzung zum Zwecke der Unterscheidung von Waren oder Dienstleistungen bezeichnet der EuGH als Benutzung der Marke. Damit bleibt es zwar letztlich beim Erfordernis der kennzeichenmäßigen Nutzung, die erweiterte Auslegung des Verletzungstatbestandes führt aber zu einem gegenüber früher weitergehenden Markenschutz.

---

[175] Wagner, ZHR 1998, 701, 707.
[176] Amtl. Begründung in BT-Drucks. 12/6581, S. 75.
[177] Amtl. Begründung in BT-Drucks. 12/6581, S. 80.
[178] Keller, GRUR 1996, 607; LG Braunschweig, CR 1998, 210, 211.
[179] Eichmann, GRUR 1998, 201, 203; Kur, GRUR 1997, 241.
[180] Stratmann, BB 1997, 689, 691; Ingerl/Rohnke, NJW 1994, 1247, 1251; Ingerl/Rohnke, Markengesetz, § 14 Rn. 56; Starck, GRUR 1996, 688, 693; Fezer, GRUR 1996, 566, 568; Fezer, Markenrecht, § 14 Rn. 31.
[181] BGH GRUR 1998, 830, 834 – „Les Paul-Gitarren“.
[182] EuGH, JZ 1999, 835 – „BMW“.

a. Kennzeichenmäßige Verwendung eines Domainnamen

Wichtig zu entscheiden wäre dieser Streitpunkt im vorliegenden Zusammenhang aber ohnehin nur, wenn zweifelhaft wäre, ob Domainnamen markenmäßig gebraucht werden. Ein markenrechtlicher Gebrauch ist sicherlich gegeben, wenn eine Web-Site unterhalten wird, auf der Waren oder Dienstleistungen unter diesem Zeichen angeboten werden, da dann ein kennzeichenmäßiger Hinweis vorliegt. Auch in den seltenen Fällen, in welchen die Homepage selbst als Ware oder Dienstleistung anzusehen ist, liegt eine markenmäßige Nutzung des Domainnamens vor.[183]

Zweifelhaft könnte allenfalls sein, ob die Verwendung des Zeichens als Domain für eine Markenverletzung ausreicht. Problematisch ist, dass Domains in erster Linie die Funktion einer technischen Adresse zukommt. Als solche lässt sich ein Domainname unter keine der drei Arten von Kennzeichen nach dem Markengesetz subsumieren. Durch ihn wird zunächst nur das Gerät, auf welchem die Waren oder Dienstleistungen angeboten werden, nicht aber die dahinterstehende Person oder der jeweilige Gewerbebetrieb bezeichnet.[184] Die Frage ist, ob einer Domain ausschließlich Adressfunktion zukommt oder ob sie darüber hinaus auch Kennzeichenfunktion haben kann.

aa. Ausschluss der Kennzeichenfunktion aufgrund mangelnder Vergabebefugnis der DENIC eG

Gegen die Kennzeichenfunktion von Domainnamen könnte sprechen, dass es der DENIC eG möglicherweise an der Vergabebefugnis fehlen würde, wenn es sich bei der Vergabe der Domains um die Vergabe von Kennzeichen im markenrechtlichen Sinne handelte. Da die DENIC eG vor der Registrierung eines Domainnamen diesen nicht auf entgegenstehende Schutzrechte Dritter überprüft, könnte man annehmen, dass - sähe man Internetdomains als Kennzeichen an - durch die Registrierung durch die DENIC eG die besonderen Schutzvoraussetzungen des Markengesetzes unterlaufen würden.

Dies ist jedoch nicht der Fall. Beim Deutschen Patent- und Markenamt werden nur Marken im Sinne des § 3 MarkenG auf entgegenstehende Schutzhindernisse geprüft und eingetragen. Den Schutz einer Marke in diesem Sinne erlangt aber auch der Domainname nur, wenn er zugleich als Marke ins Markenregister eingetragen wird. In allen anderen Fällen, also der notorisch bekannten Marke, den geschäftlichen Bezeichnungen und den Werktiteln, entsteht der Kennzeichenschutz hingegen durch Verkehrsdurchsetzung oder durch einfache Aufnahme der Benutzung des Zeichens im geschäftlichen Verkehr. Hier findet ohnehin keine Vergabe des Zeichens durch eine Institution statt. Somit kann Domainna-

---

[183] Ubber, WRP 1997, 497, 504.

[184] Kur, CR 1996, 325, 327.

men die Kennzeichenfunktion nicht aufgrund einer Systemwidrigkeit im Rahmen der Vergabeorganisationen abgesprochen werden.

bb. Vergleich mit Telegrammadressen und Fernschreibnummern

In der Literatur wurde die Entstehung eines Kennzeichenrechts an einer Domain unter Berufung auf das „Hamburger – Kinderstube“ - Urteil des BGH[185] lange abgelehnt.[186] Hier ging es um die Beurteilung der Kennzeichenfunktion von Telegrammadressen. Der BGH vertrat die Ansicht, diese seien nur dann kennzeichenrechtlich zu schützen, wenn sie in den beteiligten Verkehrskreisen als Kennzeichen des Unternehmens bekannt sind, also Verkehrsgeltung erlangt haben. Sei dem Verkehr unbekannt, auf wen die Anschrift hinweisen solle, so bestünde auch kein Grund, sie im Hinblick auf eine Verwechslungsgefahr zu schützten.[187] Dieses Urteil kann aber nicht für die kennzeichenrechtliche Beurteilung von Domains herangezogen werden, da wesentliche Unterschiede zwischen Internetdomains und Telegrammadressen bestehen. Letztere bieten eine kostengünstige Möglichkeit, den Empfänger per Telegramm zu erreichen. Der Absender hat aber zusätzlich die Möglichkeit, den Empfänger unter seinem vollen Namen oder seiner Firma telegraphisch zu erreichen. Die Domainadresse ist hingegen die einzige Möglichkeit, den Inhaber des Domainnamens im Internet zu finden.[188] Darüber hinaus muss der Internetadresse auch deshalb ein stärkerer Schutz als der Telegrammadresse zukommen, da sie ein ganzes Informationsangebot bereithält und zudem nicht nur im Internet, sondern auch in Geschäftsbriefen und der allgemeinen Werbung genutzt wird.[189]

In einer späteren Entscheidung des BGH hat dieser Fernschreibnummern Kennzeichenschutz zugesprochen. Zwar wurde die Frage eines Schutzes als geschäftliche Bezeichnung vom BGH offengelassen, aber die Möglichkeit einer kennzeichenmäßigen Benutzung bejaht, da Unternehmen häufig den unterscheidungskräftigsten Teil der Firma oder Unternehmensbezeichnung verwendeten und diese auch in Fernschreibverzeichnissen sowie im sonstigen Geschäftsverkehr, etwa Geschäftsbriefen, Verwendung fänden.[190] Nach weit verbreiteter Ansicht muss dieser Schutz auch Domainnamen zustehen.[191]

---

[185] BGH GRUR 1955, 481 – „Hamburger Kinderstube“.
[186] Omsels, GRUR 1997, 328, 332; Bettinger, GRUR Int. 1997, 402, 418.
[187] BGH GRUR 1955, 481, 484 – „Hamburger Kinderstube“.
[188] OLG Hamburg, CR 1999, 184, 186 – „emergency-de“.
[189] Wiebe, CR 1998, 157, 164; Omsels, GRUR 1997, 327, 331.
[190] BGH GRUR 1986, 475, 476 – „Fernschreibkennung“.
[191] Ingerl/Rohnke, Markengesetz § 5 Rn. 19; Ubber, WRP 1997, 652; Bettinger, GRUR Int. 1997, 402, 409.

cc. *Adressfunktion*

Teilweise wird eine Parallele des Domainnamens zu geographischen Adressen oder Telefonnummern gezogen und eine Kennzeichenfunktion mit der Begründung abgelehnt, dass die Domains nur der Identifizierung des Zielrechners dienten.[192] Es ist aber wenig überzeugend, der Domain eine ausschließliche Adressfunktion zuzusprechen. Hiergegen spricht zunächst, dass gerade aus Gründen der erleichterten Assoziation vom numerischen System zum Domainname-System übergegangen wurde.[193] Darüber hinaus sind Domainnamen im Gegensatz zu Telefonnummern und Adressen frei wählbar und können somit zur Wahl von Firmen, Firmenschlagwörtern oder zur Kennzeichnung von Unternehmen genutzt werden. Das LG Braunschweig stellte ausdrücklich fest, dass es sich bei Domains mit Unterscheidungskraft um Geschäftsabzeichen gem. § 5 Abs. 2 MarkenG handele. Domains würden in Marketingstrategien einbezogen, sie seien insofern nicht mit Telefonnummern oder Postleitzahlen vergleichbar.[194] Da Domainnamen grundsätzlich auch einprägsamer als Telefonnummern und Adressen sind, besitzen sie zudem ein stärkeres Idenitifizierungspotential.[195] Überwiegend wird daher der Vergleich mit Telefonnummern und Adressen abgelehnt.[196]

Graefe will zwischen einer ausschließlichen Nutzung der Domain im Internet und einer solchen auch im konventionellen Geschäftsverkehr unterscheiden. Er nimmt an, dass der Domain solange allein technische Adressfunktion zukomme, wie sie lediglich im Internet als Zugangsadresse zur Homepage genutzt werde. Erst die Homepage selbst stelle den Bezug zum Inhaber her. Anders soll es sich hingegen verhalten, wenn der Domainname außerhalb des Internet in der Werbung oder auf Visitenkarten gebraucht werde. In diesen Fällen werde der direkte Produktbezug hergestellt, der zu einem kennzeichenrechtlichen Gebrauch von nöten wäre.[197] Auch nach dieser Beurteilung wäre in den meisten Fällen eine Kennzeichenfunktion des Domainnamens anzunehmen. Die Internetdomain ist im Geschäftsverkehr gerade so interessant, da sie nicht allein nur im Internet, sondern auch zur Werbung außerhalb dessen verwendet wird. Dies stellt eine typische Nutzung der Domain dar, so dass eine solche Unterscheidung nicht vorgenommen werden kann.[198]

Gegen die Annahme einer Kennzeichenfunktion für Domainnamen könnte die Entwicklung der Nutzergewohnheiten im Internet sprechen. Gerade durch die

---

192 OLG München, MMR 1999, 547 – „Buecher.de"; Marwitz, WRP 2001, 9.
193 LG Düsseldorf, GRUR 1998, 159, 160 – „epson.de".
194 LG Braunschweig, CR 1998, 364, 366 - „deta. com".
195 Kur, CR 1996, 325, 327.
196 Ubber, WRP 1997, 652; Bettinger, GRUR Int. 1997, 402, 409.
197 Graefe, MA 1996, 100, 102; ähnlich auch Bettinger, GRUR Int. 1997, 402, 412.
198 Wegner, CR 1999, 250, 252; Nordemann, NJW 1997, 1891, 1894.

Erweiterung der TLDs schwindet die Erratbarkeit der Domains in zunehmendem Maße. Dies kann bei der Suche der Homepage eines Unternehmens zu einer vermehrten Nutzung von Suchmaschinen gegenüber der Direkteingabe des Unternehmensnamens als Domain führen. Nach Ansicht *Wilmers* spricht diese Nutzung für eine technische und gegen eine kennzeichenrechtliche Qualifizierung der Domains. Er geht davon aus, dass sich in Folge der Suche der Domain mit Hilfe von Suchmaschinen auch die Verkehrsauffassung über die Möglichkeit, aus der Domain Rückschlüsse auf den Inhaber zu ziehen, wandeln wird.[199]

Die rechtliche Qualifizierung der Domains kann aber nicht von den mitunter sehr schwankenden Nutzergewohnheiten abhängig gemacht werden. Sofern sich des weiteren nur die TLD ändert, bleiben die Rückschlussmöglichkeiten, welche der Nutzer aus dem Domainnamen zieht, im übrigen dieselben. Zudem vermag auch die Nutzung von Suchmaschinen eine allein technische Funktion der Domains nicht zu begründen. Selbst im Rahmen der Listung, welche auf die Suchanfrage hin erscheint, ist im Anschluss hieran für die Anwahl der Domain eines Unternehmens doch wieder der Name entscheidend.[200]

dd. Kennzeichenfunktion

Vertreten wird auch, dass Domainnamen immer auch eine Kennzeichenfunktion zukomme.[201] Die generelle Annahme einer Kennzeichenfunktion lässt aber außer acht, dass eine durchgängige Kennzeichenfunktion weder nach gesetzlichen noch nach rechtsgeschäftlichen Vorgaben gefordert wird. Häufig finden sich auch schöpferische Wortgebilde als Internetdomain, welchen keine Kennzeichenfunktion zugeschrieben werden kann.[202]

ee. Doppelfunktion des Domainnamens

Überzeugend erscheint es, dem Domainnamen primär eine Adressfunktion, daneben aber in einer Vielzahl der Fälle auch eine Kennzeichenfunktion zuzusprechen, welche jeweils im konkreten Fall festzustellen ist. Dem Verkehr muss über die Eingabe der Domain zugleich eine Zuordnung des hinter der Web – Site stehenden Unternehmens ermöglicht werden.

ff. Ergebnis

Nach der früher vertretenen Ansicht, nach der Domainnamen eine reine Adressfunktion zukam, wäre eine Markenverletzung mangels zeichenmäßigen Gebrauchs nicht möglich gewesen. Nach der heute h.M., nach welcher den Domainnamen auch Kennzeichenfunktion zukommen kann, liegt auch in der blo-

---

199 Wilmer, CR 1997, 562, 565.
200 LG Köln, CR 1997, 377 – „huerth.de"; Wegner, CR 1999, 250, 251.
201 Bettinger, GRUR Int. 1997, 402, 409.
202 Bücking, Namens – und Kennzeichenrecht, S. 41.

ßen Verwendung der Marke als Domain schon eine markenmäßige Nutzung, die den Schutz der Marke begründet. Diese ist somit nach allen Ansichten vor der Nutzung als Domainname durch einen Dritten geschützt.[203]

b. Kennzeichenmäßige Verwendung durch Meta - Tags

Relevant wird die Frage um das Erfordernis einer kennzeichenmäßigen Verwendung bei der Nutzung von sog. Meta Tags. Dabei handelt es sich um HTML (HyperText Markup Language)-codierte Schlagwörter, durch welche Informationen kodiert werden können. Mit dem eigenen Namen, Kennzeichen oder dem Internet-Angebot haben sie meistens nichts zu tun. Durch sie legt der Programmierer entweder auf der Web-Site oder im sog. Header der Domain die Schlagwörter fest, anhand derer die Internet-Suchmaschinen, wie z.B. Yahoo, Google oder Lycos die betreffende Web-Site auffinden. Die Suchmaschinen durchsuchen die Web-Sites des Internet nach den Seiten, die das gesuchte Schlagwort aufweisen und stellen dann eine Liste mit den „Treffern“ auf. Wird ein Suchwort nicht nur im Inhalt der Web-Site, sondern auch in einem Meta-Tag aufgeführt, ist die Relevanz der Web-Site innerhalb der Trefferliste regelmäßig höher. Durch die Meta-Tags kann der Anbieter also steuern, anhand welcher Stichworte, unabhängig vom Inhalt der Web-Site, diese von den Suchmaschinen gelistet wird.[204] Es ist ihm somit möglich, durch die Verwendung von Meta-Tags die Aufmerksamkeit für die eigene Homepage zu steigern, da die Suchmaschinen einen Treffer anzeigen, obgleich der Begriff für den normalen Besucher einer Web-Site unsichtbar bleibt. Häufig werden insbesondere bekannte oder berühmte Marken oder Geschäftsbezeichnungen als Meta-Tag genutzt, dies auch und gerade, wenn der Inhalt der Site in keinem Zusammenhang dazu steht. Auf diese Weise werden dann eine Vielzahl an Internet-Nutzern zunächst einmal auf die entsprechende Site gelockt um das sich hier befindliche Angebot zur Kenntnis nehmen.

Es stellt sich die Frage, ob durch die Verwendung kennzeichenmäßig geschützter Begriffe als Meta-Tags ohne Zustimmung des Kennzeicheninhabers in dessen Kennzeichenrechte eingegriffen wird, insbesondere, ob überhaupt eine kennzeichenmäßige Nutzung durch die Verwendung des Meta -Tag vorliegt. Für eine kennzeichenmäßige Benutzung müsste das Suchwort im Meta-Tag zur Kennzeichnung einer Ware oder Dienstleistung oder als Hinweis auf ein Unternehmen oder eine Ware, also als Unterscheidungszeichen im Verkehr dienen. Die Unsichtbarkeit der Meta - Tags für den Internet-Nutzer machen ihre markenrechtliche Relevanz strittig.

Kotthoff geht davon aus, dass schon aufgrund der fehlenden Wahrnehmbarkeit der Meta - Tags keine Zuordnung zu einer Ware oder Dienstleistung erfolgen

---

[203] Marwitz, WRP 2001, 9, 14.
[204] Schreibauer/Mulch WRP 2001, 481,483; Wiebe, WRP 1999, 734, 735.

könne und daher keine markenrechtsrelevante Benutzungshandlung vorliege.[205] *Viefhues* stellt auf die fehlende Individualisierungsfunktion der Meta - Tags ab, wobei nicht die mangelnde Sichtbarkeit ausschlaggebend sein soll, sondern die unterschiedliche Funktion im Vergleich zu Domains im Rahmen von Suchmaschinen. Durch den Meta - Tag würde nicht der Internet-Nuzter angesprochen, sondern lediglich die Software. Es ginge nicht um die Individualisierung einer bestimmten Ware oder eines Unternehmens, sondern nur um die Aufnahme in die Trefferliste einer Suchmaschine. Der Meta - Tag erfülle im Suchvorgang nur die Funktion, die Aufnahme in eine bestimmte Gruppe zu erreichen. Damit stelle das Suchwort nur ein Eingrenzungskriterium, mithin nur eine Art Gattungsbezeichnung dar. Darin läge aber keine kennzeichenmäßige Benutzung.[206] Folgte man dieser Ansicht, würde die Frage um das Erfordernis einer kennzeichenmäßigen Benutzung entscheidungserheblich.

Die von *Kotthoff* und *Viefhues* vorgenommene Einordnung der Meta- Tags wird aber ihrer Bedeutung nicht gerecht. Schon in der ersten Gerichtsentscheidung zur Kollision von Kennzeichen und Meta-Tags hatte das LG Mannheim in der Nutzung von Meta-Tags eine kennzeichenmäßige Nutzung gesehen.[207] Hier klagte die ARWIS Consult GmbH gegen die WMC Wetter Unternehmensberatung, welche das Wort „ARWIS" als Meta-Tag nutzte und dadurch bei Eingabe dieses Wortes in eine Suchmaschine in der Trefferliste bereits an dritter Stelle gelistet war, obwohl die Web-Site das Suchwort nicht aufwies. Das LG Mannheim erließ eine einstweilige Verfügung gegen den Inhaber der WMC Wetter Unternehmensberatung. In seiner Begründung stellte das Gericht fest, dass „diese Art der Verwendung des Kennzeichens „ARWIS" eine Benutzung i.S.d. § 14 Abs. 2 Nr.1 MarkenG darstellt" und der Beklagte darüber hinaus auch auf seinen Geschäftsbetrieb hinweise. Damit benutze er die Bezeichnung auch als geschäftliche Bezeichnung gem. § 15 MarkenG.[208] Dabei berief sich das Gericht auf die „Suchwort-Entscheidung"[209] des BGH. In dem dieser Entscheidung zugrundeliegenden Sachverhalt ging es um die Möglichkeit, in einem Telefon-Branchenverzeichnis der eigenen Namens – und Adressangabe ein bestimmtes Suchwort voranzustellen, um dadurch die Position des Eintrags innerhalb des alphabetisch geordneten Telefonbuchs zu bestimmen. Dabei wurde das Suchwort „Bosch" nicht nur von Vertragshändlern der Firma „Bosch", sondern auch von Werkstätten und Händlern genutzt, die nicht in Verbindung mit dem Unternehmen standen. Der BGH sah hierin eine firmenmäßige Verwendung des Suchwortes.

---

[205] Kotthoff, K&R 1999, 157.
[206] Viefhues, MMR 1999, 336, 338 f..
[207] LG Mannheim, CR 1998, 306 – „ARWIS".
[208] LG Mannheim, CR 1998, 306 – „ARWIS".
[209] BGH, WRP 1994, 739 – „Suchwort".

Gegen die Heranziehung dieser Entscheidung zur Klärung der kennzeichenmäßigen Nutzung von Meta-Tags wird vereinzelt vorgebracht, dass die Sachverhalte nicht vergleichbar seien. In der Suchwort-Entscheidung seien die Suchworte gerade sichtbar gewesen, so dass das verletzte Zeichen und das Verletzerzeichen unmittelbar nebeneinander auftraten.[210]

Auf die fehlende Sichtbarkeit des Meta - Tag kann es aber richtigerweise nicht ankommen. Finden bei der Suche im Internet Meta-Tags Verwendung, so führt dies zumindest zu einer mittelbaren Wahrnehmung der Marke durch den Nutzer. Auf die Eingabe des Internet-Users gelangt dieser gewissermaßen an den „falschen" Adressaten. Dieser stellt sich für ihn als Rechtsinhaber dar oder lässt zumindest eine Verbindung und/oder Kooperation des Domaininhabers zu diesem annehmen.[211] Damit liegt eine mittelbare Wahrnehmung der Marke vor. Diese muss aber genügen; §§ 14, 15 MarkenG setzten keine unmittelbare Wahrnehmung des Markengebrauchs voraus.[212]

Auch das Argument, Meta-Tags könne aufgrund ihrer Zuweisungsfunktion in eine bestimmte Gruppe bei der Suche mit Hilfe von Suchmaschinen darüber hinaus keine Individualisierungsfunktion zukommen, überzeugt nicht. Zwar ist es richtig, dass Meta-Tags im wesentlichen als Auswahlkriterium fungieren, eine markenrechtsrelevante Nutzungshandlung ist daneben aber nicht ausgeschlossen. Dies ergibt sich aus der Funktion der Suchmaschinen. Die Trefferlisten der Suchmaschinen weisen ebenfalls unmittelbar auf die jeweils gelisteten Unternehmen hin. Sie stehen im optischen, räumlichen aber vor allem gedanklichen Zusammenhang mit dem eingegebenen Suchwort als geschütztem Kennzeichen.

Auch das OLG München geht von einer markenmäßigen Nutzung aus.[213] Der in Maschinensprache kodierte Meta-Tag sei zur Herbeiführung einer Verwechslungsgefahr geeignet. Durch die in die Suchmaschinen eingegebene Nennung werde der Beklagte auf die falsche Web-Site geführt und ginge dann irrigerweise davon aus, dass hier Waren oder Dienstleistungen des Kennzeicheninhabers angeboten würden.[214] Aufgrund des engen Zusammenhangs des Suchworts mit dem geschützten Kennzeichen wirkt dieses aus der Sicht des Internet-Users als herkunftsidentifizierendes Zeichen. Es wird also kennzeichenmäßig genutzt. Damit braucht auch hier die Frage um das tatsächliche Erfordernis einer kennzeichenmäßigen Nutzung nicht entschieden zu werden.

---

[210] Viefhues, MMR 1999, 336, 338.
[211] LG Hamburg, CR 2002, 136.
[212] Ernst, CR 2000, 122; Kochnike/Tröndle, CR 1999, 190, 193.
[213] OLG München, WRP 2000, 775 – „Hanseatic".
[214] OLG München, WRP 2000, 775, 778 – „Hanseatic"; so im Ergebnis auch Meyer, GRUR 2001, 204, 209.

7. § 23 MarkenG als domainrechtliche Schutzschranke

Der Schutz des Markeninhabers könnte eine Einschränkung erfahren, wenn § 23 Nr. 1 MarkenG zur Anwendung gelangt. Dieser bestimmt, dass der Inhaber einer Marke nicht das Recht hat, einem Dritten die Nutzung seines eigenen „Namen“ oder seiner „Anschrift“ im geschäftlichen Verkehr zu untersagen, sofern die Benutzung nicht gegen die guten Sitten verstößt, also nicht als unlauter anzusehen ist. Die Norm entspricht damit dem allgemeinen wettbewerbsrechtlichen Grundsatz, dass niemand an der wettbewerbskonformen Führung seines Namens im geschäftlichen Verkehr gehindert werden soll.[215] Um die Unlauterkeit festzustellen ist eine Interessenabwägung durchzuführen.

§ 23 Nr. 1 MarkenG könnte auf Domainnamen Anwendung finden, wenn die Domainadresse als Anschrift i.S.d. § 23 Nr. 1 2. Alt. MarkenG anzusehen wäre. Das wird teilweise mit der Begründung bejaht, dass eine Domain ihren Inhaber zumindest mittelbar bestimme.[216] Eine aus redlicher Motivation heraus erfolgte Einrichtung einer Domain, welche aus der Anschrift des Inhabers bestehe, müsse daher dem Schutz des § 23 Nr. 1 2. Alt. MarkenG unterstellt werden, selbst wenn zwischen der Domain und dem fremden Kennzeichen bei Anlegung normaler kennzeichenrechtlicher Maßstäbe eine Verwechslungsgefahr angenommen werden müsste.[217] *Nordemann* stellt erhöhte Anforderungen und sieht das Kriterium der Lauterkeit erst dann als erfüllt an, wenn der Domainname-Inhaber alles ihm Erforderliche und Zumutbare getan hat, um die Verwechslungsgefahr zu verhindern, etwa durch Hinzufügen von unterscheidungskräftigen Zusätzen.[218]

Nach h.M. ist § 23 Nr. 1 MarkenG aber auf Domains unanwendbar.[219] Er soll den eigenen Namen und die eigene Adresse gegen Ansprüche aus anderen Kennzeichen schützen. Er erfasse den real vorhandenen Wohn – und Geschäftssitz und biete diesem besonderen Schutz, da Name und Adresse „Zwangsdaten“, also nicht frei wählbar sind. Zwar sei der Wohnsitz selbst frei wählbar, nicht aber dessen Bezeichnung. Der Bürger müsse die Möglichkeit haben, diese Daten redlicherweise an Geschäftspartner oder Freunde mitteilen zu können. Damit bestehe ein Bedürfnis an der Verwendung dieser Adresse, was im Rahmen der Interessenabwägung zu berücksichtigen sei. Bei Domainnamen bestehe aber keine vergleichbare „Zwangslage“. Sie unterscheiden sich von einer geographischen Adresse gerade dadurch, dass sie grundsätzlich frei wählbar sind.[220] Der

---

[215] Berlit, Markenrecht, Rn. 314.
[216] Bettinger, GRUR Int. 1997, 402, 410; Nordemann, NJW 1997, 1891, 1894 f.; Kur, CR 1996, 590, 593.
[217] Nordemann, NJW 1997, 1891, 1894 f.; Kur, CR 1996, 590, 593.
[218] NordemannNJW 1997, 1891, 1894.
[219] OLG München, CR 1998, 556, 557 –„freundin.de“; Stratmann, BB 1997, 689, 692; Wegner, CR 1999, 250, 257.
[220] OLG München, CR 1998, 556, 557 –„freundin.de“.

Anmelder einer Domain sei nicht gezwungen, die Marke oder Geschäftsbezeichnung eines Dritten als Domainname registrieren zu lassen. Er könne jederzeit auch auf eine andere Domain ausweichen.[221] Zudem seien die Regelungen des 4. Abschnitts des Markengesetzes eng auszulegen. Als Adresse i.S.d. § 23 Nr.1 2.Alt. MarkenG könne nur die geographische Adresse gemeint sein, unter welcher der Dritte selbst erreichbar ist. Die Domainadresse stelle aber nicht die Adresse des Domaininhabers dar, sondern nur die des an das Netz angeschlossenen Computers. Die Möglichkeit, den Domaininhaber hierüber mittelbar erreichen zu können, rechtfertige nicht die Anwendung des § 23 Nr. 1 MarkenG.[222]

Die Frage der Anwendbarkeit des § 23 Nr. 1 MarkenG auf Domainnamen lässt sich aber nicht pauschal beantworten. Es ist vielmehr zu unterscheiden zwischen einer Anwendung des § 23 Nr. 1 1.Alt. und 2. Alt. MarkenG. Ein Schutz gem. § 23 Nr. 1 2. Alt. MarkenG in dem Sinne, dass Domainnamen als Adressen qualifiziert werden, ist aus den oben genannten Gründen der Unterscheidung zur geographischen Adresse nicht mit dem Schutzzweck der Norm zu vereinbaren, da dieser hierdurch entgegen seines Zwecks unverhältnismäßig erweitert würde.

Anders zu beurteilen ist dies im Hinblick auf § 23 Nr. 1 1. Alt. MarkenG. Nutzt jemand seinen eigenen Namen als Domain, so geht es nicht um die Frage der Vergleichbarkeit der Internetdomain mit einer geographischen Adresse, sondern um das Recht der Namensnutzung. Dieses Recht besteht im gesamten wirtschaftlichen Verkehr. Es kann keine absolute Schranke im Rahmen der Nutzung im Internet erhalten. Grundsätzlich muss jedermann das Recht zustehen, auch im Internet von seinem Namen Gebrauch zu machen. Dies führt auch nicht zu einer unverhältnismäßigen Schutzlosigkeit des Kennzeicheninhabers, da auch dieses Namensrecht nicht uneingeschränkt besteht. Es ist durch den auf Art. 6 der Marken-Richtlinie beruhenden Lauterkeitsvorbehalt begrenzt. Daher bedarf es einer Rechtfertigung des Dritten, wenn dieser seinen eigenen, mit einem bekannten Kennzeichen übereinstimmenden, Namen als Internetdomain benutzt. Es sind dann die zum Recht der Gleichnamigen entwickelten Grundsätze heranzuziehen.[223]

Nach anderer Ansicht soll ein Domainname selbst dann vom Schutz der Norm erfasst sein, wenn er nur aus „Ableitungen" der Firma, Geschäftsbezeichnung oder Marke besteht. In der „detag.de"- Entscheidung[224] des LG Bonn vertrat dieses die Auffassung, die „Deutsche Telekom AG" könne sich unter Berufung auf § 23 Nr. 1 MarkenG auf den Schutz dieser Domain berufen. Dabei ging das Gericht auf die Frage der Anwendbarkeit der Norm auf Domainnamen gar nicht ein. Gegen diese Entscheidung spricht aber Art. 6 der § 23 MarkenG zugrunde-

[221] Wegner, CR 1999, 250, 257.
[222] Stratmann, BB 1997, 689, 692.
[223] Zum Recht der Gleichnamigen siehe unten B. II. 6..
[224] LG Bonn, MMR 1998, 110, 111 – „detag.de".

liegenden EG-Markenrechtsrichtlinie. Danach soll gerade der bürgerliche Name geschützt sein, sofern er in lauterer Weise verwendet wird, nicht aber der Firmenname.[225]

8. Freihaltebedürfnis bei Gattungsbegriffen und beschreibenden Angaben in Domains

Ein weiteres Problem stellt die Registrierung von Gattungsbegriffen und beschreibenden Angaben, wie etwa „anwalt.de", „steuerberater.de" oder „software.de" als Domainnamen dar. Aufgrund ihrer allgemeingültigen Bedeutung sind diese werbewirksamen Begriffe als Internetadressen sehr begehrt. Die Frage ist, ob und gegebenenfalls wie sich ein Dritter gegen den Inhaber einer solchen Domain zur Wehr setzen kann.

a. Markenrechtliche Ansprüche des Kennzeicheninhabers

Eigene markenrechtliche Ansprüche des Kennzeicheninhabers gem. §§ 4, 14 bzw. 5, 15 MarkenG scheiden aus, da gem. § 8 Abs. 2 Nr.1, 2 und 3 MarkenG Gattungsbegriffe aufgrund mangelnder Unterscheidungskraft oder ihres Freihaltebedürfnisses schon gar nicht als Marke eingetragen werden dürfen und somit kein Kennzeichenrecht durch Eintragung erlangt werden kann. Dadurch ist aber erst etwas über die Eintragungsfähigkeit, nicht hingegen über die Schutzfähigkeit gesagt. So können diese Schutzhindernisse gem. § 8 Abs. 3 MarkenG durch Verkehrsdurchsetzung überwunden werden. Die hieran zu stellenden Anforderungen sind aber wiederum vom Freihaltebedürfnis abhängig und können unter Umständen eine nahezu einhellige Verkehrsdurchsetzung erforderlich machen.[226]

Solange eine ausreichende Verkehrsdurchsetzung nicht nachgewiesen werden kann, ist kein Mitbewerber daran gehindert, das Zeichen selbst zu nutzen, sofern er dies nicht in gezielter Behinderungsabsicht tut.[227]

b. Löschungsanspruch gegen den Domaininhaber

Umgekehrt stellt sich die Frage, ob Dritte die Löschung der Domain nach den markenrechtlichen Grundsätzen des § 8 Abs. 2 Nr. 2 MarkenG verlangen können. Das OLG Frankfurt/M. hatte diese Frage im Fall „wirtschaft-online.de" zu entscheiden.[228] Hier hatte sich der Beklagte die Domain „wirtschaft-online.de" registrieren lassen. Der Kläger begehrte eine Löschung der Domain mit der Be-

---

[225] So die Gesetzesbegründung zu § 23 MarkenG, BlfPMZ 1994 (Sonderheft), S. 74; vgl. auch die amtliche Begründung 2. Abs. zu § 23 MarkenG; Fezer, Markenrecht § 23 Rn. 20.

[226] BGH GRUR 1960, 83, 87 – „Nährbier" ; BGH GRUR 1989, 510, 512 – „Teekanne II"; BGH GRUR 1991, 609, 610 „SL"; BGH GRUR 1992, 48, 50 – „frei öl".

[227] So im Ergebnis OLG Hamburg, GRUR-RR 2001, 182, 183 – „startup.de".

[228] OLG Frankfurt/M., CR 1997, 271 – „wirtschaft-online.de".

gründung, dass auf die Registrierung einer Domain § 8 Abs. 2 Nr. 1 und 2 MarkenG analoge Anwendung finden müssten. Zwar sah das Gericht die Sachverhalte als im wesentlichen vergleichbar an, dennoch lehnte es eine analoge Anwendung des § 8 Abs. 2 MarkenG ab.[229]

Dieser Ansicht ist zuzustimmen: Durch die Norm des § 8 Abs. 2 Nr. 1 und 2 MarkenG soll der Monopolisierung einer Marke vorgebeugt werden. Zwar erlangt der Inhaber einer Domain durch deren Registrierung für den Bereich der bestimmten TLD faktisch eine ebenso exklusive Position, da andere Interessenten für diese Domain ausgeschlossen werden. Dennoch ist eine analoge Anwendung des § 8 Abs. 2 MarkenG auf Domainnamen nicht möglich. Dies ergibt sich schon daraus, dass der Schutzbereich von Marke und Domain unterschiedlich ist. Die eingetragene Marke gewährt dem Markeninhaber auch Schutz vor Verwechslungen, während die Registrierung einer Domain nur Schutz vor einer identischen Nutzung des Domainnamens bietet. Hier kann die faktische Sperrwirkung der Domain schon durch geringfügige Abweichungen aufgehoben werden.[230] Gegen eine analoge Anwendung der markenrechtlichen Vorschrift spricht aber insbesondere, dass die strengen Rechtsfolgen, welche das Markengesetz für die Verwendung von Gattungsbegriffen und rein beschreibenden Angaben vorsieht, nämlich die Verweigerung der Eintragung oder die Löschung der Marke, ein staatliches Prüfungs- und Überwachungsorgan, das DPMA, voraussetzt. Ein solches steht für Online-Adressen nicht zur Verfügung.[231] Die umfangreichen Schutzvoraussetzungen können nicht durch die DENIC eG geprüft werden. Die Registrierung muss rasch und effizient mit einem Minimum an Personal abgewickelt werden können. Müsste im Rahmen eines jeden Registrierungsantrages die Unterscheidungskraft und das Freihaltebedürfnis geprüft werden, käme die Arbeit der DENIC eG infolge von Überlastung schnell zum Erliegen. Im Hinblick auf die unterschiedlichen Funktionen von Marken und Domains ist es darüber hinaus auch nicht angebracht, die gleichen strengen Schutzvoraussetzungen für die Registrierung der Domains wie für die Eintragung von Marken zu fordern. Dies gilt insbesondere für das Kriterium der Unterscheidungskraft. Die Marke muss gerade im Verkehr dazu dienen, Waren oder Dienstleistungen des Markeninhabers von denen Dritter zu unterscheiden. Die Domain kann, muss aber keine Kennzeichenfunktion haben. Es genügt, wenn sie zur Identifizierung eines bestimmten Rechners dient.[232]

---

[229] OLG Frankfurt/M., CR 1997, 271, 272 – „wirtschaft-online.de"; so auch LG Hamburg, CR 2000, 617, 618 – „lastminute.com"; OLG Frankfurt/M. , GRUR-RR 2001, 264, 265 – „weltonline.de".

[230] OLG Braunschweig, MMR 2000, 610 – „stahlguss.de"; OLG Hamm, GRUR-RR 2001, 105 – „sauna.de"; siehe zum Ähnlichkeitserfordernis der Domains oben B.I.2.b.aa.

[231] OLG Frankfurt/M., CR 1997, 271, 272 –„wirtschaft-online.de"; OLG Hamm, GRUR-RR 2001, 105 – „sauna.de".

[232] Kur, CR 1996, 325, 328.

Eine Anwendung markenrechtlicher Normen zur Lösung des Problems um die Gattungsbezeichnungen scheidet folglich aus. Ein Dritter kann hieraus nicht gegen den Inhaber einer derartigen Domain vorgehen. Ansprüche können sich jedoch aus wettbewerbsrechtlicher Sicht, basierend auf §§ 1, 3 UWG ergeben. Darauf wird im Folgenden noch eingegangen.[233]

9. Rechtsverfolgung

Werden durch eine bestimmte Domain Kennzeichenrechte Dritter verletzt, so stehen dem Zeicheninhaber verschiedene Ansprüche gegen den Domaininhaber zu. Zunächst hat er einen Auskunftsanspruch gem. § 19 MarkenG i.V.m. § 242 BGB über Herkunft und Vertriebsweg der vom Domaininhaber widerrechtlich gekennzeichneten Ware, sowie darüber, wie lange und in welchem Umfang der Domainname bereits genutzt wird.[234] Darüber hinaus stehen ihm aber vor allem Unterlassungsansprüche gem. § 14 Abs. 5 bzw. § 15 Abs. 4 MarkenG und im Falle des Verschuldens auch Schadensersatzansprüche gem. § 14 Abs. 6 bzw. § 15 Abs. 5 MarkenG zu. Im Rahmen des gewerblichen Rechtsschutzes sind an die Beachtung der erforderlichen Sorgfalt besondere Anforderungen zu stellen. Schadensersatzansprüche sind daher schon dann gegeben, wenn ein bloß fahrlässiges Handeln zur Rechtsverletzung des Kennzeicheninhabers geführt hat. Fahrlässig handelt dabei, wer sich erkennbar in einem Grenzbereich des rechtlich Zulässigen bewegt, in dem er eine von der eigenen Einschätzung abweichende Beurteilung der rechtlichen Zulässigkeit des fraglichen Verhaltens in Betracht zieht.[235]

Es stellt sich die Frage, wie die Beseitigung der rechtswidrigen Lage zu erfolgen hat. Für die Vergabe einer Domain sind bei der DENIC eG Wartelisten eingerichtet. Verletzt der Domaininhaber Kennzeichenrechte, wird er von den Gerichten grundsätzlich zur Abgabe einer Willenserklärung gegenüber der DENIC eG verurteilt, die dann zur Löschung der Domain-Registrierung führt. Die Folge ist, dass der Nächste auf der Warteliste als Domaininhaber nachrückt. Unklar ist, welche Rechte dem Kennzeicheninhaber konkret zustehen. Besteht ein Anspruch auf Freigabe der Domain durch den Domaininhaber oder sogar ein Anspruch auf Übertragung der Domain an ihn selbst?

---

[233] Siehe unten B. IV.2.c..

[234] BGH, MMR 2002, 456, 458 – „vossius.de“.

[235] BGH, CR 2002, 525, 528 – „shell.de“.

a. Freibage - /Übertragungsanspruch

In Rechtsprechung und Literatur ist umstritten, ob ein Anspruch auf Übertragung der fraglichen Domain in Betracht kommen kann. Die Befürworter eines Übertragungsanspruchs ziehen unterschiedliche Anspruchsgrundlagen zur Begründung des Anspruchs heran.

aa. Anspruch aus § 8 Abs. 1 PatG i.V.m. § 894 BGB analog

Von besonderer Relevanz für die Diskussion war die Entscheidung „shell.de“[236] des OLG München, in welcher erstmalig ein Übertragungsanspruch gewährt wurde. Da die mit dem Internet zusammenhängenden Fragen noch nicht gesetzlich kodifiziert sind, zog das Gericht zur Begründung vergleichbare Fälle heran. Es verglich die Situation des Kennzeicheninhabers mit der eines Erfinders und wollte somit den Übertragungsanspruch auf eine analoge Anwendung des § 8 Abs. 1 PatG i.V.m. § 894 BGB stützen. Hat eine unberechtigte Patentanmeldung schon zum Patent geführt, so kann gem. § 8 Abs. 1 PatG der Berechtigte nicht nur die Löschung, sondern die Übertragung des Patents verlangen. Ähnlich hierzu hat derjenige, dessen Recht nicht oder nicht richtig im Grundbuch eingetragen ist, gem. § 894 BGB gegen den fälschlicherweise Eingetragenen einen Anspruch auf Zustimmung der Berichtigung des Grundbuchs. Nach Ansicht des Gerichts waren diese Sachverhalte mit dem einer rechtsverletzenden Domainregistrierung vergleichbar. Einen Übertragungsanspruch hielt es zudem auch von der Interessenlage her für geboten. Aufgrund der Einzigartigkeit des Domainnamens kann der Inhaber das Kennzeichen solange nicht im Internet nutzen, wie die Domain durch den Verletzer registriert ist. Eine Übertragung der Domain an den Kennzeicheninhaber sei daher für diesen von besonderem Interesse sei, da er hierdurch zum einen die Gefahr der Weiterveräußerung der Domain an Dritte wie auch die Gefahr von Zwischenregistrierungen durch auf der Warteliste stehender Dritte umgehe.[237] Stünde ihm hiergegen nur der Unterlassungsanspruch zu, müsste er häufig noch gegen weitere Domain-Piraten ankämpfen, bevor er sein Recht durchsetzen könnte. Dies würde durch einen Übertragungsanspruch vermieden.[238]

Die Heranziehung der § 8 Abs. 1 PatG und § 894 BGB zur Begründung des Anspruchs ist bedenklich. An einer vergleichbaren Sach- und Rechtslage, die eine analoge Anwendung dieser Normen rechtfertigen würde, fehlt es entgegen der Ansicht des Gerichts. Die Vorschrift des § 8 Abs. 1 PatG betrifft eine Patentvindikation. Sie gewährt dem Berechtigten gegenüber dem Nichtberechtigten einen Anspruch auf Patentübertragung. Es handelt sich um einen Anspruch dinglicher

---

[236] OLG München, CR 1999, 382 – „shell.de“.

[237] LG Hamburg, K&R 2000, 613 – „audi-lamborghini.net und .org“; OLG München, CR 1999, 382, 383 – „shell.de“; Hoeren, WRP 1997, 993, 997.

[238] Hackbarth, CR 1999, 384.

Natur, der dem Herausgabeanspruch des Eigentümers gegen den Besitzer gem. § 985 BGB rechtsähnlich ist. Die Berechtigung des Anspruchs ergibt sich dabei aus dem erfinderrechtlichen Charakter des Patents. Dieser Charakter ist bei Namens – und Kennzeichenrechten aber nicht vorhanden.[239] Außerdem ist der Anspruch auf Übertragung der Domain nicht dinglicher Natur. Aus den Vergaberichtlinien der DENIC eG geht hervor, dass sie kein Eigentum an den Domains überträgt, sondern lediglich Nutzungsrechte gewährt.[240] Damit kann dem Kennzeicheninhaber kein dinglicher Herausgabeanspruch gegen den Verletzer zustehen. Gegen die Heranziehung des § 894 BGB spricht, dass dieser gerade eine Ausprägung des in § 892 BGB verankerten öffentlichen Glaubens des Grundbuchs darstellt. Hiermit ist die Registrierung einer Domain aber nicht vergleichbar. Die DENIC eG nimmt gerade keine Prüfung hinsichtlich der Verletzung etwaiger Rechte Dritter durch eine Domain-Registrierung vor. Diese Prüfung obliegt vielmehr dem Anmelder selbst. Eine Vergleichbarkeit mit dem öffentlichen Glauben ist folglich nicht gegeben. In dem wenig später entschiedenen Fall „rolls.royce.de" wandte das OLG München die zuvor von ihm aufgestellten Grundsätze auch selbst nicht mehr an und lehnte einen Übertagungsanspruch ab.[241]

bb. Anspruch aus § 687 Abs. 2 i.V.m. §§ 681, 667 BGB

Auch wird vertreten, den Übertragungsanspruch auf § 687 Abs. 2 BGB i.V.m. §§ 681, 667 BGB zu stützen.[242] Nach ständiger Rechtsprechung ist derjenige, der eine fremde Marke verletzt, gem. § 687 Abs. 2, §§ 681, 667 BGB zur Herausgabe des Erlangten verpflichtet.[243] Meldet jemand bewusst ein fremdes Kennzeichen als Domainname an, führt er jedenfalls auch ein eigenes Geschäft. Auch die Tatsache, dass nicht jede Anmeldung einer Marke als Domain mit Schädigungsabsicht erfolgt, hindert eine Anwendung der §§ 687 Abs. 2, 681, 667 BGB nicht. Bei der Verletzung fremder Ausschließlichkeitsrechte, z.B. bei Urheberrechten und gewerblichen Schutzrechten, erweitert die Rechtsprechung

---

239 LG Hamburg, MMR 2000, 620, 623 – „joop.de".

240 So jetzt auch der BGH in CR 2002, 525, 528 – „shell.de", vorher schon das LG Essen, MMR 2000, 286, 287; Viefhues, MMR 2000, 286, 287; a.A.: Marwitz, WRP 2001, 9, 12 mit der Begründung, dass Domains mit viel finanziellem und sonstigem Einsatz zu Kennzeichen aufgebaut würden und daher von der Übertragung des Eigentums durch die DENIC eG ausgegangen werden müsse.

241 OLG München, MMR 2000, 104 – „rolls-royce.de".

242 So schon LG München I, CR 1997, 479 – „juris.de"; Hackbarth, CR 1999, 384.

243 So zuerst BGHZ 34, 320 ff. – „Vitasulfat".

die Norm nämlich über den Wortlaut hinaus auch auf Fälle des fahrlässigen Handelns.[244]

Gegen die Normen der GoA als Anspruchsgrundlage spricht sich Viefhues aus, da sie bei mehreren möglichen Geschäftsherren keine Anwendung finden können.[245] Ein Domainname müsse nicht nur einer einzigen Person zustehen. So wie auch eine Marke durch verschiedene Unternehmen für verschiedene Waren geschützt und kollisionsfrei genutzt werden kann, könne auch ein Domainname zu einer Web-Site führen, deren Inhalt eine Branche betrifft, mit der der Inhaber eines Kennzeichens, welches mit dem Domainnamen identisch ist, nichts zu tun hat. Wenn aber mehrere Personen ein gleichberechtigtes Interesse an einem Domainnamen haben, so stünde dieser keinem mehr zu als dem anderen.

cc. Anspruch aus § 812 Abs. 1 S. 1 2. Alt. BGB

Hackbarth will bei nicht vorsätzlichem oder nicht schuldhaftem Handeln des Verletzers die Eingriffskondiktion als Anspruchsgrundlage heranziehen.[246] Er geht davon aus, dass die Marke ein absolutes Recht sei, so dass ein Eingriff in den Zuweisungsgehalt die Rechtsposition des Inhabers betreffe.[247] Erlangt i.S.d. §§ 812 ff. BGB sei weder die Nutzungsmöglichkeit noch die Marktchance. Vielmehr sei das, was der Schutzrechtsverletzer aus der geschützten Sphäre entnommen habe, also die Nutzung an sich zu ersetzen. Da der Gebrauch des Kennzeichens nicht herausgegeben werden kann, sei gem. § 818 Abs. 2 BGB ein angemessener Wertersatz in Form einer Lizenzgebühr zu entrichten. Für die Wertbestimmung ist der Wert des objektiv Erlangten maßgeblich.[248] Nach Ansicht Hackbarths ist aber nicht nur die Nutzung als das „Erlangte" i.S.d. §§ 812 ff. BGB anzusehen, sondern schon die bei der DENIC eG registrierte verletzende Domain als Bereicherungsgegenstand qualifizieren.
Dies ergebe sich daraus, dass der Wert der Domain gerade im Zugang zum Internet liege. Die Registrierung der Domain sei somit als das „Erlangte" anzusehen, mit der Folge, dass die Herausgabe dann durch Einwilligung in die Umschreibung der Domain zu gewähren sei.

---

[244] Vgl. Baumbach/Hefermehl, Wettbewerbsrecht, UWG Einl. Rn. 416 m.w.N.; Dann geht der Anspruch aber nur auf Beseitigung der rechtswidrigen Beeinträchtigung, bei Wiederholungsgefahr auf Unterlassung und auf Herausgabe der ungerechtfertigten Bereicherung. Palandt/Thomas, § 687 Rn.6.

[245] Viefhues, NJW 2000, 3239, 3242.

[246] Hackbarth, CR 1999, 384.

[247] Baumbach/Hefermehl, Wettbewerbsrecht, UWG Einl. Rn. 418 f..

[248] BGH GRUR 1982, 301, 303 – „Kunststoffhohlprofil II"; BGH GRUR 1987, 520, 523 – „Chanel No. 5 I".

Das LG Hamburg wendet sich in seiner Entscheidung „joop.de“[249] sowohl gegen die Anwendung der GoA, wie auch gegen die Heranziehung des § 812 Abs. 1 S. 1 2. Alt. BGB. „Erlangtes Etwas“ sei die Nutzung der verletzten Rechtsposition. Die Domain-Registrierung könne Eingriff in die Rechtsposition, nicht aber Herausgabegegenstand sein. Würde der Domaininhaber zur Herausgabe der Domain verpflichtet, fiele diese an die DENIC eG zurück und würde nicht zu einer automatischen Inhaberschaft des Klägers führen. Hierzu sei noch die Mitwirkung der DENIC eG erforderlich.[250] Der Ansicht des LG Hamburg ist insofern zuzustimmen, als dass nur die Ansicht, das „Erlangte“ in der Nutzung zu sehen, mit den Vergaberichtlinien der DENIC eG, wonach gerade kein Eigentum an der Domain, sondern lediglich ein Nutzungsrecht an dieser eingeräumt wird, in Einklang zu bringen ist. Bedenklich ist hingegen die Überlegung, dass die Domain nicht automatisch zur Inhaberschaft des Klägers führen könnte, vielmehr noch der Mitwirkung der DENIC eG bedürfe. Aus § 7 der Vergaberichtlinie der DENIC eG geht hervor, dass für die Vergabe einer Domain ein Vertrag zwischen der DENIC eG und dem Domaininhaber geschlossen wird. Dieser ist von beiden Seiten aus kündbar, was für die Annahme eines Dauerschuldverhältnisses spricht. Es findet folglich keine Eigentumsübertragung an der Domain statt, sondern es wird lediglich ein Nutzungsrecht eingeräumt. Hieraus ergibt sich, dass bei Beendigung des Nutzungsrechts die Domain automatisch an die DENIC eG zurückfallen müsste. Dies ist auch tatsächlich der Fall, sofern der Domaininhaber nur zur Herausgabe der Domain verurteilt wird. Gem. § 6 Abs. 2 der Vergaberichtlinie besteht aber auch die Möglichkeit zur Übertragung einer Domain vom Domaininhaber an einen Dritten. Danach wird die Domain direkt durch die DENIC eG übertragen, wenn der Kunde den Registrierungsvertrag kündigt und einen Dritten benennt, der dann einen Auftrag zur Registrierung erteilt. Zwar ist die DENIC eG in diesen Fällen an der Übertragung mitbeteiligt, es steht aber grundsätzlich nicht in ihrer Macht, gegen die Übertragung vorzugehen. Die Domain fällt nicht erst an sie zurück, so dass letztlich durchaus von einem automatischen Wechsel der Inhaberschaft an der Domain ausgegangen werden kann.

Somit ist eine direkte Übertragung der Domain zwar letztlich möglich, der Verletzer kann aber, wie schon gesagt, im Rahmen eines Unterlassungsanspruchs nicht zur Besserstellung des Kennzeicheninhabers verpflichtet werden. Zudem muss es aufgrund der Qualifizierung des Rechtsverhältnisses zwischen der DENIC eG und dem Domaininhaber dabei bleiben, dass nur die Nutzung der Domain als „Erlangtes Etwas“ anzusehen ist.

Selbst bei anderer Beurteilung ist die Eingriffskondiktion des § 812 Abs. 1 S. 1 2. Alt. BGB ebenso wie die GoA zumindest dann auch keine taugliche An-

---

[249] LG Hamburg, MMR 2000, 620– „joop.de“.
[250] LG Hamburg, MMR 2000, 620, 623 – „joop.de“.

spruchsgrundlage, wenn mehrere gleichberechtigte Namensträger in der Warteliste stehen.[251]

dd. Anspruch aus § 17 MarkenG analog

Zum Teil wird auch auf eine analoge Anwendung des § 17 MarkenG abgestellt. Dieser ist der einzige ausdrücklich geregelte Übertragungsanspruch im Markengesetz. Nach dieser Norm kann der Inhaber einer Marke von einem sog. ungetreuen Agenten die Übertragung der Marke verlangen. Sinn dessen ist es, dem Markeninhaber die Priorität der Markenanmeldung durch den Agenten zu erhalten, ihn also vor einem Prioritätsverlust durch Zwischenanmeldungen zu schützten. Zwischenanmeldungen sind aber bei der Registrierung von Internetdomains nicht möglich. Es fehlt daher an der vergleichbaren Sachlage. Der Übertragungsanspruch kann folglich auch nicht auf eine analoge Anwendung des § 17 MarkenG gestützt werden.[252]

ee. Unterscheidung: normale/berühmte Kennzeichen

Die Gründe für die Forderung nach einer direkten Übertragung der Domain an den Markeninhaber sind offensichtlich. Während im traditionellen Kennzeichenrecht das Interesse des Markeninhabers zumeist nur auf Unterlassung der schädigenden Nutzung seiner Marke – gegebenenfalls Löschung der verletzenden Marke aus den Markenregister - geht, ist die Situation im Internet eine andere. Hier wird der Markeninhaber für die Dauer, welche die Domain für den Verletzer registriert ist, von der Nutzung seines Namens im Internet ausgeschlossen, er hat ein besonderes Interesse an der Erlangung der streitgegenständlichen Domain. Die Frage um eine direkte Übertragung der Domain kann nicht pauschal beantwortet werden. Es muss zwischen normalen und berühmten Kennzeichen unterschieden werden.

aaa. Normale Kennzeichen

Von praktischer Relevanz ist die Diskussion um die Übertragung der Domain ohnehin nur in den Fällen, in welchen vor dem klagenden Kennzeicheninhaber noch weitere Interessenten an der in Streit stehenden Domain in der Warteliste der DENIC eG stehen. Es kann aber nicht Sinn dieser sein, dass der Nächste auf der Liste einfach übergangen wird, obwohl ihm möglicherweise ein ebenso gutes oder gar besseres Recht an der Domain zusteht, als dem gegen den Domaininhaber vorgehenden Kennzeicheninhaber. Würde der Übertragungsanspruch gewährt, führte dies dazu, dass im Falle der gleichberechtigten Existenz mehrerer gleichberechtigter Namensträger die bei der DENIC eG eingerichtete Warte-

---

[251] Viefhues, NJW 2000, 3239, 3242.
[252] Bottenschein, MMR 2000, 623, 625.

liste obsolet würde. Die Folge wäre ein Wettlauf um das schnellere Urteil oder gar die schnellere Vollstreckung.
Auch das OLG Hamm sprach sich in seiner Entscheidung „krupp.de“[253] gegen einen Anspruch auf Übertragung einer Domain aus, da dem Kennzeicheninhaber grundsätzlich nur Unterlassungsansprüche zustehen. Der Anspruch sollte hier auf die Verletzung des Namensrechts gem. § 12 BGB gestützt werden. Bei diesem handele es sich aber um einen schlichten Unterlassungsanspruch, durch welchen der Verletzer nur zu einem „Nichtstun“, also zur Freigabe, nicht aber zur Übertragung der Domain, verpflichtet werden könne.[254] Bekäme der Kennzeicheninhaber die Domain direkt übertragen, würde dies nicht nur zu einer Beseitigung der Störung, sondern zu einer verbesserten Rechtsposition führen. Es könne aber für den Verletzer keine Verpflichtung bestehen, dem Kennzeicheninhaber eine verbesserte Rechtsposition zu verschaffen.[255] Da auch § 14 Abs. 4 und § 15 Abs. 4 MarkenG nur Unterlassungsansprüche gewähren, muss für diese Ansprüche dasselbe gelten.
Bei normalen Kennzeichen ist ein Übertragungsanspruch aus den dargelegten Gründen folglich abzulehnen. Es stellt sich sogar die Frage, ob der Verletzer überhaupt zur Freigabe der Domain verpflichtet werden kann. Es sind die im Kennzeichen – und Internetrecht allgemein bestehenden Grundsätze zu beachten. Die Ansprüche, welche dem Kennzeicheninhaber zustehen, gehen in der Rechtsfolge, wie gezeigt, auf Unterlassung oder gegebenenfalls auf Löschung einer Marke. Verletzt also jemand durch die Nutzung einer bestimmten Domain die Kennzeichenrechte eines Dritten, so steht diesem nach kennzeichenrechtlichen Regeln ein Unterlassungsanspruch zu. Dabei muss unterschieden werden, ob eine unlautere Registrierung einer Domain vorliegt, oder ob sich die Kennzeichenrechte des Kennzeicheninhabers aus einer bloßen Verwechslungsgefahr ergeben. Während im Fall einer unlauteren Registrierung der Domain ein Löschungsanspruch bestehen muss, kann in letzterem Fall der Unterlassungsanspruch in seinem Inhalt nicht weiter gehen, als dass der Verletzer die Verwechslungsgefahr zu beseitigen hat. Dies kann etwa durch eine Änderung des Inhalts der Web-Site oder die Anbringung eines Hinweises auf den kennzeichenrechtlichen Konkurrenten erfolgen. Tut er dies, so wird hierdurch die verletzende Handlung abgestellt. Besteht aufgrund des geänderten Inhalts der Web-Site keine Verwechslungsgefahr mehr mit dem Kennzeicheninhaber, so muss es dem „Verletzer“ nunmehr frei stehen, mit der von ihm zuerst registrierten Domain außerhalb des Verletzungsbereichs nach Belieben zu verfahren.[256]

---

[253] OLG Hamm, CR 1998, 241 – „krupp.de“.
[254] OLG Hamm, CR 1998, 241, 243 – „krupp.de“ .
[255] BGH CR 2002, 525, 529 – „shell.de“; Schwarz/Poeck/Joos, Recht im Internet, Kap. 4-2.2, S. 30 f..
[256] Viefhues, NJW 2000, 3239, 3242; so auch Hoeller, MMR 2002, 459, 460.

bbb. Berühmte Kennzeichen

Bei normalen Kennzeichen wäre eine Übertragung der Domain aus dem gerade genannten Grund nicht tragbar, da hierdurch das System der Wartelisten unterlaufen würde. Anders stellt sich die Situation in Fällen der berühmten Kennzeichen dar. Hier wäre eine Übertragung der Domain an den Kennzeicheninhaber sinnvoll, da ein besseres Recht Dritter nicht besteht. Allerdings sollte dann der Domaininhaber nur zur Freigabe der Domain gegenüber der DENIC eG und diese zur Registrierung der Domain für den Kennzeicheninhaber verpflichtet werden. Die Warteliste dürfte insofern keine Beachtung mehr finden, da der Kennzeicheninhaber sich aufgrund der Berühmtheit seines Zeichens ohnehin gegen die in der Warteliste vor ihm stehenden Interessenten durchsetzen würde. Den Übertragungsanspruch in diesen Fällen zu verneinen, wäre reiner Formalismus und hätte lediglich weitere Rechtsstreitigkeiten zur Folge, da dann alle Wartenden auf Verzicht verklagt werden müssten.

Im Fall des berühmten Zeichens kann auch § 687 Abs. 2 BGB i.V.m. §§ 681, 667 BGB als taugliche Anspruchsgrundlage herangezogen werden. Es ergäbe sich in diesen Fällen nicht das Problem mehrerer nebeneinanderstehender gleichberechtigter Namensträger, da niemandem die besseren Rechte gegenüber dem Kennzeicheninhaber zustünden.

b. Gleichberechtigte Zeicheninhaber

Es sind verschiedene Möglichkeiten denkbar, die Konflikte zwischen gleichberechtigten, miteinander konkurrierenden Zeicheninhabern zu beseitigen. Während zwei identische Marken außerhalb des Internets im konventionellen Geschäftsverkehr problemlos nebeneinander bestehen können, ist dies im Internet nicht möglich. Eine bereits angesprochene Möglichkeit der Konfliktlösung wäre die Anbringung unterscheidungkräftiger Zusätze an die Second -Level - Domain. Auch kann die Second – Level - Domain selbst die gleiche sein, sofern die konkurrierenden Zeicheninhaber der umstrittenen Domain weitere, unterscheidungskräftige, Sub-Domains zufügen.[257] Des weiteren wird erwogen, dass mehrere Namensgleiche unter einem Domainnamen eine Homepage gemeinsam nutzen sollen.[258] Sie würden sich diese gleichsam teilen, also tatsächlich nebeneinander stehen. Durch Hyperlinks wäre es dem User möglich, die Web-Site des von ihm gesuchten Domainname-Inhabers zu erreichen (sog. Domainsharing).

Im Fall „vossius.de" hat der BGH entschieden, dass zur Lösung der Konflikte des Rechts der Gleichnamigen zum einen die Möglichkeit bestünde, die in Streit stehende Domain mit unterscheidungskräftigen Zusätzen zu versehen. Zudem wurde aber auch erwogen, dass der prioritätsältere Domaininhaber seiner Homepage eine Eingangsseite voranstellt, auf welcher auf die anderen kennzei-

---

[257] So schon Nordemann/Goddar/Tönhardt/Czychowski, CR 1996, 645, 653.
[258] Biermann, WRP 1999, 997, 1000.

chenberechtigten Zeicheninhaber hingewiesen wird oder er auf seiner Web-Site sog. Hyperlinks zu den Homepages der gleichberechtigten Dritten anbringt. Ein klarstellender Hinweis auf der Homepage des Domaininhabers soll folglich genügen können, um die Verwechslungsgefahr und damit die Verletzungshandlung entfallen zu lassen.

Es scheint zunächst, als würde sich der BGH mit dieser Entscheidung in Widerspruch zum erst kürzlich durch ihn entschiedenen Fall „shell.de“ stellen. Hier hatte er noch ausgeführt, dass die Kennzeichnungskraft eines bekannten Unternehmenskennzeichens bereits beeinträchtigt sei, wenn ein Dritter denselben Domainnamen für sein Angebot verwende. Ein klarstellender Hinweis auf der Homepage des Domainnameinhabers sollte danach nicht zur Ausräumung der Verwechslungsgefahr genügen. Die Nutzer würden unter dem Domainnamen das Unternehmen und nicht den Privatmann „Shell“ vorzufinden erwarten. Damit liege eine Irreführung bzw. eine Gefahr der Zuordnungsverwirrung schon mit Eingabe des Domainnamen vor. Nach Ansicht des BGH genügte eine Klarstellung und ein Verweis auf der Homepage des Bekl. in diesem Fall nicht, es war vielmehr die Anbringung unterscheidungskräftiger Zusätze schon an die Domain erforderlich.[259]

Es besteht aber ein Unterschied dieses Falles zu „vossius.de“. Bei dem Namen „Shell“ handelte es sich um ein berühmtes Unternehmenskennzeichen. Bei einer einseitig überragenden Verkehrsbekanntheit müssen aber andere Maßstäbe angelegt werden. Hier ergibt sich die Gefahr der Zuordnungsverwirrung schon aus dem Namen an sich. Sie kann auch mit Aufrufen der Homepage nicht mehr entfallen. Zudem wiegt in diesen Fällen auch die Ausschlusswirkung besonders stark. Liegt hingegen keine überragende Bekanntheit des Zeicheninhabers vor, so muss es beim Prioritätsgrundsatz bleiben. Der Domaininhaber ist dann eben nur zum Hinweis auf den Kennzeicheninhaber auf seiner Homepage verpflichtet.

Problematisch ist allerdings, dass der zuerst registrierte Domaininhaber oftmals nicht freiwillig zur Gestattung der Mitbenutzung der Homepage oder zum Anbringen eines Hyperlinks bereit sein wird. Es stellt sich dann die Frage, aufgrund welcher Anspruchsgrundlage die Gerichte ihn zur Mitwirkung verurteilen können. *Marwitz* vertritt, dass sich ein Teilhabeanspruch des Dritten an der Domain aus § 1004 BGB oder aus dem Gedanken des Notwegerechts gem. § 917 BGB ergeben könne.[260] Der Anspruch gem. § 1004 BGB sei dann auf die Anbringung eines gut lesbaren Hinweises des Domaininhabers auf die Homepage des Dritten gerichtet. Auch der Gedanke des Notwegerechts könne auf Domains

---

[259] BGH CR 2002, 525, 528 – „shell.de“; OLG Nürnberg, GRUR 2002, 460, 461 - “steuererklaerung.de”.
[260] Marwitz, WRP 2001, 9, 12.

übertragen werden. § 917 BGB gewährt einen Anspruch auf Duldung des Zugangs zu einem Grundstück, wenn ein Recht hierzu besteht und kein öffentlicher Weg zur Verfügung steht. Die Situation sei vergleichbar mit der Lage, dass eine Domain bereits für einen von zwei gleichermaßen berechtigten Zeicheninhabern registriert sei. Auch dann müsse dieser dem anderen einen Zugang zu der ansonsten für die Öffentlichkeit nur schwer erreichbaren Domain des anderen Kennzeichenberechtigten gewähren.[261]

Diese Normen wären aber als Anspruchsgrundlagen nur geeignet, wenn man davon ausgehen könnte, dass die DENIC eG durch die Vergabe einer Domain das Eigentum an dieser an den Anmelder der Domain überträgt. Marwitz nimmt dies an und gründet ihre Auffassung darauf, dass Domains durch den jeweiligen Inhaber mit viel finanziellem und sonstigem Aufwand zu Kennzeichen aufgebaut würden. Diese Mühe würde er sich nicht machen, wenn es sich bei dem Domainnamen nicht um sein Eigentum handeln würde.

Der kostspielige Aufbau eines Kennzeichens erfolgt aber üblicherweise weniger durch die Nutzung der Domain, als durch die Nutzung des Kennzeichens außerhalb des Internet. Der Domainname dient in aller Regel zur Möglichkeit des - möglichst einfachen und schnellen - Auffindens des bereits außerhalb des Internet bekannt gewordenen Zeichens. Der finanzielle und sonstige Aufwand dient damit zur Stärkung des Zeichens an sich. Die Tatsache, dass auch der Domainname von hohem Wert sein kann, hängt ausschließlich damit zusammen, dass durch ihn die Suche des Zeichens im Internet erleichtert werden soll. Diese Funktion erfüllt er aber unabhängig davon, ob es sich um Eigentum des Domaininhabers handelt oder ob diesem durch die DENIC eG lediglich ein Nutzungsrecht an der Domain eingeräumt wird.

Zudem lässt sich, wie bereits erwähnt[262], die Ansicht, dass mit der Registrierung der Domain zugleich das Eigentum an dieser Domain übertragen werde, nicht mit der Vergaberichtlinie der DENIC eG in Einklang bringen. Gem. § 7 Abs.1 der Registrierungsrichtlinie wird der Vertrag auf Überlassung der Domain auf unbestimmte Zeit geschlossen und eine Kündigungsfrist des Kunden festgelegt. Gem. § 7 Abs. 2 ist die DENIC eG befugt, die Domainvergabe wieder zurückzuziehen, wenn der Domaininhaber gegen Bestimmungen der DENIC eG verstößt. Die Eingehung des Vertrages auf unbestimmte Dauer mit einer Kündigungsmöglichkeit für beide Seiten spricht aber klar gegen die Annahme einer Übertragung des Eigentums an der Domain, und statt dessen vielmehr für ein Dauerschuldverhältnis mit dem Domaininhaber. Auch sieht die Vergaberichtlinie in § 6 Abs. 1 die Zustimmung der DENIC eG zur Übertragung einer Domain

[261] Marwitz, WRP 2001, 9, 13.
[262] Vgl. schon oben B.I.9.a.aa.

an einen neuen Domaininhaber vor. Auch diese Regelung wäre sinnwidrig, wenn zuvor das Eigentum an der Domain übertragen worden wäre.
Durch die Registrierung eines Domainnamens erwirbt dessen Inhaber folglich kein absolutes Recht an diesem. Er erhält vielmehr ein bloßes Nutzungsrecht. Nach Auffassung des LG Essen ist die Domain insofern mit einer Telefonnummer vergleichbar, auch an dieser entstehe aber gem. § 20 Abs. 2 S. 3 TKV nur ein Nutzungsrecht. Im Gegensatz zur Telefonnummer kann die Domain jedoch gehandelt werden kann und besitzt oftmals auch einen hohen Wert. Es handelt sich bei der Domain, die gekauft, verkauft, vermietet, versteigert, übertragen und gepfändet werden kann, um ein der Lizenz vergleichbares Rechtsinstitut sui generis.[263] Damit stellen § 1004 BGB und § 917 BGB keine geeigneten Anspruchsgrundlagen für einen möglichen Teilhabeanspruch dar.

Nach Ansicht des BGH ergibt sich der Teilhabeanspruch letztlich aus §§ 14 Abs. 4, 15 Abs. 5 MarkenG. Die Möglichkeit des Anbringens eines Hyperlinks auf die Homepage des gleichnamigen Kennzeicheninhabers sei als das mildere Mittel im Gegensatz zu einer Freigabeverpflichtung der Domain anzusehen. Das Rücksichtnahmegebot führe nicht zwingend dazu, dass eine Domain aufgegeben werden müsse. In Fällen der Gleichnamigkeit gebiete die Abwägung der Interessen vielmehr die Wahl des mildesten Mittels.[264] Ein Löschungsanspruch soll nur dann in Betracht kommen, wenn die Verwendung der Domain unter allen Umständen untersagt werden könne, etwa wenn die Registrierung der streitgegenständlichen Domain bösgläubig erfolgt ist.[265] Da der Domaininhaber nur die Gefahr der Zuordnungsverwirrung beseitigen muss, sei die Einschränkung des Unterlassungsgebots im Urteil durch das Gericht auszusprechen. Zwar sei es grundsätzlich nicht Sache des Gerichts, dem Verletzer Wege aufzuzeigen, die aus dem Verbot herausführen, dies gelte jedoch nur dann, wenn das Verbot die konkrete Verletzungsform beschreibe. Sei es hingegen abstrakt gefasst, müssten derartige Entscheidungen in den Tenor aufgenommen werden (Unterlassung, „...falls nicht dem Benutzer auf der ersten sich öffnenden Internetseite der Bekl. deutlich gemacht wird, dass es sich nicht um die Homepage der Kl. handelt"), um zu vermeiden, dass auch erlaubte Verhaltensweisen vom Verbot erfasst würden.[266] Dieser klarstellende Hinweis auf der Homepage des Verletzers soll nach der Entscheidung des BGH zur Ausräumung etwaiger Verwechslungsgefahren ausreichen.

---

[263] LG Essen, MMR 2000, 286, 287.
[264] BGH, MMR 2002, 456, 458 – „vossius.de".
[265] Hoeller, MMR 2002, 459, 460.
[266] BGH, MMR 2002, 456, 458 – „vossius.de".

c. Ergebnis

Zusammenfassend lässt sich festhalten, dass in Fällen der Verletzung eines berühmten Kennzeichens dem Inhaber dieses Zeichens die Domain direkt übertragen werden sollte. Bei allen Kennzeichen, welche den Berühmtheitsgrad nicht erreichen, kann es aufgrund der notwendigen Beachtung der Warteliste nur zu einem Freigabeanspruch kommen, dies aber auch nur in Fällen einer unlauteren Registrierung der Domain. Ist die Registrierung in lauterer Weise erfolgt und besteht lediglich eine Verwechslungsgefahr, so kann der Domaininhaber nur dazu verpflichtet werden, diese zu beseitigen. Die Domain ist ihm zu belassen.
In den Fällen, in welchen dem Kennzeicheninhaber ein Freigabe – aber kein Übertragungsanspruch zusteht, ist er vor der Gefahr einer zwischenzeitlichen Übertragung der Domain an einen Dritten gem. § 6 Abs. 2 S. 2 der Vergaberichtlinie der DENIC eG geschützt. Danach hat er die Möglichkeit, schon vor Einleitung des gerichtlichen Verfahrens bei der DENIC eG einen sog. „Dispute-Antrag" zu stellen. Bei Gewährung eines solchen Eintrags ist die Domain bis zur endgültigen gerichtlichen Entscheidung blockiert, d.h. der Verletzer kann sie nicht mehr auf Dritte übertragen.[267]Bei gleichberechtigten Zeicheninhabern ist eine Lösung entweder über das Hinzufügen unterscheidungskräftiger Zusätze an die umstrittene Domain oder durch die Darbietung einer gemeinsamen Homepage mit Verweisen auf die jeweiligen Zeicheninhaber zu suchen.

II. Ansprüche aus § 12 BGB

§ 12 BGB ist die Quelle des Kennzeichnungsschutzes. Er verbietet, das Recht zum Gebrauch eines Namens dem Berechtigten gegenüber zu bestreiten oder das Interesse des Berechtigten durch den unbefugten Gebrauch des gleichen Namens zu verletzen. § 12 S. 1 BGB gewährt dem Verletzten einen Beseitigungsanspruch, S. 2 einen Unterlassungsanspruch bei Erstbegehungs – oder Wiederholungsgefahr.

1. Anwendbarkeit neben dem MarkenG

Zunächst ist zu klären, inwieweit Ansprüche aus § 12 BGB neben Ansprüchen aus dem MarkenG bestehen können. Grundsätzlich schließt § 2 MarkenG die Anwendung anderer Vorschriften neben dem MarkenG nicht aus. Bis heute ist aber nicht abschließend für alle in Frage kommenden Tatbestände entschieden, ob § 2 MarkenG nur einschränkend, also im echten Sinne ergänzend, bei Versagen eines Schutzes nach dem MarkenG zur Anwendung kommt oder ob die Bestimmungen anderer Gesetze parallel und in vollständiger Anspruchskonkurrenz zum MarkenG stehend zum Zuge kommen können.

---

[267] Siehe hierzu schon oben A.IV.2.b.bb.

Der BGH hat in der Entscheidung „shell.de“[268] die grundsätzliche Klärung des Verhältnisses zwischen § 15 MarkenG und § 12 BGB offengelassen. Er hat lediglich festgestellt, dass eine echte Anspruchskonkurrenz zwischen den Normen nicht bestehe. § 12 BGB sei anwendbar, soweit er inhaltlich über § 15 MarkenG hinausginge. Dies gelte zum einen bezüglich der in § 15 MarkenG nicht geregelten Namensleugnung, darüber hinaus aber auch in den Fällen, in welchen eine Verwechslungsgefahr und unlautere Ausnutzung der Bekanntheit gegeben sei, die Verwechslungshandlung aber nicht im geschäftlichen Verkehr erfolge. Erforderlich sei allerdings, dass durch die Verletzungshandlung gerade der Funktionsbereich des betreffenden Unternehmens beschränkt würde und dadurch geschäftliche Beeinträchtigungen zu befürchten seien.[269]

Aus dogmatischer Sicht ist die Anwendung des § 12 BGB auf den Schutz von Unternehmenskennzeichen nicht überzeugend. Mit § 15 Abs. 3 MarkenG wurde der Schutz bekannter Unternehmenskennzeichen eingeführt, dieser aber auf Ansprüche bezüglich eines geschäftlichen Handelns begrenzt. Die Gewährung weitergehender Ansprüche im Rahmen des bloß privaten Handelns über § 12 BGB könnte eine Umgehung der markenrechtlichen Spezialregelungen darstellen. Zu bedenken ist zudem, dass die Anwendung des § 12 BGB auf Unternehmenskennzeichen zu einer nicht gerechtfertigten Ungleichbehandlung der Kennzeichenrechte führt. So erfasst der Namensschutz des § 12 BGB zwar die Firma oder sonstige Abkürzungen des Unternehmensnamens, nicht jedoch den Schutz der Marke. Eine überragend bekannte Marke wird damit grundsätzlich nicht über § 12 BGB geschützt. Anders ist dies nur, sofern sie zugleich auch als Unternehmenskennzeichen dient. Fallen also Marke und Unternehmenskennzeichen auseinander und findet eine Verletzung im privaten Bereich statt, ist ein Schutz des Unternehmenskennzeichens über § 12 BGB gewährt, ein Schutz der Marke hingegen ausgeschlossen. Dieses Ergebnis lässt sich kaum mit dem Grundsatz der Einheitlichkeit der Kennzeichenrechte vereinbaren. Nach diesem sollen die verschiedenen Kennzeichen gleich behandelt werden, sofern nicht ein besonderer Grund für eine Ungleichbehandlung vorliegt.[270] Die Ausschlusswirkung, welche durch die Registrierung einer Marke oder eines Unternehmenskennzeichens als Domain erfolgt, ist in beiden Fällen gleich, was für das Erfordernis einer rechtlichen Gleichbehandlung spricht.[271]

Gegen diese dogmatischen Bedenken und für den Schutz des Unternehmenskennzeichens über § 12 BGB spricht aber, dass sich gerade bei der Nutzung von Domainnamen privates und geschäftliches Handeln oftmals kaum trennen lassen. In Zweifelsfällen, in welchen ein geschäftliches Handeln abgelehnt würde,

---

[268] BGH, CR 2002, 525 – “shell.de”.
[269] BGH, CR 2002, 525, 526 f.– „shell.de“.
[270] BGH, WRP 2001, 273, 275 – “DB Immobilienfonds”.
[271] Foerstl, CR 2002, 518, 520.

käme es zu gravierenden Rechtsschutzlücken für den Inhaber von Unternehmenskennzeichen, wenn diese nicht auch über § 12 BGB geschützt würden. Hinzu kommt, dass auch ein rein privates Handeln durch Domaininhaber häufig zu erheblichen Beeinträchtigungen eines Kennzeicheninhabers führen kann, da dieser von einer entsprechenden eigenen Nutzung seines Zeichens ausgeschlossen ist. Eine Anwendung des § 12 BGB über § 15 MarkenG hinaus stellt somit einen sinnvollen und effektiven Schutz des Unternehmenskennzeichens dar. Die Einheit der Kennzeichenrechte lässt sich dadurch gewährleisten, dass der Schutz der Marke außerhalb des Handelns im geschäftlichen Verkehr über § 823 I BGB gewährleistet wird.[272]

Der Inhaber einer geschäftlichen Bezeichnung kann folglich neben den Ansprüchen aus dem MarkenG auch aus § 12 BGB gegen den Domaininhaber vorgehen, soweit eine Namensleugnung oder ein Handeln des Domaininhabers außerhalb des geschäftlichen Verkehrs vorliegt.

2. Grundlagen des Namensschutzes

a. Begriff des Namens

Der Schutzbereich des Namens beschränkt sich nicht nur auf den bürgerlichen Namen einer Person, er erfasst darüber hinaus auch die Namen juristischer Personen oder nichtrechtsfähiger Personenvereinigungen, die unter dem Gesamtnamen auftreten, einschließlich prägender Teile des Namens, Abkürzungen oder Schlagworte.[273] Die Firma eines Kaufmanns ist, wie § 17 HGB zeigt, stets Name. Auch das Pseudonym wird vom Namensschutz erfasst.[274] Zu beachten ist, dass die Namensfunktion Unterscheidungskraft voraussetzt. Sie fehlt daher bei Gattungsbezeichnungen, rein beschreibenden Wortbestandteilen, Worten der Umgangssprache und geographischen Herkunftsbezeichnungen.[275] Eine geographische Herkunftsbezeichnung kann zwar von jedermann verwendet werden, sofern seine Waren oder Dienstleistungen den entsprechenden regionalen Bezug aufweisen, als Name hingegen ist die Bezeichnung einer Stadt oder Region allein dieser selbst vorbehalten.[276] Um in den Fällen mangelnder Unterscheidungskraft Schutz zu erlangen, muss die Namensfunktion durch Anerkennung im Verkehr erworben worden sein.[277]

Für die Begründung des Namensschutzes von Abkürzungen soll nach Ansicht *Bückings* erforderlich sein, dass diese aussprechbar sind, da ihnen sonst die er-

---

272 Siehe hierzu unten B.V.3..

273 OLG München, CR 2002, 449, 450 – „literaturhaus.de"; LG Hamburg, CR 2001, 131; Hoffmann, MMR 2000, 105; Palandt/ Heinrichts, § 12 Rn.10.

274 OLG Köln, MMR 2001, 170 – „Maxem.de"; Ernst, MMR 2001, 368, 372.

275 LG Flensburg MMR 1999, 414, 415; Völker/Weidert, WRP 1997, 652, 656.

276 Vgl. ÖOGH, MMR 2002, 452, 455 – "Graz2003.at".

277 Vgl. OLG Stuttgart, NJW –RR 1998, 1341 – „steiff.com".

forderliche Unterscheidungskraft fehle.[278] Damit knüpft er an eine ältere Rechtsprechung des BGH an, wonach unaussprechbare Abkürzungen nicht ohne weiteres als Unternehmenszeichen wirkten, sondern im allgemeinen der Verkehrsdurchsetzung bedurften.[279] Gerade die Verwendung von Buchstabenfolgen zur namensmäßigen Kennung von Unternehmen ist aber heute üblich (z.B. AEG, BASF, RWE). Daher kann an dieser Rechtsprechung des BGH nicht mehr festgehalten werden. Auch unaussprechbare Kurzbezeichnungen der Firma müssen ohne Erlangung von Verkehrsgeltung vom Namensschutz erfasst sein.[280]

Ansonsten sind auch im Namensrecht die Besonderheiten des Internet insofern zu beachten, als dass bei der Verwendung von Internetdomains aufgrund ihrer Einmaligkeit gewisse Annäherungen zugelassen werden müssen.[281]

b. Schutzvoraussetzungen

§ 12 S. 1 BGB nennt als mögliche Verletzungstatbestände die Namensleugnung (§ 12 S. 1 1.Alt.) und die Namensanmaßung (§ 12 S.1 2. Alt.).

aa. Namensleugnung[282]

Eine Namensleugnung liegt vor, wenn das Recht zum Gebrauch des Namens eines anderen bestritten wird.[283] Das Bestreiten kann ausdrücklich oder konkludent erfolgen, es genügt ein dauerndes Benennen mit falschem Namen. Die Interessenverletzung liegt bereits in der Namensleugnung an sich; eine weitergehende Interessenverletzung ist nicht erforderlich.[284]

bb. Namensanmaßung

Im Wirtschaftsleben finden sich häufiger Namensverletzungen durch Namensanmaßungen als durch Namensleugnung. Eine Namensanmaßung ist gegeben, wenn unbefugt der Name eines anderen gebraucht und dadurch ein schutzwürdiges Interesse des Namensträgers verletzt wird.[285] Der Namensgebrauch muss aber so erfolgen, dass eine andere Person, deren Produkte oder Einrichtungen damit bezeichnet werden. Die Verwendung des Namens muss unbefugt sein, d.h., dass für die Namensanmaßung im Gegensatz zur Namensleugnung eine Verletzung der schutzwürdigen Interessen des Berechtigten erforderlich ist. Eine

---

[278] Bücking, Namens – und Kennzeichenrecht, S. 26.

[279] BGH GRUR, 1985, 461, 462 – „Gefa/Gewa".

[280] KG MMR 2000, 549, 550; OLG Köln, MMR 2000, 161, 162; LG Düsseldorf, CR 1998, 688, 690 – „JPNW"; zustimmend: Withöft, CR 1998, 690, 691.

[281] Kur, CR 1996, 590, 593; Ubber, WRP 1997, 497, 508.

[282] Die Namensleugnung wird teilweise auch als Namensbestreitung bezeichnet, vgl. etwa Ernst, NJW-CoR 1997, 426, 427.

[283] Ernst, NJW-CoR, 1997 426, 427.

[284] Palandt/Heinrichs, § 12 Rn. 18.

[285] Völker/Weidert, WRP 1997, 652, 656.

derartige Verletzung kann in der Gefahr einer Identitäts- oder Zuordnungsverwirrung (Verwechslungsgefahr) bestehen.[286] Letztere kann schon dann gegeben sein, wenn der Berechtigte mit Einrichtungen oder Erzeugnissen in Verbindung gebracht wird, mit denen er nichts zu tun hat. Dies ist beispielsweise der Fall, wenn der Eindruck entsteht, der Namensträger habe dem Benutzer das Recht zum Gebrauch des Namens als Domainname verliehen. Eine bloße Namensnennung genügt hingegen nicht.[287] Bei Gebrauch eines identischen Namens ist das Kriterium der Zuordnungsverwirrung regelmäßig erfüllt. Wird dieser aber im geschäftlichen Verkehr genutzt, so ist in Übereinstimmung mit den Voraussetzungen der §§ 14 Abs.2 Nr. 2, 15 Abs. 2 MarkenG zusätzlich erforderlich, dass zwischen dem Namensinhaber und dem potentiellen Verletzer Branchennähe besteht.[288]

Für die Reichweite der Interessenverletzung ist folglich zu unterscheiden, ob eine Nutzung des Namens im rein privaten oder im geschäftlichen Verkehr erfolgt. Außerhalb des Geschäftsverkehrs ist der Begriff des geschützten Interesses weit auszulegen; hier werden persönliche und ideelle Interessen, sogar das bloße Affektionsinteresse geschützt.[289] Der Namensschutz von Unternehmen hingegen reicht nicht so weit, ein „schutzwürdiges Interesse" i.S.d. § 12 BGB liegt nur dann vor, wenn es um die Verletzung geschäftlicher Interessen des Unternehmens geht. Bloße ideelle Interessen sind vom Schutz nicht erfasst.[290]

3. Namensmäßige Nutzung

a. Namensfunktion von Internetdomains

Die Frage, ob der Gebrauch eines Namens als Internetdomain eine namensmäßige Nutzung darstellt, deckt sich mit der Frage, ob Domains kennzeichenmäßig gebraucht werden können. Die hierzu erläuterten Ansichten und Ergebnisse sind daher auf die Verwendung des Namens zu übertragen.[291] Einzig das LG Köln entschied in drei Fällen, dass ein Namensgebrauch bei Domains nicht in Betracht komme. Zwar würden sie durchaus auch als Kennzeichnungselement verwendet und stünden oftmals im Zusammenhang mit Namen und Funktion des Benutzers, weshalb ein gut gewählter Domainname zweifelsfrei auf den Benutzer schließen lasse. Jedoch komme diese Namens – bzw. Kennzeichnungsfunktion weder durchgängig zur Anwendung, noch werde sie durch gesetzliche oder rechtsgeschäftliche Vorgaben gefordert. Daher seien Domains eher mit Telefon-

---

[286] Soergel/Heinrich, BGB, § 12 Rn. 174.

[287] LG Düsseldorf, MMR 1999, 369, 370 – „NAZAR"; Ernst, NJW CoR, 1997, 426, 427; Völker/Weidert, WRP 1997, 652, 657.

[288] LG München I, CR 1997, 479, 481 –„juris.de"; Völker/Weidert, WRP 1997, 652, 657; Schwarz/Poeck/Joos, Recht im Internet, Kap. 4-2.2, S. 52 f..

[289] OLG Köln, MMR 2001, 170, 171 – „Maxem.de".

[290] BGH GRUR 1976, 379, 381 – „KSB"; OLG Köln, NJW 1995, 1759, 1760.

[291] Vgl. oben B. I. 6.a..

nummern oder Postleitzahlen vergleichbar.[292] Nach h.M. kann aber die Nutzung des Namens als Domain eine namensmäßige Nutzung darstellen.[293]

b. Namensleugnung oder Namensanmaßung

Nach wie vor herrscht in Rechtsprechung und Literatur Uneinigkeit über die Frage, ob die Nutzung eines fremden Namens als Internetdomain eine Namensleugnung oder Namensanmaßung darstellt.

aa. Namensanmaßung, § 12 S. 1, 2. Alt. BGB

Der BGH hat in der Entscheidung „shell.de" die Auffassung vertreten, dass in der Registrierung eines fremden Kennzeichens nie eine Namensleugnung, sondern stets eine Namensanmaßung zu sehen sei. Eine Namensleugnung setze immer das Bestreiten des Namensführungsrechts des Dritten voraus. In der Registrierung einer Domain könne aber ein solches Bestreiten nicht gesehen werden.[294]

bb. Namensleugnung, § 12 S. 1, 1.Alt. BGB

Es erscheint jedoch nicht abwegig, in der Registrierung eines Namens als Domain eine Namensleugnung mittelbarer Art zu sehen, sofern ein Dritter zur Namensführung berechtigt ist. Der Berechtigte kann aufgrund der Einmaligkeit der Internetadressen seinen Namen nun nicht mehr, bzw. nur noch in abgewandelter Form im Internet nutzen. Die Frage ist, ob dies für die Annahme einer Namensleugnung ausreicht. Für das Vorliegen einer solchen genügt zwar schon ein konkludentes Verhalten, wodurch das Namensrecht eines anderen ernsthaft in Frage gestellt wird[295], jedoch sind auch die Besonderheiten des eindimensionalen Namensraumes im Internet zu beachten. Ob in der Domainanmeldung die konkludente Erklärung liegt, der Verfahrensgegner sei nicht zu einem entsprechenden Gebrauch des Namens berechtigt, könnte bezweifelt werden. Die Beispiele zur Namensleugnung in der Literatur umfassen fast ausschließlich Fälle des Versagens eines Namens oder das konstante Falschbenennen anderer. Hier aber bleibt dem Kennzeicheninhaber immerhin die Nutzung des Namens außerhalb des Internet weiterhin möglich; es wird ihm nur die Chance genommen, unter

---

[292] LG Köln, CR 1997, 291 – „pulheim.de"; LG Köln, BB 1997, 1121 – „kerpen.de"; LG Köln, CR 1997, 377 – „hürth.de".

[293] LG Frankfurt/M., CR 1997, 287 –„DAS"; LG Düsseldorf, MMR 1999, 369, 370 – „NAZAR"; OLG Düsseldorf, WRP 1999, 343, 346 – „ufa.de"; LG Köln, MMR 2000, 437, 438 – „Maxem.de"; LG Duisburg, MMR 2000, 168, 169; Völker/Weidert, WRP 1997, 652, 656; Ubber, WRP 1997, 497, 507; Bücking, MMR 2000, 656; Bottenschein, MMR 2001, 286, 287; Ernst, NJW-CoR 1997,
426, 427 .

[294] BGH, CR 2002, 525, 527 – "shell.de"; so auch OLG Koblenz, MMR 2002, 466 – „vallendar.de".

[295] Ubber, WRP 1997, 497, 507; Ernst, NJW-CoR 1997, 426, 427.

seinem Namen im Internet aufzutreten.[296] Es darf jedoch nicht übersehen werden, dass das Recht zur Namensführung alle Wirtschaftsbereiche, mithin gerade auch das sehr werbewirksame Internet, umfasst. Daher wird vertreten, die Namensleugnung sei bereits darin zu sehen, dass der Domaininhaber bei der Anmeldung der Domain gegenüber der DENIC eG ihren Vergaberichtlinien entsprechend erkläre, er sei zur Nutzung, und zwar auch zu konkret dieser Nutzung des Namens als Internetdomain berechtigt und verletze damit keine Rechte Dritter.[297] In der Nutzung einer Domain liegt nach dieser Ansicht stets eine Namensleugnung.[298]

cc. Vermittelnde Ansicht

Überzeugend argumentiert *Wegner*, der zwischen Fällen der Domain-Erpressung und denen der redlichen Domainanmeldung unterscheidet. Während in ersteren eine Namensleugnung ohne weiteres bejaht werden könne, scheide dies beim redlichen Anmelder schon vom Wortverständnis des Begriffs der „Namensleugnung" her aus. Der redliche Domainanmelder bestreite durch die Anmeldung nicht das Namensrecht des anderen, ihm liege einzig daran, seinen eigenen Namen oder Abkürzungen desselben im Internet zu benutzen. Dazu sei er grundsätzlich berechtigt und könne sich auch für berechtigt halten, so dass in diesen Fällen keine konkludente Namensleugnung gegenüber der DENIC eG vorliege. Die Tatsache, dass der Name nicht ein weiteres Mal als Domain vergeben werden könne, liege an den technischen Gegebenheiten des Internet, diese muss der Anmelder aber als gegeben hinnehmen.[299]

c. Registrierung als Verletzungstatbestand

Die Problematik basiert auf der Rechtslage, wonach bis zum 31.01.1997 die Reservierung einer Domain bei der DENIC möglich war. Die Möglichkeit der Reservierung besteht zwar heute nicht mehr, das Problem hat sich aber hierdurch nur auf die Frage verlagert, ob in der bloßen Registrierung einer Domain ohne Einrichtung einer Web-Site bereits eine den Namen verletzende Nutzung zu sehen ist.

---

[296] Ernst, NJW-CoR, 1997, 426, 427.
[297] Ubber, WRP 1997, 497, 507; Racz, Second-Level-Domains, S. 159.
[298] Racz, Second-Level-Domains, S.159; Ernst, NJW –CoR 1997, 426, 427; a.A.: Völker/Weidert, WRP 1997, 652, 657, wonach ein namensmäßiger Gebrauch, also eine Namensanmaßung vorliegt, wenn ein Name als Bestandteil einer Internet-Adresse gebraucht wird.
[299] Wegner, CR 1999, 250, 253.

aa. Anspruch gem. § 12 S.2 BGB

Nach Ansicht des BGH ist in der Registrierung einer Domain keine Namensleugnung zu sehen.[300] Auch eine Namensanmaßung kommt allein in Hinblick auf die bloße Registrierung der Domain nicht in Betracht, da sie einen Gebrauch des Namens derart voraussetzt, dass die Produkte einer anderen Person damit bezeichnet werden. In Konsequenz daraus ergibt sich, dass der BGH in Fällen der bloßen Registrierung der Domain keinen Anspruch aus § 12 S.1 BGB gewährt. Er geht aber von einer Erstbegehungsgefahr für den Kennzeicheninhaber aus und spricht diesem den Unterlassungsanspruch des § 12 S. 2 BGB zu.[301]

Diese Ansicht wurde schon zuvor in der Rechtsprechung vertreten. Auch nach Auffassung des LG Düsseldorf soll in der rein spekulativen Registrierung einer Domain kein Namensgebrauch gem. § 12 BGB liegen, da dem Internet-User noch kein Angebot auf der Homepage zugänglich gemacht werde. Wer eine Domain nicht zur Bezeichnung einer Web-Site einsetze, nehme sie noch nicht in Gebrauch.[302] Jedoch sei dem Domainanmelder eine Nutzungsabsicht zu unterstellen. Damit läge schon in der Registrierung, nicht erst im Gebrauch der Domain der anspruchsbegründende Störungszustand, der einen Anspruch aufgrund von Erstbegehungsgefahr begründe.[303]

bb. Anspruch gem. § 12 S.1, 1.Alt.BGB

Das LG Frankfurt/M. ist hingegen der Auffassung, dass in jeder Registrierung einer Domain zugleich die Bestreitung des Namensführungs – und Namensnutzungsrechtes durch Dritte gesehen wird, gefolgt. Es führt aus, dass derjenige, der eine Domain mit dem Namen eines anderen registriere, dessen Recht zur Nutzung des Namens bestreite.[304] Das Bestreiten soll sich schon daraus ergeben, dass dem Berechtigten der Zugang zum Internet unter dieser Bezeichnung nicht mehr möglich sei.[305] Es werde auch nicht dadurch ausgeschlossen, dass der Namensträger eine Domain mit einem anderen Zusatz wählen könnte.[306] Im Ergebnis liegt nach dieser Auffassung daher in der Registrierung der Domain eine Namensleugnung, so dass sich ein Anspruch auf Unterlassung aus § 12 S. 1 1.Alt. BGB ergibt.

---

[300] BGH, CR 2002, 525, 527 –"shell.de".
[301] BGH, CR 2002, 525, 527 – „shell.de".
[302] LG Düsseldorf, GRUR 1998, 159, 161 – „epson.de".
[303] So nach LG Lüneburg, CR 1997, 288, 289 – „celle.de"; LG Düsseldorf, GRUR 1998, 159, 161 – „epson.de" jetzt auch der BGH, CR 2002, 525, 526 – „shell.de".
[304] LG Frankfurt/M. BB 1997, 1120 – „das.de".
[305] OLG Düsseldorf, WRP 1999, 343, 346 – „ufa.de"; Völker/Weidert, WRP 1997, 652, 657; Schönberger, GRUR 2002, 478, 483.
[306] LG Frankfurt/M. BB 1997, 1120 – „das.de".

cc. Vermittelnde Ansicht

In Konsequenz zu den obigen Ausführungen zur Beurteilung der Nutzung eines fremden Namens als Domain muss auch hier wieder zwischen dem redlichen und dem unredlichen Domainanmelder unterschieden werden. In der Registrierung eines fremden Namens als Domain liegt stets eine Erstbegehungsgefahr begründet, so dass sich hieraus ein Unterlassungsanspruch gem. § 12 S. 2 BGB ergibt. Handelt der Domainanmelder zudem unredlich, ist darüber hinaus auch eine Namensleugnung gegenüber der DENIC eG gegeben, worauf ein Anspruch gem. § 12 S.1 1.Alt. BGB gestützt werden kann.

4. Reputationsschutz berühmter Unternehmenszeichen

In § 12 BGB ist auch der Reputationsschutz berühmter Unternehmenszeichen verankert. Dieser ist abhängig von der in der Bevölkerung erlangten Verkehrsgeltung des Zeichens. Hat das Zeichen erst einmal eine überragende Verkehrsgeltung erlangt, kann sich dessen Inhaber gegen jede verwässernde Form des Gebrauchs des Zeichens durch einen Dritten wehren.[307]

Vereinzelt wird angenommen, dass dem Berühmtheitsschutz des § 12 BGB nach der Aufnahme des Bekanntheitsschutzes in die §§ 14 Abs. 2 Nr. 3, 15 Abs. 3 MarkenG dann kein eigener Anwendungsbereich mehr verbleibe, wenn die Benutzung im geschäftlichen Verkehr stattfindet. Durch diese Normen sei eine gesetzliche Wertung geschaffen worden, die nicht durch einen weitergehenden Rechtsschutz des § 12 BGB unterlaufen werden dürfe.[308]Auch wenn keine feste prozentuale Grenze für die Bestimmung einer bekannten oder berühmten Marke vorliegt, so ist aber dennoch zwischen diesen zu unterschieden. Die §§ 14, 15 MarkenG erfassen nämlich den Schutz von „nur“ bekannten Kennzeichen. Ein Kennzeichen gilt bereits als bekannt, wenn es eine Verkehrsbekanntheit von ca. 30 –40 % erreicht hat.[309] Zusätzliches Erfordernis für einen Schutz nach dem MarkenG ist zudem, dass das Zeichen in unlauterer Weise genutzt wird.

Für die Annahme der Berühmtheit eines Zeichens wurden bisher sehr hohe Anforderungen gestellt; gemeinhin wurde das Vorliegen einer überragenden Verkehrsgeltung in Form eines Bekanntheitsgrades von über 80 % in der Gesamtbevölkerung gefordert.[310] Ist diese Anforderung auch recht hoch, so sind dafür die berühmten Kennzeichen auch nicht nur gegen unlautere, sondern gegen nahezu jegliche Verwendung ihres Zeichens durch Dritte geschützt. So gewährte

---

[307] Schon das Reichsgericht gewährte dem Inhaber der Bezeichnung „Salamander“ Verwässerungsschutz gegen die Verwendung des Zeichens als Füllfederhalter, RGZ 115, 401 –„Salamander II“.

[308] OLG Frankfurt, WRP 2000, 772, 774 – „alcon.de“; Schwarz/Poeck/Joos, Recht im Internet, Kap. 4-2.2, S. 55.

[309] LG Hamburg, MMR 2000, 620, 621 – „joop.de“.

[310] BGH GRUR 1991, 863, 866 – „Avon“.

beispielsweise das OLG Hamm in der Entscheidung „krupp.de“ einen Anspruch gem. § 12 BGB, obwohl der Beklagte gleichfalls Namensrechte an der Domain vorweisen konnte, eine unlautere Nutzung also nicht vorlag. Das Firmenschlagwort „Krupp“ war aber nach Ansicht des Gerichts aufgrund seiner überragenden Verkehrsgeltung nicht nur gegen Verwechslungs-, sondern auch gegen Verwässerungsgefahr geschützt.[311] Ähnlich entschied das LG Hamburg in „joop.de“. Es argumentierte mit den Interessen der Allgemeinheit: „Auf Grund der Verkehrsgeltung der Kl. erwartet der Internetnutzer, bei Eingabe der Adresse www.joop.de die Homepage der Kl. vorzufinden. Diese Erwartung wird aber enttäuscht, sobald die Homepage der (Bekl. Zu 3) auf dem Bildschirm erscheint.“[312]

§ 12 BGB kommt somit auch weiterhin für den Schutz berühmter Kennzeichen ein eigener Anwendungsbereich zu. Erreicht ein Kennzeichen aber nicht den für den für § 12 BGB erforderlichen Bekanntheitsgrad, kann ein Schutz nur nach dem MarkenG unter der zusätzlichen Voraussetzung der Unlauterkeit gewährt werden.[313] Um eine Aushöhlung der markenrechtlichen Regeln zu vermeiden kann ein lauterkeitsunabhängiger Reputationsschutz gem. § 12 BGB also nur in den Fällen gewährt werden, wo – auch ohne feste Grenzwerte – eine eindeutige Abgrenzung zwischen einem berühmten zu einem „nur“ bekannten Kennzeichen, etwa durch Alleinstellung, festgestellt werden kann.

5. Städte und Kommunen

Auch Gebietskörperschaften sind als juristische Personen des öffentlichen Rechts grundsätzlich vom Namensschutz gem. § 12 BGB erfasst.[314] Ein Unterlassungsanspruch kann ihnen zustehen, wenn ein Dritter vom Namen der Stadt i.S.v. § 12 BGB Gebrauch macht. Dieser Anspruch ist für sie auch von besonderem Interesse, da ihnen Ansprüche gem. §§ 14, 15 MarkenG mangels schutzfähiger Marke oder Unternehmenskennzeichen ebenso wie die wettbewerbsrechtlichen Normen nicht zur Verfügung stehen.[315]

In der ersten gerichtlichen Entscheidung zu Domainnamen in Deutschland war Kläger nicht ein Unternehmen, sondern die Stadt Heidelberg. 1995 wurde die Domain „heidelberg.de“ zugunsten eines im Raum Heidelberg ansässigen Unternehmens registriert, welches beabsichtigte, ein Informationssystem über die

---

[311] OLG Hamm, CR 1998, 241, 242 – „krupp.de“.
[312] LG Hamburg, MMR 2000, 620, 622 - „joop.de“.
[313] Bottenschein, MMR 2001, 286, 291 .
[314] BGHZ 124, 173, 178; LG Braunschweig, NJW 1997, 2687 – „braunschweig.de“; Eckhardt, CR 2002, 538; vom Namensschutz erfasst sind damit auch die Namen bloßer Stadtteile, Wessing, CR 2002, 538.
[315] Für juristische Personen des öffentlichen Rechts finden die wettbewerbsrechtlichen Regeln insoweit keine Anwendung, da sie sich nicht auf die Geltendmachung kommerzieller Interessen berufen können.

Region Rhein – Neckar anzubieten. Die Stadt Heidelberg erhob Anspruch auf die Domain, den sie vor dem LG Mannheim durchsetzte.[316] Das LG nahm eine unbefugte Namensanmaßung durch das Unternehmen an, da ein nicht unerheblicher Teil der Internet-User die Domain mit der Stadt Heidelberg in Verbindung bringen werde und unter ihr nicht nur Informationen über die Stadt, sondern gerade von der Stadt selbst erwarte.[317] In der Folgezeit ergingen viele gleichlautende Urteile.[318]

Allerdings ist zu beachten, dass der Name einer Stadt oder eines Gebiets oftmals als bloßer Hinweis auf ein geographisch abgegrenztes Gebiet gesehen wird. Gem. §§ 126 ff. MarkenG kann grundsätzlich jedes Unternehmen den Namen des Ortes als geographische Herkunftsangabe verwenden. Ein Monopol für Städte oder Gemeinden zur alleinigen Nutzung ihres Namens besteht also nicht.[319] Insbesondere kann der Namensschutz nicht von jeder kleinen, noch so unbekannten Gemeinde in Anspruch genommen werden.[320] Weist der Inhalt der Web-Site keinen Bezug zu der gleichnamigen Gemeinde auf, so wird es kaum zu einer Zuordnungsverwirrung kommen. Hinzu kommt, dass es häufig zahlreiche Kommunen innerhalb Deutschlands gibt, die denselben Namen tragen. In dieser Situation kann nicht die Verbrauchererwartung festgestellt werden, jeweils Informationen eines bestimmten Anbieters zu erhalten. Der User wird dann die gewünschte Gemeinde über eine Suchmaschine ausfindig machen.[321]

Insbesondere, wenn sich der Domaininhaber auf eigene Namensrechte berufen kann, wird Gemeinden oder Städten nicht mehr generell das bessere Recht an der Domain zugesprochen.[322] Der Namensschutz steht hauptsächlich bekannten oder berühmten Städten zu. Jedoch kann der Schutz auch nicht, so wie es *Bottenschein*[323] vertritt, nur für berühmte Städtenamen mit überragender Verkehrsgeltung Anwendung finden. Diese Voraussetzung wäre zu streng und würde zudem zu umständlichen Beweisfragen in etwaigen Prozessen führen.[324]

Fraglich ist, ob eine besondere Beurteilung geboten ist, wenn der Name der Stadt unter einer „.com“ Domain genutzt wird. Das LG Lüneburg versagte in

---

316 LG Mannheim, NJW 1996, 2736 = CR 1996, 353 – „heidelberg.de“.
317 LG Mannheim, NJW 1996, 2736, 2737 – „heidelberg.de“.
318 OLG Karlsruhe, MMR 1999, 604 – „badwildbad.com“; LG Lüneburg, CR 1997, 288 – „celle.de“; LG Braunschweig, NJW 1997, 2687 – „braunschweig.de“; LG Ansbach, NJW 1997, 2688 – „ansbach.de“; OLG Köln, CR 1999, 385 – „herzogenrath.de“.
319 OLG Düsseldorf, CR 2002, 447, 448 – „duisburg-info.de“.
320 LG Flensburg, CR 2002, 537 – „sandwig.de“; LG Erfurt, CR 2002, 302 – „suhl.de“.
321 OLG München, CR 2002, 56, 57 – „boos.de“.
322 LG Augsburg, MMR 2001, 243 – „boos.de“.
323 Bottenschein, MMR 2001, 286, 291.
324 Schwarz/Poeck/Joos, Recht im Internet, Kap. 4-2.2, S.64.

dem Urteil „celle.com“[325] einem Unternehmen die Nutzung dieser Domain, da es hierein eine Verletzung des Namensrechts der Stadt sah. Ähnlich entschied auch das OLG Karlsruhe. In „badwildbad.com“[326] führte es zum einen aus, dass der Bestandteil „.com“ nicht über namensmäßige Kennzeichnungskraft verfüge und damit gegenüber dem Bestandteil „badwildbad“ in seiner Bedeutung für den Gesamteindruck völlig zurücktrete. Vor allem könne dem auch nicht entgegengehalten werden, dass „.com“ auf einen kommerziellen Anbieter hinweise. Es sei nicht davon auszugehen, dass jedem Internet-User bekannt sei, dass dieses Kürzel hauptsächlich von kommerziell handelnden Unternehmen genutzt werde. Zudem wären auch nicht kommerzielle juristische Personen in der Lage, Informationen unter „.com“ Domains anzubieten.[327]
Das OLG Karlsruhe verkennt aber, dass „.com“ - Adressen typischerweise durch Unternehmen genutzt werden. Das Kürzel „.com“ steht dabei für „commercial“. Entgegen der Auffassung des Gerichts kann nicht angenommen werden, dass diese Bedeutung einer Vielzahl der Internet-User unbekannt sei. In jedem Einführungsbuch zum Internet wird auf die Bedeutung der einzelnen Kennungen hingewiesen. Städten steht daher ein schutzwürdiges Interesse an der Nutzung einer entsprechenden „.com“ Domain grundsätzlich nicht zu, da eine Verwechslungsgefahr oder eine Zuordnungsverwirrung in der Regel nicht zu erwarten ist.[328] Unter der Domain „.com“ wird im allgemeinen gerade keine Information der Stadt, sondern allenfalls eine solche mit kommerziellem Hintergrund über die Gebietskörperschaft erwartet. In diesen Fällen fehlt es an der Zuordnungsverwirrung.[329] Der Internet –User wird in den meisten Fällen versuchen, die Homepage der Stadt über die „.de“ Domain zu erreichen.

Darüber hinaus werden die „.com“ –Adressen von der InterNIC vergeben. Da die Wirkung des § 12 BGB aber nur im innerdeutschen Raum gilt, wäre es bedenklich, den Namensschutz deutscher Gebietskörperschaften auch auf die Endungen „.com“, „.firm“ etc. zu erweitern.[330] So ging auch die Stadt Heidelberg nur gegen die Nutzung ihres Namens unter der Domain „.de“ vor. „Heidelberg.edu“ wurde hingegen von einem Heidelberger College und „heidelberg.com“ von einer Firma in den USA genutzt, ohne dass es hierüber zu Streitigkeiten kam.

---

325 LG Lüneburg, CR 1997, 288 – „celle.com“.
326 OLG Karlsruhe, MMR 1999, 604 – „badwildbad.com“.
327 OLG Karlsruhe, MMR 1999, 604, 605 – „badwildbad.com“.
328 Wegner, CR 1999, 250, 252.
329 Bücking, Namens – und Kennzeichenrecht, S. 49.
330 Hoeren, EwiR 1999, 983, 984.

6. Recht der Gleichnamigen

a. Recht zur Namensnutzung

Die Nutzung eines bestimmten Namens im Internet löst nur dann namensrechtliche Ansprüche aus, wenn sie unbefugt erfolgt. Da jedermann berechtigt ist, seinen eigenen Namen in lauterer Weise im gesamten wirtschaftlichen Verkehr zu nutzen, stellt sich die Frage, ob ein in lauterer Weise aus dem eigenen Namen abgeleiteter Domainname benutzt werden darf, wenn er mit einer anderen Bezeichnung kollidiert. In der Literatur wird zur Klärung dieser Frage vereinzelt § 23 Nr. 1 MarkenG herangezogen.[331] Danach stünden stets demjenigen, welcher die Domain zuerst für sich hat registrieren lassen, die besseren Rechte zu. Er könnte sich auch gegen den Inhaber eines prioritätsälteren Zeichens durchsetzen, sofern dieses noch nicht als Domain registriert ist. Diese Ansicht lässt aber außer acht, dass es sich beim Internet nicht um eine zeichenrechtsfreie Sphäre handelt. Das Namensrecht wird nicht originär durch die DENIC eG zugeteilt. Das Prioritätsprinzip liegt dem gesamten Kennzeichenrecht zugrunde. Die Kennzeichenrechte in Bezug auf Internetdomains waren folglich bereits verteilt, bevor überhaupt der erste Domainname zugewiesen wurde. Daher ist für die Feststellung der Priorität nicht die Registrierung eines Domainnamens durch die DENIC eG entscheidend, vielmehr ist auf die Entstehung des Kennzeichenrechtes außerhalb des Internet abzustellen. Das von den Vergabestellen zugrundegelegte Prioritätsprinzip hat keinerlei zeichenrechtlichen Zuweisungsgehalt.[332] Die zeitlich frühere Registrierung der Domain führt folglich nicht zu einer kennzeichenrechtlich geschützten Rechtsposition gegenüber Dritten, die ebenso oder besser legitimiert sind.

Grundsätzlich stehen sich Namensgleiche gleichrangig gegenüber.[333] Die Fälle der lauteren Nutzung eines Namens durch Namensgleiche sind nur gerecht zu lösen, wenn Einschränkungen des Prioritätsgrundsatzes hingenommen werden. Diese können darin liegen, dass dem prioritätsjüngeren Namensträger die Führung des Namens nicht verwehrt werden kann, sofern ihm ein Namensführungsrecht zusteht, er ein „schutzwürdiges Interesse" an der Namensführung hat und im Rahmen des ihm Zumutbaren „das Geeignete und Erforderliche tut, um einer Verwechslung nach Möglichkeit zu begegnen".[334]

b. Interessenausgleich zwischen Namensgleichen

Bei Namensübereinstimmungen im Rahmen der Nutzung von Domainnamen hat ein Interessenausgleich zwischen den Namensgleichen stattzufinden.

---

[331] Ubber, WRP 1997, 497, 506.

[332] Wagner, ZHR, 1998, 701, 710.

[333] OLG Köln, MMR 2002, 476, 478 – „guenter-jauch.de"; LG Paderborn, MMR 2000, 49, 50.

[334] So schon BGH in GRUR 1966, 623, 625 – „Kupferberg".

Um Konflikte Namensgleicher zu vermeiden, können beide Seiten gezwungen sein, ihrem Namen unterscheidungskräftige Zusätze beizufügen. In der Regel wird es dem prioritätsjüngeren Namensinhaber obliegen, die Zusätze anzubringen.[335] Im Rahmen der Interessenabwägung wird dann geprüft, welche Zusätze ihm zumutbar sind. So können Privatpersonen gehalten sein, einer ihren Familiennamen enthaltenden Domain ihren Vornamen hinzuzufügen. Die Zumutbarkeit des unterscheidungskräftigen Zusatzes wird in diesen Fällen damit begründet, dass der Benutzerkreis, der die Privatperson unter der Domain erreichen will im allgemeinen klein sei und somit ohne größeren Aufwand über eine Änderung der Domain unterrichtet werden könne.[336] Unternehmen kann es zugemutet werden, ihre Domain um weitere Firmenbestandteile oder Hinweise auf die Rechtsform zu ergänzen.[337] Städte können zur Aufnahme des Zusatzes „Stadt" verpflichtet sein, wenn der Stadtname bereits von einer Person gleichen Namens als Domain belegt ist.[338] Durch diese Zusätze muss die Verwechslungsgefahr nicht vollständig behoben werden. Eine Restverwechslungsgefahr ist hinzunehmen, wenn sie durch die Namenszusätze nicht ausgeräumt werden kann.[339]

In besonderen Fällen kann auch der prioritätsältere Namensträger zur Verringerung der Verwechslungsgefahr verpflichtet sein, etwa wenn es sich bei der prioritätsjüngeren Bezeichnung um ein berühmtes Kennzeichen handelt. Durch die Registrierung der Domain werden die geschäftlichen Interessen des berühmten Unternehmens selbst dann behindert, wenn der Namensgleiche sie nur zu privaten Zwecken verwendet. Im Rahmen der vorzunehmenden Interessenabwägung gebührt dem berühmten Unternehmen der Vorrang, der gleichnamige Namensträger muss daher seiner Domain unterscheidungskräftige Zusätze beifügen. Tut er dies nicht, steht dem berühmten Unternehmen ein Freigabeanspruch hinsichtlich der Domain zu.[340] Der prioritätsältere Kennzeicheninhaber kann auch dann zur Aufnahme eines unterscheidungskräftigen Zusatzes in seine Domain verpflichtet sein, wenn eine Ausdehnung seines Geschäftsbereichs eine bis dahin nicht gegebene Verwechslungsgefahr zum Prioritätsjüngeren hervorruft. Sind nämlich zwei Unternehmen gleichermaßen berechtigt, ein bestimmtes Unternehmenskennzeichen zu führen, so dürfen die Unternehmen die zwischen ihnen bestehende Gleichgewichtslage nicht verändern.[341] Schon im Jahre 1952 entschied der BGH, dass es bei verwechslungsfähigen Firmen, die über eine ge-

---

[335] OLG Hamm, CR 1998, 241, 242 – „krupp.de".
[336] BGH, CR 2002, 525, 528 – „shell.de".
[337] Ubber, WRP 1997, 497, 508.
[338] LG Köln, BB 1997, 1121 –„kerpen.de"
[339] LG Düsseldorf, NJW-RR 1999, 841 – „alltours".
[340] OLG Hamm, CR 1998, 241, 243 - „krupp.de"; OLG München, CR 1999, 382 - „shell.de"; Bettinger, CR 1998, 243, 244.
[341] Fezer, Markenrecht, § 15 Rn. 102; Baumbach/Hefermehl, Wettbewerbsrecht, Allg. Rn. 246a; Scholz GRUR 1996, 679, 686.

raume Zeit problemlos nebeneinander existiert hätten, nicht nur auf die zeitliche Priorität ankomme. Vielmehr müsse derjenige, der durch eine Veränderung seines Geschäftsbetriebes die Verwechslungsgefahr herbeiführe, durch das Anbringen von unterscheidungskräftigen Zusätzen die Verwechslungsgefahr beseitigen.[342] Diese Rechtsprechung wurde in weiteren Entscheidungen gefestigt.[343] Sofern also der prioritätsältere Zeicheninhaber durch eine Ausdehnung seines Geschäftsbereiches eine derartige Annäherung zum Prioritätsjüngeren herbeiführt, dass hierdurch eine Verwechslungsgefahr hervorgerufen wird, ist er zur Beseitigung dieser durch Hinzufügen unterscheidungskräftiger Zusätze an seine Domain verpflichtet, da er derjenige ist, der störend in den Wettbewerb mit seinem Konkurrenten eingreift.

7. Rechtsverfolgung

Da die Ansprüche aus § 12 BGB ebenso wie die markenrechtlichen Ansprüche auf Unterlassung der Verletzungshandlung gehen, stellt sich auch hier die Frage, ob ein Freigabe- oder Übertragungsanspruch besteht. Hierzu kann auf die Ausführungen zur Rechtsverfolgung im Rahmen der Prüfung der markenrechtlichen Ansprüche verwiesen werden.

III. Schutz gem. § 37 HGB

§ 37 HGB ist lex specialis zu § 12 BGB. Der Anspruch ist insofern stärker, als dass für Firmen gem. § 17 HGB eine Pflicht zur Führung einer Firma besteht und dieser Name gem. § 29 HGB ins Handelsregister einzutragen ist. § 37 Abs. 2 HGB gewährt bei unbefugtem Gebrauch der Firma eines anderen dann unter den gleichen Voraussetzungen wie im allgemeinen Namensschutz Unterlassungsansprüche, die sich jedoch wiederum nur gegen die explizite Benutzung der Bezeichnung als Firmenname richten können.[344] Die Norm ist allerdings von geringer Bedeutung, da gem. §§ 37 Abs. 2, 37 Abs. 1, 30 Abs. 1 HGB Anspruchsvoraussetzung ist, dass Verletzer und Firmeninhaber am gleichen Ort ansässig sein müssen.[345] Dies ergibt sich daraus, dass der Anspruch nur den Firmen zusteht, die ins Handelsregister eingetragen sind. Das Handelsregister ist aber auf eines bestimmtes lokales Gebiet begrenzt. So können Unternehmen mit dem gleichen Firmennamen, welche in verschiedenen Städten ansässig sind, nicht gegeneinander vorgehen. Damit erlangt § 37 Abs. 2 HGB in Hinsicht auf durch das Internet weltweit tätige Unternehmen in den seltensten Fällen Bedeutung. Auf die mit der Rechtsverfolgung zusammenhängenden Fragen ist auch hier auf die Ausführungen zum Markenrecht zu verweisen.

---

[342] BGH GRUR 1953, 252, 254 – „Weyland&Hoever".
[343] BGH GRUR 1958, 90, 92 – „Hähnel"; BGH GRUR 1960, 33, 36 – „Zamek".
[344] Ubber, WRP 1997, 497, 506.
[345] Wegner, CR 1999, 250, 254.

IV. Ansprüche aus dem UWG

1. Anwendbarkeit des Wettbewerbsrechts

Neben markenrechtlichen und namensrechtlichen Ansprüchen könnten Unterlassungs- und Schadensersatzansprüche des Kennzeicheninhabers auch nach den wettbewerbsrechtlichen Regeln des UWG in Betracht kommen. § 2 MarkenG schließt grundsätzlich den Schutz von Marken, geschäftlichen Bezeichnungen und geographischen Herkunftsangaben durch die Anwendung anderer Gesetze nicht aus. Das MarkenG stellt letztlich einen Teil des Wettbewerbsrechts im weiteren Sinne dar.[346] Damit kann in Ausnahmefällen auf das UWG zurückgegriffen werden, grundsätzlich gehen die Regelungen des Markengesetzes diesem aber als leges speciales vor.[347] Die Frage ist, inwieweit die wettbewerbsrechtlichen Normen ergänzend zu den markenrechtlichen Ansprüchen oder anstelle dieser Anwendung finden können.

Für den Schutz bekannter Marken hat der BGH in der Entscheidung „MAC Dog"[348] ausdrücklich festgestellt, dass § 14 Abs. 2 Nr. 3 MarkenG eine umfassende spezialgesetzliche Regelung darstellt und daher für die von der Rechtsprechung zu § 1 UWG oder § 823 BGB entwickelten Grundsätze insoweit kein Raum mehr bleibt. Fälle der Rufausbeutung und Verwässerungsgefahr bekannter Marken, welche früher von § 1 UWG erfasst wurden, werden heute nur noch über das MarkenG gelöst, sofern die Marke erst nach dem 1.1.1995, also nach Inkrafttreten des neuen MarkenG, Schutz erlangt hat. Auch die Regelungen des MarkenG für den Schutz bekannter geschäftlicher Bezeichnungen lassen für eine Anwendung des UWG grundsätzlich keinen Raum mehr.[349] Zugleich formuliert der BGH aber, „§ 1 UWG könne für einen ergänzenden Schutz herangezogen werden, wenn der Schutz nach dem MarkenG versage".[350] Diese Formulierung kann nur dahingehend interpretiert werden, dass die Regelungen des MarkenG abschließend sind, soweit es um einen Schutz gegen Verwechslungsgefahr oder die unlautere Ausnutzung der Bekanntheit einer Marke geht. Außerhalb dieses Anwendungsbereichs muss aber ein Rückgriff auf die Normen des UWG möglich sein.[351] Die Regelungen des UWG setzen dann das Vorliegen zusätzlicher unlauterer Umstände, wie beispielsweise eine wettbewerbswidrige Behinderung (§ 1 UWG) oder eine unzulässige Irreführung (§ 3 UWG) voraus.

Eine unlautere Behinderung könnte in der Nutzung sog. Sperrdomains und im Domain-Grabbing liegen. In der Verwendung von Gattungsbezeichnungen als

---

[346] Ingerl/Rohnke, MarkenG, § 14 Rn. 463.

[347] OLG München, MMR 2000, 100, 101 – „buecherde.com"; OLG Frankfurt, WRP 2000, 772, 774 – „alcon.de"; Helm, GRUR 2001, 291.

[348] BGH GRUR 1999, 161 – „MAC Dog".

[349] BGH GRUR 1999, 161, 162 – „MAC Dog".

[350] BGH GRUR 1999, 161, 162 – „MAC Dog".

[351] So auch die h. L.: Helm, GRUR 2001, 291, 293; Althammer/Ströbele/Klaka, UWG § 2 Rn. 3; Foerstl, CR 2002, 518, 519; Bücking, Namens – und Kennzeichenrecht, S. 110.

Domainname könnte eine unzulässige Irreführung des Nutzers über eine vermeintliche Allein – oder Spitzenstellung in dem durch die Domain bezeichneten Bereich liegen. In diesen Fällen ist die Anwendbarkeit des UWG jedenfalls gegeben, sofern es sich nicht um die Beeinträchtigung bekannter oder berühmter Marken handelt.

2. Handeln im geschäftlichen Verkehr

Die Anwendbarkeit der §§ 1, 3 UWG setzt voraus, dass der potentielle Verletzer im geschäftlichen Verkehr handelt. Geschäftlich ist jede Tätigkeit, die der Förderung eines beliebigen wirtschaftlichen Geschäftszweckes dient.[352] Es kommt auf eine erkennbar nach außen tretende Zielrichtung des Handelnden an. Dient das Verhalten nicht der Förderung der eigenen oder auch einer fremden erwerbswirtschaftlichen oder sonstigen beruflichen Tätigkeit, scheidet ein Handeln im geschäftlichen Verkehr aus.[353] Nicht vom Begriff des Handelns im geschäftlichen Verkehr erfasst ist damit rein privates Handeln, innerbetriebliches Handeln sowie die Wahrnehmung hoheitlicher Aufgaben durch den Staat.[354]

3. Handeln zu Zwecken des Wettbewerbs

Neben einem geschäftlichen Handeln setzen die §§ 1, 3 UWG ein Handeln zu Zwecken des Wettbewerbs voraus. Nicht in jedem geschäftlichen Handeln eines Gewerbetreibenden liegt zugleich auch eine wettbewerbliche Handlung. Erforderlich ist vielmehr, dass sich das Handeln auf gegenwärtige oder potentielle Mitbewerber auswirken kann. Dafür muss zwischen dem geförderten und dem benachteiligten Unternehmen ein konkretes Wettbewerbsverhältnis bestehen.[355] Ein solches liegt zwischen Gewerbetreibenden vor, wenn sie den gleichen Kundenkreis haben und sich in Folge dessen mit ihren Angeboten gegenseitig behindern können. Gleichheit der Branchen, Wirtschafts- oder Handelsstufen wird nicht vorausgesetzt.[356]

Daraus ergibt sich, dass auch Gewerbetreibende verschiedener Branchen in einem Wettbewerbsverhältnis stehen können.[357] Grundsätzlich liegt in diesen Konstellationen zwar kein Bemühen um den gleichen Abnehmerkreis vor. Ein konkretes Wettbewerbsverhältnis wird in diesen Fällen aber ad hoc gegenüber dem Betroffenen begründet, wenn der Gewerbetreibende durch sein Verhalten auf den Kundenkreis des Wettbewerbers Einfluss nimmt, etwa indem er gezielte Substitutionshinweise erbringt und so die Kunden gezielt umwirbt, eigene Ware

---

352 Köhler/Piper, UWG, § 3 Rn. 76.
353 BGH, CR 2002, 525, 526 – „shell.de".
354 Köhler/Piper, UWG, § 3 Rn. 76 ff.
355 So schon BGH, GRUR 1951, 283, 284 – „Möbelbezugstoffe"; GRUR 1990, 375, 376 – „Steuersparmodell".
356 Köhler/Piper, UWG, Einf. Rn. 236.
357 Baumbach /Hefermehl, UWG, Einl UWG Rn. 228.

statt der des branchenfremden Unternehmens zu erwerben. Gerade weil für den Kunden verschiedene Alternativen in Hinblick auf die Warenauswahl bestehen, kann sich der Wettbewerb auch auf andersartige Waren oder Leistungen erstrecken, sobald ein Wettbewerber sein Verhalten zu solchen Gütern in Beziehung setzt. So hat der BGH ein konkretes Wettbewerbsverhältnis zwischen einem Kaffee – und einem Blumenhändler bejaht, als der Kaffeehändler für sein Produkt mit dem Slogan „Statt Blumen Onko-Kaffee" warb und diesen als besonderen Geschenkartikel anpries.[358] Hier wurden die Kunden gezielt mit einem Substitutionshinweis umworben. Der Kaffeehändler trat durch die konkrete Wettbewerbshandlung trotz Branchenferne zum Blumenhändler in den Wettbewerb um den umworbenen Kunden ein. In diesen Fällen wird mit der Wettbewerbshandlung zugleich ein konkretes Wettbewerbsverhältnis begründet. Man spricht in diesen Fällen der Branchenferne vom Vorliegen eines sog. mittelbaren Wettbewerbsverhältnisses.

Ein mittelbares Wettbewerbsverhältnis wurde damals auch in den Fällen angenommen, in welchen der Verletzer sich an den guten Ruf eines bekannten oder berühmten Kennzeichens anhängte und diesen für den Absatz seiner eigenen Ware auszunutzen suchte.[359] Nach Ansicht des BGH in früheren Entscheidungen setzte sich der Verletzer durch die wirtschaftliche Verwertung des guten Rufs in Konkurrenz zu dem Berechtigten und begründete hiermit zugleich ein Wettbewerbsverhältnis. Erforderlich war aber stets, dass dem ausgenutzten Kennzeichen ein so überragender Ruf zukam, dass der Berechtigte es auch außerhalb des eigenen Warenbereichs für sich hätte nutzbar machen können. Konnten sich die Angebote der Wettbewerber im Markt aufgrund von Waren – oder Leistungsferne nicht behindern, schied ein konkretes Wettbewerbsverhältnis insoweit aus.[360] Diese Fälle der Rufausbeutung bekannter Kennzeichen werden heute aber abschließend über das MarkenG geschützt. Für eine Anwendung des UWG ist hier kein Raum mehr.[361]

4. Anspruch aus § 1 UWG

Neben den Voraussetzungen des Handelns im geschäftlichen Verkehr zu Zwecken des Wettbewerbs ist für einen Anspruch gem. § 1 UWG weiterhin erforderlich, dass dieses Handeln eine wettbewerbswidrige Behinderung darstellt, also gegen die guten Sitten verstößt. Eine Kennzeichnung muss zweckfremd als Mittel des Wettbewerbskampfes eingesetzt werden.[362]

---

[358] BGH, GRUR 1972, 553, 554 - „Onko statt Blumen".
[359] BGH, GRUR 1985, 550, 552 – „Dimple"; BGH GRUR 1991, 465, 466 – „Salomon".
[360] Köhler/Piper, UWG. Einf. Rn. 238 f..
[361] BGH, GRUR 1999, 161, 162 – „MAC Dog"; siehe hierzu schon unter B. IV. 1..
[362] BGH WRP 1995, 96, 101 –„NEUTREX"; OLG München, WRP 1996, 1056, 1058 – „Sittenwidrige Markenanmeldung".

Eine wettbewerbsrechtliche Behinderung liegt beispielsweise in der Errichtung von Vertriebshindernissen. Hier versucht ein Wettbewerber durch eine Maßnahme zu erreichen, dass ein Mitbewerber seine Leistung nicht oder nur noch unter stark erschwerten Bedingungen auf dem Markt anbieten kann und dadurch ein Leistungsvergleich erschwert oder unmöglich gemacht wird. Der Wettbewerber fördert sein Unternehmen nicht durch seine bessere Leistung, sondern durch gegen den Mitbewerber gerichtete, diesen in der Entfaltung seiner Leistungsfähigkeit beeinträchtigenden Handlungen. In dem der Mitbewerber seine Leistung auf dem Markt nicht mehr oder nur noch unter stark erschwerten Bedingungen erbringen kann, wird ein echter, auf dem freien Willen der Marktpartner auf der Marktgegenseite beruhender Leistungsvergleich verhindert.[363] Inwieweit eine wettbewerbswidrige Behinderung in der Registrierung von Sperrdomains, im Domain-Grabbing oder auch in der Verwendung von Gattungsbezeichnungen oder generischen Begriffen als Domainname liegt, soll im Folgenden untersucht werden.

a. Sperrdomains

Es ist allgemein anerkannt, dass schon in der bloßen Anmeldung und Eintragung eines Kennzeichens, mit dem Ziel, dieses für einen Dritten zu sperren, eine wettbewerbswidrige Behinderung liegt, sofern sich aus den Umständen des Einzelfalles die Sittenwidrigkeit der Eintragung ergibt. Da Domainnamen im Internet ebenfalls in einer Vielzahl der Fälle Kennzeichenfunktion zukommt, lassen sich diese Grundsätze der Sperrkennzeichen auf das Domainrecht übertragen. Eine wettbewerbswidrige Behinderung könnte folglich darin liegen, dass ein Domainname zu dem Zweck registriert wird, zu verhindern, dass ein anderes Unternehmen diesen Namen als Domain für sich etabliert. Ein Eigeninteresse an der Benutzung der Domain zu Wettbewerbszwecken besteht in diesen Fällen nicht.

aa. Geschäftliches Handeln

Zu unterscheiden ist zunächst zwischen Privatpersonen und Unternehmen, welche sich eine Sperrdomain registrieren lassen. Bei Privaten wird ein Anspruch aus § 1 UWG meist schon mangels Handeln im geschäftlichen Verkehr scheitern, da es an der Förderung eines wirtschaftlichen Geschäftszweckes regelmäßig fehlt.

bb. Wettbewerbsverhältnis

Die Feststellung eines Wettbewerbsverhältnisses in den Fällen der Registrierung von Sperrdomains stellt sich bis heute als problematisch dar. In der Literatur wird zum Teil abgelehnt, Privatpersonen nach dem UWG in Anspruch zu neh-

---

[363] Baumbach/ Hefermehl, Wettbewerbsrecht, § 1 UWG, Rn. 208.

men, da diese nicht in Wettbewerb zu Gewerbetreibenden stehen könnten.[364] In der Rechtsprechung hingegen wurde in einigen Urteilen ohne konkrete Begründung – wohl allein gestützt auf die Unlauterkeit des Handelns durch die Privatperson - das Vorliegen eines Wettbewerbsverhältnisses und damit auch eine Haftung der Privatpersonen gem. § 1 UWG angenommen.[365]
Weder der Sichtweise, wonach eine Haftung der Privatperson gem. § 1 UWG grundsätzlich abzulehnen ist, noch der Ansicht der Gerichte in den zitierten Entscheidungen kann kritiklos beigetreten werden. So können grundsätzlich auch Privatpersonen gem. § 1 UWG in Anspruch genommen werden. Dies rechtfertigt sich aber nicht allein aufgrund der Tatsache, dass sie eine unlautere Handlung – etwa die Sperrung eines Kennzeichens in Behinderungsabsicht - vornehmen. Zwar wird durch die Sperrung des Kennzeichens für den Kennzeicheninhaber dessen Auftritt unter seinem Kennzeichen als Domain im Internet verhindert und dadurch der Leistungsvergleich mit seinem Konkurrenten für die Kunden erschwert. Die Privatperson, die sich eine Sperrdomain registrieren lässt, unter welcher sie keinen Handel betreibt, steht aber in keinem Wettbewerbsverhältnis zum Kennzeicheninhaber; es gibt keinen Abnehmerkreis, um den sie sich gegen den Kennzeicheninhaber bemüht. Ein Anspruch gem. § 1 UWG scheidet in diesen Fällen aus.

Anders kann die rechtliche Beurteilung ausfallen, wenn die Privatperson durch die Sperrung des Kennzeichens nicht nur den Kennzeicheninhaber behindern, sondern zugleich einen seiner Mitbewerber fördern will. Das Wettbewerbsverhältnis muss nämlich nicht zwingend zwischen dem Domaininhaber und dem Kennzeicheninhaber bestehen. Es reicht ein solches zwischen dem Kennzeicheninhaber und einem seiner Wettbewerber, also einem Dritten, welcher sich um denselben Abnehmerkreis bemüht, aus. Dies ergibt sich daraus, dass eine Handlung nicht nur dann Wettbewerbszwecken dient, wenn sie eigenen Wettbewerb fördert, sondern auch, wenn sie den Wettbewerb eines Dritten fördern soll. Die Privatperson müsste also das Kennzeichen gerade zu dem Zweck als Domain registrieren, hierdurch einen Wettbewerber des Kennzeicheninhabers zu fördern. Erforderlich, aber auch ausreichend ist in diesen Fällen folglich das Bestehen eines Wettbewerbsverhältnis zwischen dem geförderten und dem benach-

[364] Ubber, WRP 1997, 497, 508; Sick/Richter, K&R 2000, 339, 346
[365] LG Stuttgart – 17 O 70/97-http://www.netlaw.de/urteile/index.htm – „liebherr.de"; LG Frankfurt/M. – 2/06 O 193/97 http://www.netlaw.de/urteile/index.htm- „reuters.de"; LG Köln – 315 O 282/97 — http://www.netlaw.de/urteile/index.htm „bahnhof.de". In diesen Fällen registrierten und/oder nutzten Privatpersonen Kennzeichen anderer Unternehmen als Domain ohne unter dieser dann im geschäftlichen Verkehr tätig zu werden. Die Gerichte nahmen allein aufgrund der Reservierung ein Wettbewerbsverhältnis zwischen dem Domaininhaber und dem Kennzeicheninhaber an und gewährtem
letzterem einen Anspruch gegen den Domaininhaber aus § 1 UWG.

teiligten Unternehmen. Der Domaininhaber ist dann „Wettbewerber in fremdem Interesse“[366].

Bei der Registrierung einer Sperrdomain durch ein Unternehmen kann sich das Wettbewerbsverhältnis daraus ergeben, dass das registrierende Unternehmen schon vor Registrierung der Sperrdomain in Wettbewerb zu dem betroffenen Zeicheninhaber stand, sie also im Offline-Bereich um denselben Abnehmerkreis konkurrierten. Durch die Sperrung der Domain für den Zeicheninhaber wird dieser im Bereich des Internet in seiner Wettbewerbsausübung behindert.

cc. *Wettbewerbsförderungsabsicht*

Für einen Anspruch aus § 1 UWG ist stets erforderlich, dass der Verletzer in der Absicht handelt, Wettbewerb zu fördern. Hiervon ist nicht nur die Absicht der Förderung eigenen Wettbewerbs erfasst, vielmehr kann – wie gezeigt - der Verletzer auch als „Wettbewerber in fremdem Interesse“ in der Absicht handeln, den Wettbewerb eines Dritten zu fördern. Der Nachweis der Wettbewerbsförderungsabsicht wird aber gerade in diesen Fällen schwer zu erbringen sein. Bei Gewerbetreibenden, welche im geschäftlichen Verkehr handeln wird die Absicht für ein Handeln zu Wettbewerbszwecken vermutet.[367]

Zu klären ist, wie der Begriff der „Absicht“ im Rahmen des § 1 UWG zu verstehen ist. Wird eine Sperrdomain registriert, ist die Beeinträchtigung oder Verdrängung des Mitbewerbers vom Markt keine wesenseigene Folge des Wettbewerbs, sondern eine Folge der Ausschaltung des Mitbewerbers vom Leistungsvergleich. Strittig ist, ob bereits das Fehlen eines eigenen Interesses an der Domain ausreicht, um einen Anspruch gem. § 1 UWG zu begründen oder ob nur die gezielte Registrierung eines fremden Kennzeichens als Domain, gerade in der Absicht den Kennzeicheninhaber an der

Nutzung seiner Domain zu hindern oder eine hohe Geldsumme für die Übertragung der Domain an ihn zu erreichen eine sittenwidrige Schädigung darstellt.[368]

Nach Ansicht des BGH soll die Sperrwirkung der Domain für den Anmelder nicht das einzige, wohl aber das wesentliche Motiv des Handelnden sein müssen.[369] Wettbewerbswidrigkeit soll schon dann anzunehmen sein, wenn für die betreffende Maßnahme ein sachlicher Grund nicht ersichtlich ist. Dies sei insbesondere dann der Fall, wenn kein ersichtliches Eigeninteresse des Benutzers an

366 Baumbach/Hefermehl, Wettbewerbsrecht, Einl UWG Rn. 214 f.

367 Köhler/Piper, UWG, Einf. Rn. 222.

368 Offengelassen werden konnte diese Frage durch das OLG Frankfurt/M. in WRP 2000, 645, 646 – „weideglueck.de“, da hier erwiesen war, dass die Beklage in Behinderungsabsicht gegenüber dem Kläger gehandelt hatte.

369 BGH, GRUR 1986, 74, 77 –„Shamrock III“.

der Benutzung der Domain für Wettbewerbszwecke vorhanden ist.[370] Andere vertreten, dass das beanstandete Verhalten nur dann missbilligenswert sei, wenn die Reservierung des Domainnamens ausschließlich in der Absicht erfolgt, die Domain für einen anderen zu sperren.[371] Der Domaininhaber darf danach die Behinderung des Wettbewerbers durch die Registrierung der Domain also nicht nur in Kauf nehmen, sondern sein Handeln muss gerade diesem Ziel dienen.

Für die Auffassung des BGH spricht, dass durch die Forderung einer ausschließlichen Behinderungsabsicht die Missbrauchsgefahr - aufgrund der sich ergebenden Beweisprobleme hinsichtlich der Behinderungsabsicht des Domaininhabers - stark erhöht würde. Der Missbrauchsgefahr wird von den Vertretern der anderen Ansicht dadurch entgegengetreten, dass an die Feststellung der Behinderungsabsicht keine allzu hohen Anforderungen zu stellen sein sollen.[372] So soll ihr Nachweis schon dann geführt sein, wenn der Anmelder auch nach einer Abmahnung an der Domain festhält und sich weigert, einen zumutbaren und hinreichenden Abstand zu dem Konfliktkennzeichen zu wahren. Dieses Verhalten sei als Indiz für die Behinderungsabsicht zu werten.[373]

Die Registrierung einer Sperrdomain erfolgt schon der Definition nach zu dem Zweck, diese für einen anderen zu sperren. Eine Behinderungsabsicht liegt folglich stets vor. Es wird aber kaum jemand eine Sperrdomain ausschließlich mit dem Ziel registrieren lassen, hierdurch jemanden zu behindern. Vielmehr soll durch die Behinderung des Dritten in der Regel ein eigener Vorteil – gleich welcher Art – erreicht werden. Damit ist der Ansicht des BGH zuzustimmen. Es muss ausreichen, dass die Sperrwirkung für den Handelnden das wesentliche, wenn auch nicht das einzige Motiv, darstellt. Aufgrund der weiten Auslegung der Missbrauchsgefahr durch die Vertreter der anderen Ansicht werden aber in der Praxis letztlich ohnehin beide Ergebnisse zum gleichen Ergebnis führen.

dd. Unlauterkeit

Da auch wettbewerbskonformes Handeln zu einer Beeinträchtigung der Mitbewerber führen kann, ist die Wettbewerbswidrigkeit nicht von vornherein indiziert, sondern im jeweiligen Einzelfall positiv festzustellen.[374] Es ist zu klären, welche Kriterien erfüllt sein müssen, damit eine Wettbewerbshandlung als Verstoß gegen die guten Sitten, also als unlauter anzusehen ist.

---

[370] OLG Dresden, CR 1999, 589, 592 – „cyberspace.de“; OLG Dresden, MMR 1999, 624; Köhler/Piper, UWG § 1 Rn. 97.

[371] OLG Karlsruhe, MMR 2002, 118, 119 – „dino.de“; Bettinger, GRUR Int. 1997, 402, 414; Völker/Weidert, WRP 1997, 652, 661; Wegner, CR 1999, 250, 258.

[372] Helm, GRUR 1996, 593, 598.

[373] LG Braunschweig, CR 1998, 364, 366 – „deta.com“; Ubber, WRP 1997, 497, 509.

[374] OLG München, MMR 2000, 100, 101 –„buecherde.com“; Köhler/Piper, UWG § 1 Rn. 80.

Das LG Braunschweig geht in der Entscheidung „deta.com" zunächst davon aus, dass sich die Wettbewerbswidrigkeit aus der unmittelbar drohenden Gefahr des Verkaufs der Domain an Dritte ergebe, wozu auch direkte Konkurrenten des Mitbewerbers gehören könnten.[375] Hier vermischt das Gericht aber das Problem der Registrierung von Sperrdomains mit dem des Domain-Grabbings. Die Frage des Verkaufs der Domain ist ein Problem des Domain-Grabbings, keines der Sperrdomains.

Des weiteren sieht das Gericht die Registrierung von Sperrdomains als vergleichbar mit einer bösgläubigen Markenanmeldung i.S.d. § 50 Abs. 1 Nr. 4 MarkenG an.[376] Eine Behinderung soll in der Absicht liegen, einen Dritten am bloß beabsichtigten Gebrauch zu hindern oder in dem Versuch, Geldzahlungen für den Gebrauch zu erreichen.[377] Gegen die Heranziehung des § 50 MarkenG in den Fällen der Nutzung von Sperrdomains wendet sich *Bücking* mit der Begründung, dass diese Norm nicht die gewünschte Rechtsfolge biete. § 50 MarkenG führe lediglich zur Nichtigkeit der Eintragung von wettbewerbshindernden Zeichen sowie als Folge dessen zu deren Löschung. Unterlassungs – und Schadensersatzansprüche würden hingegen nur über § 1 UWG gewährt, wodurch diesem auch nach Einführung des MarkenG für derartige Fälle ein eigener Anwendungsbereich verbleibe.[378] Diesen Ausführungen ist zwar zuzustimmen, die Kritik am Urteil des LG Braunschweig ist hingegen unbegründet. Das Gericht zieht § 50 MarkenG eben nur zum Vergleich heran, um mit Hilfe des Kriteriums der bösgläubigen Markenanmeldung die Sittenwidrigkeit des Handelns hervorzuheben. Im Ergebnis gewährt es dennoch, ebenso wie *Bücking* es vertritt, den Anspruch über § 1 UWG.[379]

Teils wird vertreten, die Registrierung von Sperrdomains sei nur dann als sittenwidrig anzusehen, wenn sie in Kenntnis eines bereits erworbenen wertvollen oder zumindest beachtlichen und schutzwürdigen[380] Besitzstandes des Kennzeicheninhabers erfolge. Nach h.M. verliert das Merkmal des wertvollen Besitzstandes aber zunehmend an Bedeutung und wird teilweise sogar als völlig entbehrlich angesehen.[381] Hierfür spricht, dass sich die Sittenwidrigkeit daraus er-

---

[375] LG Braunschweig, CR 1998, 364, 366 – „deta.com".
[376] So auch Helm, GRUR 1996, 593, 598; Nordemann, NJW 1997, 1896.
[377] LG Braunschweig, CR 1998, 364, 366 – „deta.com".
[378] Bücking, Namens – und Kennzeichenrecht, S. 115.
[379] LG Braunschweig, CR 1998, 364, 366 – „deta.com".
[380] BGH GRUR 1986, 74, 77 – „Shamrock III"; BGH GRUR 1967, 304, 305 – „Siroset"; BGH GRUR 1998, 412, 414 –"Analgin"; LG Braunschweig, CR 1998, 364, 366 – „deta.com".
[381] BGH GRUR 1980, 110, 111 – „TORCH"; OLG Hamburg, GRUR 1990, 53, 54; OLG München, WRP 1996, 1056, 1057 – „Sittenwidrige Markenanmeldung"; Baumbach/Hefermehl, Wettbewerbsrecht, § 1 Rn. 240; Kiethe/Groeschke, WRP 1997, 269; Helm, GRUR 1996, 593, 597.

gibt, dass ein anderer Marktteilnehmer bewusst in seinen Handlungsmöglichkeiten beeinflusst werden soll und zwar mit Mitteln, die dem freien Leistungswettbewerb widersprechen. Ob sich dieses Verhalten auf den Besitzstand auswirkt, ist ein Kriterium zur Bestimmung der Schadenshöhe, nicht des Schadensgrundes. Die Verhinderung des Aufbaus eines Besitzstandes durch Präsenz im Internet muss genauso als unlauter angesehen werden, wie die Verhinderung der Verwertung eines bereits bestehenden Besitzstandes.[382]

Dieses Ergebnis lässt sich auch darauf stützen, dass anerkanntermaßen ein wettbewerbswidriges Verhalten darin gesehen werden kann, dass ein Wettbewerber daran gehindert wird, seine Kennzeichnung auf neue Waren-/ Dienstleistungsgebiete auszuweiten, auf welchen er bisher nicht tätig war und hieraus den Nutzen seines Kennzeichens auch in den neuen Waren – oder Dienstleistungsbereichen zu ziehen.[383] Hiervon ausgehend kann eine wettbewerbswidrige Behinderung auch dann vorliegen, wenn es aufgrund des Verhaltens des Wettbewerbers dem Zeicheninhaber unmöglich gemacht wird, sein Zeichen im Internet, einem Bereich in dem er bislang nicht tätig war, zu nutzen. Es wird hierdurch um die Früchte der möglichen Nutzung seines Kennzeichens im Internet gebracht.[384] In der Verwendung von Sperrdomains kann daher eine wettbewerbswidrige Behinderung liegen.[385]

b. Domain-Grabbing

Auch in den Fällen des Domain-Grabbings, in welchen eine Domain zu dem Zweck registriert wird, sie anschließend möglichst gewinnbringend weiterzuveräußern, könnte eine wettbewerbswidrige Behinderung liegen.

aa. Geschäftliches Handeln

Von einem geschäftlichen Handeln im Rahmen des Domain-Grabbings ist sowohl bei Privatpersonen als auch bei Unternehmen auszugehen. Schon durch das Angebot der Domain zum Verkauf handelt der Domain-Grabber in der Absicht Gewinn zu erzielen. Hierdurch wird der Bereich des rein privaten Handelns verlassen.

bb. Handeln zu Zwecken des Wettbewerbs

Die Frage, ob in den Fällen des Domain-Grabbings ein Wettbewerbsverhältnis besteht, hängt davon ab, ob die Registrierung der Domain zum Zwecke des Wei-

---

382 Völker/Weidert, WRP 1997, 652, 660.

383 BGH WRP 1996, 279, 282 f. – "Vakuumpumpen"; OLG Hamburg, WRP 1996, 215, 217 – "Kinder – Schoko – Bons".

384 Kiethe/Groeschke, WRP 1997, 269, 270.

385 BGH GRUR 1998, 412, 414 –"Analgin"; BGH GRUR 1998, 1034, 1037 – "Makalu".

terverkaufs an ein drittes Unternehmen oder an den Kennzeicheninhaber selbst erfolgen soll.

Registriert der Domain-Grabber eine Domain zu dem Zweck, sie an ein drittes Unternehmen zu veräußern, so geht es ihm nicht um die Förderung eigenen oder fremden Wettbewerbs, sondern einzig um die Erlangung einer möglichst hohen Geldsumme für die Herausgabe der Domain. Ein Wettbewerbsverhältnis zwischen dem Domaininhaber und dem Kennzeicheninhaber besteht damit zumindest zum Zeitpunkt der Domainregistrierung noch nicht. Wie bereits gezeigt, ist aber für einen Anspruch gem. § 1 UWG nicht zwangsläufig ein bereits bestehendes Wettbewerbsverhältnis zu fordern, sondern es kann ausreichen, wenn ein Wettbewerbsverhältnis durch das Handeln des Domain-Grabbers erst begründet wird. So sieht *Kilian* durch das Domain-Grabbing ein „Ad-hoc-Wettbewerbsverhältnis" begründet. Solange die Domain nicht am Markt angeboten würde, nähme der Domain-Grabber auch nicht am Wettbewerb teil. Durch das Anbieten der Ware aber würde ein Wettbewerbsverhältnis geschaffen.[386] Auch das LG Düsseldorf geht in seiner Entscheidung „epson.de" vom Vorliegen eines Wettbewerbsverhältnisses in Fällen des Domain-Grabbings aus. Es begründet dies damit, dass sich der Domain-Grabber das Recht anmaße, den Rufwert des Kennzeichens selbstständig wirtschaftlich zu verwerten, etwa durch einen Verkauf der Domain oder den Abschluss von Lizenzverträgen über die Nutzung der Domain mit Dritten. Diese Rechte stehen grundsätzlich nur dem Zeicheninhaber zu. Daher trete der Domain-Grabber in Wettbewerb zu diesem.[387]

Bücking sieht in dieser Argumentation einen Zirkelschluss. Durch das bloße Anbieten der Ware (hier der Domain) auf dem Markt würde ein Wettbewerbsverhältnis erst begründet. Ein Anspruch gem. § 1 UWG setze aber ein bereits bestehendes Wettbewerbsverhältnis voraus. Die Verletzungshandlung könne nicht selbst den Schutzbereich der Norm eröffnen, also die Voraussetzungen für die Anwendbarkeit der Schutznorm bieten. Der Schutz vor unbefugter Anmaßung der fremden Rechtsposition würde zudem hinreichend über die gewerblichen Schutzrechte sowie gegebenenfalls durch §§ 823, 12, 1004 BGB gewährt.[388]

Dem kann nicht gefolgt werden. Schutzsubjekt und Zweck des UWG ist der Schutz des Leistungswettbewerbs.[389] Davon müssen auch die Fälle erfasst sein,

---

[386] Kilian, DZWir, 1997, 381, 389.
[387] LG Düsseldorf, GRUR 1998, 159, 164-„epson.de".
[388] Bücking, Namens – und Kennzeichenrecht, S. 117; auch Bettinger lehnt für diese Fälle die Annahme eines Wettbewerbsverhältnisses ab und spricht sich für die Anwendung des ergänzenden deliktischen Kennzeichenschutzes aus, GRUR Int. 1997, 402, 414; ebenso Ubber, WRP 1997, 497, 510.
[389] Althammer/Ströbele/Klaka, UWG § 2 Rn. 3.

in welchen durch das Handeln des Verletzers erst ein Wettbewerbsverhältnis begründet wird. Das Mittel, mit dem ein Wettbewerber auf den tatsächlichen oder möglichen Kundenkreis Einfluss nimmt und den Mitbewerber zu verdrängen sucht, ist die Wettbewerbshandlung. Sie verifiziert ein Wettbewerbsverhältnis zwischen zwei oder mehreren Unternehmern. Dieses ist entweder schon vorhanden oder es wird durch die Wettbewerbshandlung ad hoc begründet.[390] Zudem nimmt der Domain-Grabber schon durch das Angebot der Domain zum Verkauf an Dritte am Erwerbsleben teil und tritt hierdurch in Konkurrenz mit dem Zeicheninhaber. Diese Konkurrenz wird insbesondere in den Fällen deutlich, in welchen die Domain zwar nicht an Dritte weiterveräußert wird, aber Lizenzen bezüglich ihrer Nutzung vergeben werden. Sowohl durch den Verkauf, wie auch durch Lizenzerteilungen tritt der Domain-Grabber in Wettbewerb mit dem Zeicheninhaber, dem diese Rechte zustehen und in deren Ausübung er nun dauerhaft behindert wird.

Die Ware, auf welche sich das Wettbewerbsverhältnis zwischen Domain-Grabber und Kennzeicheninhaber bezieht, ist folglich die Domain selbst. Mit dieser wird Handel in Form der Veräußerung oder Lizensierung getrieben. Das Wettbewerbsverhältnis bezieht sich somit nicht auf den Handel mit den Waren oder Dienstleistungen des Kennzeicheninhabers. Der Wettbewerb zwischen Domaininhaber und Kennzeicheninhaber ist auf den Absatz der Ware „Domain“ gerichtet. Beim Abnehmerkreis handelt es sich um andere Unternehmen, welche an der Nutzung der Domain interessiert sind, nicht hingegen um die Abnehmer der eigentlich vertriebenen Waren oder angebotenen Dienstleistungen. Damit besteht sowohl bei Privatpersonen als auch bei Unternehmen, welche ein fremdes Kennzeichen als Domain registrieren, um es dann gegen Entgelt an dritte Unternehmen zu veräußern, ein Wettbewerbsverhältnis zum Kennzeicheninhaber.

Eine andere Beurteilung ist in den Fällen geboten, in welchen der Domain-Grabber die Domain nicht an Dritte, sondern gerade an den Kennzeicheninhaber selbst zurückverkauft. Hier fehlt es an der Begründung eines Wettbewerbsverhältnisses, da weder eigener noch fremder Wettbewerb in irgendeiner Weise gefördert wird. Auch hier können Ansprüche gegebenenfalls aus Deliktsrecht geltend gemacht werden.[391]

cc. *Wettbewerbsförderungsabsicht*

Geht man also davon aus, dass die Domain selbst die „Ware“ darstellt, um die das Wettbewerbsverhältnis zwischen Verletzer und Kennzeicheninhaber besteht,

---

[390] Baumbach/Hefermehl, Wettbewerbsrecht, Allg. Rn. 11; BGH, GRUR 1972, 553 - „Onko statt Blumen“.

[391] Siehe hierzu unten B.V..

so ist mit der Veräußerungsabsicht zugleich auch stets von der Absicht des Verletzers auszugehen, seinen eigenen Wettbewerb zu fördern.

dd. Unlauterkeit

Die Unlauterkeit ergibt sich im Rahmen des Domain-Grabbings aus der Ausnutzung des Dilemmas, dass für den Fall, in welchem der Inhaber der Marke der Zahlung der Überlassungsgebühr nicht nachkommt, sich ein Dritter finden könnte, der zum entgeltlichen Erwerb der Domain für seine Zwecke und zum Nachteil des Markeninhabers bereit wäre. Die gezielte Herbeiführung dieser Zwangslage erfolgt auch nicht zur Wahrung eigener Rechte, sondern allein zu dem Zweck, einen Überlassungsvertrag zu erzwingen. Daher ist hier stets Sittenwidrigkeit anzunehmen.[392]

Dies zeigt auch ein guter Vergleich zur Verdeutlichung der Sittenwidrigkeit des Handelns eines Domain-Grabbers durch *Biermann*. Sie erwägt, die Gedanken des Missbrauchs des Anfechtungsrechtes von Aktionären gem. §§ 245 AktG auf die Fälle des Domain-Grabbings zu übertragen. Dabei geht sie zunächst davon aus, dass das Verhalten der Domain-Grabber mit dem von Aktionären vergleichbar sei, welche ihr Anfechtungsrecht nur nutzen, um ihre Aktien zu überhöhten Preisen an die Gesellschaft zurück zu verkaufen. Dabei spekulieren die Aktionäre auf den Abkauf der Aktien durch die Gesellschaft zu über dem Börsenkurs liegenden Preisen gegen Rücknahme der Anfechtungsklage, damit die Handlungen der Gesellschaft nicht durch unnötige Anfechtungsklagen blockiert werden. Die direkte Übertragung der Grundsätze des Missbrauchs des Anfechtungsrechts lehnt *Biermann* zwar selbst mit der Überlegung ab, dass der Domain-Grabber die Domain schon für sich registriert habe und somit der Markeninhaber selber klagen müsste, eine direkte Vergleichbarkeit der Sachverhalte insofern also nicht bestehe. In der Folgeüberlegung überträgt sie aber den Gedanken des Anfechtungsrechtes auf das Domain-Grabbing und argumentiert dahingehend, dass die Eintragung eines Domainnamens zu dem Zweck, diesen gewinnbringend zu verkaufen, ebenso wie die Ausnutzung des Anfechtungsrechtes, sittenwidrig sei.[393] In beiden Fällen liegt die Sittenwidrigkeit in der Ausnutzung einer Zwangslage zum Zwecke der Gelderpressung. Dieses Verhalten verstößt gegen das Anstandsgefühl eines jeden billig und gerecht Denkenden und ist somit als unlauter im Sinne des § 1 UWG anzusehen.

c. Verwendung von Gattungsbezeichnungen

Wie bereits im Rahmen der Prüfung der markenrechtlichen Ansprüche dargestellt wurde, ist die Registrierung von Gattungsbezeichnungen oder

---

[392] LG Düsseldorf, GRUR 1998, 159, 164 – „epson.de“; so ähnlich schon BGH GRUR 1967, 304, 306 - „Siroset“.

[393] Biermann, WRP 1999, 997, 1001.

generischen Begriffen als Domain für den Domaininhaber von besonderer Bedeutung, da sie aufgrund ihrer leichten Einprägsamkeit und allgemeinen Beschreibung häufig angewählt werden. Ob gegen die Verwender solcher Domains Ansprüche aus dem UWG hergeleitet werden können, war lange strittig. Da die Anwendung des UWG immer ein geschäftliches Handeln zu Zwecken des Wettbewerbs voraussetzt, könnte ein Verbot der Nutzung von Gattungsbezeichnungen und generischen Begriffen als Internetdomain ohnehin nur für den gewerblichen Bereich gelten. Privatpersonen können derartige Bezeichnungen folglich als Domain für ihre Homepage verwenden.[394] Liegt ein geschäftliches Handeln zu Zwecken des Wettbewerbs vor, muss darüber hinaus noch geklärt werden, ob die Verwendung der Gattungsbezeichnung auch als unlauter anzusehen ist. Die Unlauterkeit könnte sich aus den zu § 1 UWG entwickelten Fallgruppen des wettbewerbswidrigen Vorsprungs durch Rechtsbruch und der wettbewerbswidrigen Behinderung durch Kanalisierungswirkung ergeben.

aa. Wettbewerbswidriger Vorsprung durch Rechtsbruch

In der Verwendung einer Gattungsbezeichnung als Domainname wird vereinzelt eine Übereinstimmung zu der von der Rechtsprechung zu § 1 UWG entwickelten Fallgruppe des „Vorsprungs durch Rechtsbruch“ gesehen. Danach ist es unzulässig, wenn ein Gewerbetreibender sich unter Missachtung gesetzlicher Vorschriften einen ungerechtfertigten Marktvorteil gegenüber seinen Mitbewerbern verschafft.[395] Der Rechtsbruch soll bei der Registrierung von Gattungsbegriffen darin liegen, dass die fehlende Regelung für Gattungsbegriffe als Domainnamen dazu ausgenutzt werde, sich einen Wettbewerbsvorteil zu sichern. Die Reservierung eines ausschließlichen Nutzungsrechts an einer freihaltebedürftigen Bezeichnung sei im Hinblick auf die Chancengleichheit am Markt dem Verstoß gegen eine wettbewerbsrechtliche Vorschrift gleichzusetzen.[396]

Die Annahme von Wettbewerbswidrigkeit aufgrund von Rechtsbruch ist aber abzulehnen, da keine Regelungen bestehen, gegen die verstoßen werden

---

[394] Sosnitza, K&R 2000, 209, 216.

[395] Baumbach/Hefermehl, Wettbewerbsrecht, § 1 UWG Rn. 608 ff.

[396] Kur, CR 1996, 325, 330.

nte.[397] Ohne die Verletzung konkreter Vorschriften kann kein Rechtsbruch vorliegen.[398]

bb. Behinderung durch Kanalisierungswirkung

Die Sittenwidrigkeit des Verhaltens könnte sich aus der Kanalisierungs – oder Monopolisierungswirkung ergeben, die von Gattungsbegriffen als Domainnamen ausgeht. Ihre Registrierung könnte dem fairen Leistungswettbewerb widersprechen, wenn von ihnen eine Lenkungswirkung ausginge, die wettbewerbsverzerrende Folgen für die Chancengleichheit im freien Leistungswettbewerb hätte. Entscheidend für die Feststellung der Wettbewerbswidrigkeit ist die Frage, ob in der durch die Nutzung von Gattungsbezeichnungen hervorgerufenen Kanalisierung der Kunden auf eine bestimmte Homepage tatsächlich eine Behinderung des Leistungsvergleichs gesehen werden kann.

Der User hat grundsätzlich zwei Möglichkeiten, sich im Internet einen Überblick über ein bestimmtes Leistungsspektrum zu verschaffen. Zum einen kann er ein bestimmtes Suchkriterium in eine der Suchmaschinen eingeben.[399] Hierdurch erlangt er eine Trefferliste mit einer Vielzahl von Homepages, die das gesuchte Auswahlkriterium ansprechen. Die andere Möglichkeit ist die direkte Eingabe der Gattungsbezeichnung als Domainname. In diesen Fällen erhofft sich der User einen Überblick über die Angebote zu dem gesuchten Thema. Oftmals gelangt er aber eben nur auf die Seite eines einzelnen Anbieters. Die Frage der Wettbewerbswidrigkeit der Nutzung eines Gattungsbegriffs als Domain stellt sich folglich überhaupt nur in den Fällen der Direkteingabe. Es ist erforderlich, dass der User direkt den Gattungsbegriff als Sub-Level-Domain eingibt, statt Suchmaschinen zu nutzen und dass er des weiteren nach Aufrufen der Homepage keine weiteren Angebote mehr einholt. Nutzt der User hingegen eine Suchmaschine, erhält er ohnehin eine Liste verschiedener Anbieter. Eine Kanalisierung der Kundenströme scheidet folglich von vornherein aus. Für die Feststellung der Verhinderung des Leistungswettbewerbs kommt es somit zunächst auf das Nutzerverhalten an:

---

[397] Wagner, ZHR 1998, 701, 718; Zweifelnd insofern auch Kur, welche einen Anspruch aus § 1 UWG ebenfalls letztlich ablehnt, da zwar in dieser Fallkonstellation ebenso wie beim Vorsprung durch Rechtsbruch ein Vorsprung
erzielt werde, der seine Rechtfertigung nicht in den Parametern des Leistungswettbewerbs finde, dieser jedoch auch nicht durch einen Verstoß gegen
geltendes Recht erlangt werde.

[398] OLG Frankfurt/M., CR 1997, 271, 273 – „wirtschaft-online.de"; Bettinger, CR 1997, 273, 274; Fezer,
MarkenR, § 3 Rn. 344.

[399] Häufig genutzte Suchmaschinen: Google, Yahoo, Fireball, Alexa.

Es ist erwiesen, dass nicht unerhebliche Teile des Verkehrs trotz der nicht sicheren Erfolgsaussichten bereit sind, bei einem bestimmten Suchbegriff zumindest zunächst den Versuch verschiedener Möglichkeiten der Direkteingabe der Verwendung einer Suchmaschine vorzuziehen, um auf diese Weise möglichst zielsicher auf die Seite des gewünschten Anbieters zu gelangen. Dies auch deshalb, da die Ergebnisse einer Suchmaschine häufig gerade bei Eingabe eines gängigen Begriffes zu unbefriedigenden Suchergebnissen führen, da alle Treffer zu dem Suchbegriff aufgelistet werden.[400] Das OLG Braunschweig geht davon aus, dass es sich bei der Direkteingabe um den üblichen Weg der Internetrecherche handelt.[401] Auch in der Literatur wird weitgehend die Direkteingabe als der typische Weg für die Suche einer Homepage angesehen.[402]

Nach Ansicht *Wilmers* soll in Zukunft eine weit überwiegende Nutzung von Suchmaschinen zu erwarten sein. Dies ergebe sich schon daraus, dass mit der Erweiterung der zur Verfügung stehenden TLDs die Wahrscheinlichkeit, einen Anbieter durch Direkteingabe eines bestimmten Domainnamens zu erreichen, schwinde.[403] Gegen diese Annahme spricht aber, dass Suchmaschinen alle das eingegebene Suchkriterium in irgendeiner Art betreffenden Homepages auflisten und somit meist zu einer sehr breiten und hierdurch häufig ungenauen oder zumindest unübersichtlichen Auswahl an Anbietern führen. Daher ist anzunehmen, dass auch zukünftig eine Vielzahl der User den Weg einer Direkteingabe des gesuchten Begriffs unter mehreren verschiedenen TLDs eher in Kauf nehmen wird, als den Weg über die Suchmaschinen zu wählen. Des weiteren hat sich gezeigt, dass auch nach der Erweiterung der TLDs weiterhin die größte Bedeutung den TLDs „.de“ und „.com“ zukommt.

Es lässt sich also kein klares Ergebnis finden, ob nun die Suche einer Homepage über die Direkteingabe einer Domain oder über die Nutzung von Suchmaschinen überwiegt. Dies soll sich nach dem OLG Hamburg dahingehend auswirken, dass eine wettbewerbswidrige Behinderung anzunehmen ist. Für diese Annahme genügt es nach Ansicht des Gerichts bereits, wenn zumindest ein nicht unerheblicher Teil der Internetnutzer den Zugang zur Homepage nicht über eine Suchma-

---

[400] LG Hamburg, CR 2000, 617.
[401] OLG Braunschweig, MMR 1998, 272.
[402] Bücking, NJW 1997, 1886, 1887; Wegner, CR 1999, 250, 251; Bettinger, CR 1997, 273.
[403] Wilmer, CR 1997, 562, 564; dieser Ansicht wohl auch Hoeren, NJW 1998, 2849, 2850.

schine, sondern durch Direkteingabe über die Internetdomain versuche.[404]
Das OLG Hamburg war das erste Gericht, welches eine sittenwidrige Behinderung des Leistungswettbewerbs durch die Verwendung von Gattungsbezeichnungen als Domainnamen annahm.[405] Es stritten zwei Vereine um das Nutzungsrecht an der Domain http://www.mitwohnzentrale.de. Die Beklagte hatte sich als erste die umstrittene Domain im Internet registrieren lassen. Die Klägerin verklagte sie daraufhin erfolgreich beim LG Hamburg auf Unterlassung gem. § 1 UWG. Dieses Urteil wurde vom OLG Hamburg bestätigt, vom BGH aber aufgehoben und zurückverwiesen.[406] In seiner Begründung knüpfte das OLG Hamburg an die zu § 1 UWG entwickelte wettbewerbsrechtliche Fallgruppe des Abfangens von Kunden vor Ladengeschäften an.[407] In diesen Fällen versucht der Händler den Kunden unmittelbar vor dem Laden des Mitbewerbers abzufangen und zu überreden, sein Geschäft aufzusuchen.[408] Nach Ansicht des Gerichts sollte auch die Verwendung beschreibender oder generischer Bezeichnungen ohne unterscheidungskräftige Zusätze eine solche unlautere Absatzbehinderung durch „Abfangen" von (potentiellen) Kunden darstellen können, welche sich ohne detaillierte Kenntnis der konkreten Anbieter das generisch bezeichnete Segment erschließen wollen. Dies ergebe sich daraus, dass diese User vermutlich keinen weiteren Leistungsvergleich anstellen würden, wenn sie auf der Homepage des unlauteren Anbieters bereits ein größeres Angebot erhielten.

---

[404] Im Fall „mitwohnzentrale.de" führt der Senat aus: „ Angesichts der Komplexität und Unübersichtlichkeit des Internet (...) sowie der damit zwangsläufig verbundenen Unüberschaubarkeit der Nutzergruppen nach Nationalität, Alter, Bildung, Interesse usw. steht für den Senat (...) fest, dass es den „Internetnutzer" als für die Beurteilung der Suchgewohnheiten zu Grunde liegenden Typus nicht gibt. (...) Vielmehr reicht es aus (...), wenn zumindest ein nicht unerheblicher Teil der Internetnutzer den Zugang zu Homepages nicht mittels einer Suchmaschine, sondern über die Direkteingabe der Internetdomain-Adresse versucht. Eine solche tatsächliche Übung der Nutzergewohnheiten maßgeblicher Verkehrskreise liegt vor.
(...) Zumindest nicht unerhebliche Teile des Verkehrs sind trotz der nicht sicheren Erfolgsaussichten auch bereit, bei einem bestimmten Suchbegriff (zunächst) den Versuch verschiedener Möglichkeiten der Direkteingabe der Verwendung einer Suchmaschine vorzuziehen, um auf diese Weise möglichst zielsicher auf die Seite des gewünschten Anbieters zu gelangen. Auf Grund dieser Situation hat auch die Internetsuche mittels Direkteingabe von Branchenbezeichnungen zunehmend an Bedeutung gewonnen und ist verbreitet. (...), OLG Hamburg, CR 1999, 779.

[405] OLG Hamburg, MMR 2000, 40 ff – „mitwohnzentrale.de"; kritisch zu diesem Urteil: Hoeren,
EwiR 2000, 193, 194.

[406] BGH NJW 2001, 3262 – „mitwohnzentrale.de".

[407] OLG Hamburg, MMR 2000, 40, 41 unter Verweis auf Köhler/Piper, UWG 1995 § 1 Rn. 84 ff. betreffend Kundenfang. Auch in der missbräuchlichen Nutzung von Meta-Tags kann ein Abfangen von Kunden i.S.d. § 1 UWG liegen, wenn dadurch die Kaufentscheidung des Kunden abgeändert wird, Baumbach/Hefermehl, Wettbewerbsrecht, § 1 Rn. 214.

[408] Köhler/Piper, UWG § 1 Rn. 85.

Sie würden dann schon aus Bequemlichkeit nicht mehr nach Alternativangeboten suchen. Das Gericht sah darin eine Behinderung durch die Beeinträchtigung konkreter Mitbewerber.[409]
Es erscheint jedoch fraglich, ob sich die Grundsätze des Kundenfangs im konventionellen Geschäftsverkehr ohne weiteres auf Internetgeschäfte übertragen lassen. Im konventionellen Geschäftsverkehr ergibt sich die Sittenwidrigkeit daraus, dass sich der Händler zwischen seinen Mitbewerber und den Kunden stellt, so dass der Mitbewerber seine Leistung nicht mehr anbieten kann und dadurch der Leistungsvergleich durch den Kunden verhindert wird. Im Internet hingegen tritt der Domaininhaber nicht zwischen den Kunden und seinen Mitbewerber. Vielmehr liegt es allein beim User selbst, die entsprechende Homepage aufzurufen. Der User bewegt sich im Internet völlig frei und anonym.[410] Es fehlt hier an der psychischen Zwangswirkung, die in den normalen Abfangfällen durch die physische Präsenz des abfangenden Verkäufers gerade die Sittenwidrigkeit begründen soll. Zudem richtet sich in den normalen Abfangfällen die sittenwidrige Behinderung gegen einen speziellen Mitbewerber. Die Kunden sollen nicht zum Händler hin-, sondern gerade vom Mitbewerber weggelockt werden. Ein solches Weglocken findet im Internet nicht statt. Die Sittenwidrigkeit der Abfangfälle, die im Weglocken des Kunden vom Mitbewerber liegt, ist hier folglich nicht gegeben. Es kann nicht von einem Abfangen des Users, sondern vielmehr von einem Hinlocken auf die eigene Homepage gesprochen werden.[411] Um hierin eine Wettbewerbswidrigkeit zu sehen, müssen erhöhte Anforderungen - wie etwa das Hinzutreten einer Täuschung des Users - gestellt werden.[412]

In der Literatur wird teilweise differenziert, ob der Suchabbruch im Internet aus Unkenntnis bezüglich anderer Mitbewerber oder aus Bequemlichkeit erfolge. Dieser Gedanke des Suchabbruchs aus Bequemlichkeit ist in den tatsächlichen Abfangfällen des konventionellen Geschäftsverkehrs wohl begründet. Hat sich der Kunde hier erst einmal dazu bewegen lassen, den (abfangenden) Konkurrenten aufzusuchen, wird er in den seltensten Fällen nun wieder das Geschäft verlassen, um doch noch den Mitbewerber aufzusuchen. Im Internet ist aber die Gefahr, dass sich der User aufgrund von Bequemlichkeit mit dem erstbesten Angebot zufrieden gibt weitaus geringer. Es genügt ihm ein Mausklick, um das aufgerufene Angebot wieder zu verlassen und eine andere Homepage anzuwählen.[413] Andererseits ist auch der Aufwand, welcher damit verbunden ist, einen Kunden vor dem Geschäft des Mitbewerbers abzufangen, sehr viel größer als die Wer-

---

[409] OLG Hamburg, MMR 2000, 40, 43 – „mitwohnzentrale.de"; zu dieser Auffassung kamen auch andere Gerichte, etwa : LG Köln, MMR 2001, 55 ff. – „zwangsversteigerungen.de"; LG München, CR 2001, 129 f.- „rechtsanwaelte.de".
[410] LG Hamburg, CR 2000, 617, 618 – „lastminute.com".
[411] BGH NJW 2001, 3262, 3264 – „mitwohnzentrale.de".
[412] LG Hamburg, CR 2000, 617, 618 – „lastminute.com"; Wendlandt, WRP 2001, 629, 641.
[413] Sosnitza, K&R 2000, 209, 214.

bung im Internet. Daher ließe sich vertreten, dass mit dem geringeren Wegeaufwand im Internet auch ein geringeres Maß an Sittenwidrigkeit ausreichen müsste. Hiergegen spricht aber letztlich, dass der User in seiner Entschließungsfreiheit nicht oder zumindest nicht wesentlich beeinträchtigt ist.

Zur Begründung der Sittenwidrigkeit wird zum Teil weiter differenziert, etwa nach Qualität und Preiswürdigkeit des Angebots.[414] Bei besonders teuren Produkten, welche zudem noch direkt über das Internet bestellt würden, läge keine Kanalisierungswirkung vor. Hier sei davon auszugehen, dass der Nutzer zumindest nicht aus reiner Bequemlichkeit auf der zuerst aufgesuchten Homepage bleibe.[415] Das bloße Ausnutzen der Bequemlichkeit des Internet-Users vermag aber die Sittenwidrigkeit nicht zu begründen. In diesem Verhalten liegt ein Merkmal der Dienstleistungsgesellschaft. Es ist somit weder als unsachlich noch unlauter anzusehen.[416] Sittenwidrigkeit ist daher solange ausgeschlossen, wie der Benutzer von anderen Anbietern weiß.[417]

Andere vergleichen die Belegung eines Gattungsbegriffs als Domainname mit der Wahl eines besonders guten Standorts im konventionellen Verkehr. Die Verschaffung eines solchen sei ebenfalls nicht sittenwidrig, dies auch dann nicht, wenn er aus Bequemlichkeit der Besucher häufiger frequentiert werde.[418] Diese Standortargumentation vermag indes nicht zu überzeugen, da die Sachverhalte nicht vergleichbar sind. Im konventionellen Geschäftsverkehr suchen die Kunden nach gut erreichbaren Ladenlokalen. Der Kunde weiß um die Mitbewerber und entscheidet sich frei dafür, den kürzeren Weg zu wählen. Im Internet aber sind alle Wege gleich lang, nämlich einen Mausklick. Hier wird der Kunde in der Regel durch mangelnde Kenntnis von Mitbewerbern daran gehindert, deren Homepage aufzurufen. Genau diese Kenntnis erhoffen die Nutzer aber durch Eingabe des Gattungsbegriffs zu erhalten. Dies hat zur Folge, dass der Inhaber des Domainnamens nicht als einer von vielen, sondern als einer statt vieler präsentiert wird. Damit besetzt er nicht nur einen guten Standort, sondern es besteht darüber hinaus die Gefahr, dass er als allgemeiner Informationspunkt angesehen wird.[419] Auch hiermit lässt sich aber die Wettbewerbswidrigkeit des Handelns nicht begründen, da grundsätzlich jedem die Möglichkeit offen steht, sich eine

---

[414] Thiele/Rohlfing, MMR 2000, 591, 595.
[415] Thiele/Rohlfing, MMR 2000, 591, 595.
[416] Hartmann, CR 1999, 782, 783 unter Verweis auf BGH DB 1979, 688, 689. Hier verlangte ein Flaschenhändler ein höheres Flaschenpfand als üblich. Der BGH sah es nicht als unlauter an, dass der Unternehmer mit dieser Maßnahme die Kunden vor die Wahl stellte, entweder die Flaschen zu ihm zurückzubringen und u.U. nur zu diesem Zweck zu ihm zurückzukehren oder 1 DM zu verlieren. Allein das Ausnutzen der Bequemlichkeit der Kunden sei nicht als sittenwidrig anzusehen.
[417] LG Hamburg, CR 2000, 617, 618 – „lastminute.com".
[418] Hartmann, CR 1999, 782, 783; Strömer, K&R 2000, 192, 193.
[419] Wendlandt, WRP 2001, 629, 640.

derartige Domain zu sichern. Wettbewerbswidrigkeit könnte nur dann vorliegen, wenn eine Täuschung bezüglich einer Allein – oder Spitzenstellung des Domaininhabers vorläge. Hierauf wird im Rahmen der Prüfung eines Anspruchs aus § 3 UWG noch eingegangen werden.

Die Sittenwidrigkeit ließe sich in allen Fällen nur damit begründen, dass der Nutzer allgemeine Informationen, nicht hingegen einen einzelnen Anbieter erwarte. So stützte das LG München I seine Begründung zur Sittenwidrigkeit auf die Möglichkeit, dass der Domaininhaber den Kunden mit seinem umfassenden Leistungsangebot daran hindere, nach anderen Mitbewerbern zu suchen.[420]
Nach dieser Aussage schafft es der Anbieter, seinem Kunden eine umfassende und zufriedenstellende Leistung zu bieten. Es ist schwer einzusehen, warum ein solches Verhalten als sittenwidrig angesehen werden sollte. Auch im konventionellen Handel versucht jeder Anbieter, seine Kunden durch ein großes Angebot und qualitativ hochwertige Ware zufrieden zu stellen. Niemand würde dies als eine sittenwidrige Handlung bezeichnen. Die Wettbewerbswidrigkeit könnte somit allenfalls darin gesehen werden, dass im Internet auch andere Anbieter die Kunden umfassend informieren könnten, wenn sie selbst den Gattungsbegriff als Domainname besäßen. Letztlich liefe dies darauf hinaus, dass Wettbewerbswidrigkeit immer dann anzunehmen sei, wenn der Nutzer die Suche im Internet einstellt, nachdem er eine Seite durch Nutzung eines Gattungsbegriffs aufgerufen hat.

Der Unwert der Registrierung von Gattungsbezeichnungen liegt darin, dass eine Domain nur durch einen Domaininhaber nutzbar und für alle weiteren gesperrt ist. *Weinknecht* geht sogar soweit, von einer faktischen Monopolisierung durch die Domainregistrierung zu reden, die nach allgemeinen Rechtsgrundsätzen als unzulässig anzusehen sei.[421]

Zwar kann in der Registrierung eines Gattungsbegriffs als Domain eine faktische Monopolisierung gesehen werden, eine hierauf beruhende Wettbewerbswidrigkeit ist aber dennoch abzulehnen. Die Registrierung eines Gattungsbegriffs als Domainname kann zu einer dem fairen Leistungswettbewerb widersprechenden Kanalisierung der Kundenströme führen. Der Unwert dieser Handlung liegt aber nicht schon in der Wahl des beschreibenden Domainnamens an sich, sondern allenfalls in der Weigerung, den Konkurrenten die Mitbenutzung eben dieser Domain zu versagen. Auch die Mitbewerber haben aber die Möglichkeit, zu versuchen, sich den Domainnamen zu sichern. Erst wenn diese Möglichkeit nicht mehr gegeben ist, auch eine Teilhabe oder eine Linksetzung auf der die Gattungsbezeichnung enthaltenden Domain ausgeschlossen ist, kann von einer

---

[420] LG München I, K&R 2001, 108, 110.
[421] Weinknecht, Anm. zu OLG Frankfurt/M..

Monopolisierung gesprochen werden. Allein die Registrierung des Domainnamens ist folglich nicht als wettbewerbswidrig anzusehen.

Ein Anspruch gem. § 1 UWG gegen die Verwender von Gattungsbezeichnungen besteht folglich nicht. Da eine gesetzliche Normierung von Regelungen zur Registrierung und zur Benutzung von Internetadressen nicht besteht, kann durch die Verwendung eines generischen Zeichens als Domainname auch kein unlauterer Wettbewerbsvorsprung durch Rechtsbruch erlangt werden. Der BGH hat in seinem Urteil „mitwohnzentrale.de" betont, dass das beanstandete Verhalten unter keine der für § 1 UWG entwickelten Fallgruppen falle und auch kein Bedürfnis bestünde, hierfür eine neue zu entwickeln.[422] Der Entscheidung wurde einmal mehr das Leitbild des „mündigen" Verbrauchers zu Grunde gelegt: „Der durchschnittlich unterrichtete und verständige Bürger wisse in der Regel, dass es sich bei der mit einem Gattungsbegriff bezeichneten Web-Site nicht um das alleinige Angebot handele".[423] Damit bestätigte der BGH die Entscheidungen anderer Gerichte, welche in der Benutzung beschreibender Domains grundsätzlich keine wettbewerbswidrige Kanalisierung von Kundenströmen im Internet sahen.[424]

Auch eine sittenwidrige Kanalisierungswirkung liegt nicht vor. Der Kanalisierungseffekt ergibt sich bereits aus dem geltenden Anmeldereglement. Der Domaininhaber sichert sich lediglich den Vorteil des ersten Zugriffs potentieller Interessenten. Dieser Vorteil ergibt sich daraus, dass er sich die Domain als Erster unter dem Gattungsbegriff registrieren lässt. Dies entspricht aber dem Grundsatz „first come, first served" und kann damit grundsätzlich nicht als wettbewerbswidrig angesehen werden. Die Annahme eines individuellen Behinderungswettbewerbs oder einer die Gesamtheit der Mitbewerber verdrängenden allgemeinen Marktbehinderung muss ausscheiden, weil die Nutzung des Domainnamens uneingeschränkt allen Mitbewerbern offen steht und daher die Teilhabe an der Kanalisierungswirkung für alle gegeben ist.[425] Es gibt somit anders als beim Rechtsbruch keinen Grund für die Mitbewerber, nicht ebenfalls zu versuchen, sich den Domainnamen zu sichern.[426]

---

[422] BGH, NJW 2001, 3262, 3264 - „mitwohnzentrale.de".
[423] BGH, NJW 2001, 3262, 3264 -„mitwohnzentrale.de".
[424] OLG Hamm, MMR 2001, 237 f.; LG Hamburg, CR 2000, 617ff. – „lastminute.com"; OLG Braunschweig, CR 2000, 614 ff.- „autovermietung.com"; LG München, MMR 2001, 185 ff – „sauna.de".
[425] Bettinger, CR 2000, 618, 619.
[426] Wendlandt, WRP 2001, 629, 636.

5. Anspruch aus § 3 UWG

§ 3 UWG setzt neben einem geschäftlichen Handeln zu Zwecken des Wettbewerbs eine Irreführung des Verkehrs voraus. Gem. § 3 UWG sind alle Angaben geschäftlicher Art verboten, die zu Wettbewerbszwecken im geschäftlichen Verkehr gemacht werden, sofern sie geeignet sind, einen nicht unerheblichen Teil der betroffenen Verkehrskreise über das Angebot, auf welches sich das Wettbewerbsverhältnis bezieht, irrezuführen. Die Entscheidung, ob eine Angabe geeignet ist, den Verkehr irrezuführen, richtet sich nach der Auffassung der Verkehrskreise, an welche sich die Werbung richtet.[427] Angaben sind alle nachprüfbaren Aussagen über geschäftliche Verhältnisse, die einen Aussagegehalt haben. Der Begriff der geschäftlichen Verhältnisse erfasst alle Umstände, die eine gewerbliche Tätigkeit im Wettbewerb fördern können. Eine Angabe in diesem Sinne kann sowohl im Gebrauch einer Unternehmens- oder Warenbezeichnung, wie auch in der Verwendung einer Gattungsbezeichnung als Internetdomain liegen.[428] Irreführend sind die Angaben dann, wenn sie entweder schon objektiv falsch sind (unwahre Angaben) oder aber, soweit sie objektiv richtig sind, von einem nicht unerheblichen Teil der beteiligten Verkehrskreise als falsch verstanden werden können (missverständliche Angaben).[429]

Im Domainrecht können sich Ansprüche aus § 3 UWG vor allem gegen den Verwender von Gattungsbezeichnungen ergeben. Ferner kommen in den Fällen des Domain-Grabbings Ansprüche wegen Irreführung über die betriebliche Herkunft in Betracht.

a. Sperrdomains

In der bloßen Registrierung einer Domain einzig mit dem Ziel, diese für den Gebrauch durch einen Dritten zu sperren liegt keine Irreführung über geschäftliche Angaben. Ansprüche aus § 3 UWG scheiden aus.

b. Domain-Grabbing

In den Fällen des Domain-Grabbings kann ein Anspruch gem. § 3 UWG wegen Irreführung über die betriebliche Herkunft in Betracht kommen. Erforderlich ist, dass der Domaininhaber eine Bezeichnung als Domain verwendet, die ein nicht unerheblicher Teil des Verkehrs aufgrund bestimmter Gütevorstellungen oder von Vertrauenswürdigkeit zu einem bestimmten Produkt mit dem Kennzeicheninhaber dieses Produktes in Verbindung bringt. Durch die Eingabe der Domain wird der User oftmals die Vorstellung erlangen, die Homepage des Kennzei-

---

[427] Baumbach/Hefermehl, Wettbewerbsrecht, § 3 Rn. 2.

[428] Baumbach/Hefermehl, Wettbewerbsrecht , § 3 Rn. 19.

[429] Baumbach/Hefermehl, Wettbewerbsrecht , § 3 Rn. 68.

cheninhabers anzuwählen, während er tatsächlich auf der Homepage des Domain-Grabbers landet.[430]

Das LG Braunschweig hat in der Entscheidung „deta.com"[431] erstmals eine Irreführung über die betriebliche Herkunft durch Domain-Grabbing bejaht. Das Gericht sah eine Gefahr darin begründet, dass der User zu der Vermutung gelangen könne, der Domaininhaber sei vom Kennzeicheninhaber zur Präsentation im Internet befugt. Bei bestehender Branchennähe könne sogar eine unternehmerische Verbindung zwischen Domain – und Kennzeicheninhaber vermutet werden. Zudem sah das Gericht eine Verwechslungsgefahr darin begründet, dass die Domain zum Verkauf an Dritte angeboten wurde. Ein unmittelbarer Konkurrent des Zeicheninhabers hätte hiermit die Möglichkeit, das Zeichen zum eigenen Nutzen zu erwerben. In diesem Fall sei aber eine Irreführung über die betriebliche Herkunft im Sinne des § 3 UWG gegeben.[432]

Zu beachten ist, dass bekannte und berühmte Kennzeichen im Hinblick auf die Verwechslungsgefahr gerade durch §§ 14, 15 MarkenG als leges speciales geschützt sind. § 3 UWG kann daher nur in den hierdurch nicht erfassten Fällen der Marken oder geschäftlichen Bezeichnungen mit nur durchschnittlicher Bekanntheit Anwendung finden.

c. Gattungsbezeichnungen

Eine Irreführung des Verkehrs könnte darüber hinaus in der Verwendung von Gattungsbezeichnungen oder generischen Begriffen als Internetdomain liegen. Mit ihrer Nutzung könnte beim Nutzer die irrige Vorstellung hervorgerufen werden, der Anbieter sei der einzige auf diesem Gebiet (Irreführung über Alleinstellung) oder seiner Konkurrenz auf diesem Gebiet fachlich überlegen (Irreführung über Spitzenstellung).[433] Die unberechtigte Inanspruchnahme einer Spitzen – oder Alleinstellung, welche in Wahrheit nicht gegeben ist, stellt anerkanntermaßen eine Fallgruppe des § 3 UWG dar.[434] Es ist daher die Frage zu klären, ob in der Verwendung von Gattungsbezeichnungen tatsächlich eine Irreführung des Internet – Users liegen kann.

Wagner will in allen Fällen der Nutzung einer Gattungsbezeichnung als Domain durch einen einzelnen Domaininhaber einen Anspruch gem. § 3 UWG gewähren. Er geht davon aus, dass generische Begriffe und Gattungsbezeichnungen der Gesamtheit der unter der Bezeichnung tätigen Unternehmen und Selbständi-

---

430 Ubber, WRP 1997, 497, 509.
431 LG Braunschweig, CR 1998, 364.
432 LG Braunschweig, CR 1998, 364, 365 f..
433 LG Köln, MMR 2000, 45, 46 – „hauptbahnhof.de"; Kur, CR 1996, 325, 329; Ernst, BB, 1997, 1057, 1061; Thiele/Rohlfing, MMR 2000, 591, 596.
434 BGH, GRUR 1965, 363, 364 – „Fertigbrei"; BGH, GRUR 1971, 365, 366f.- „Wörterbuch"; Baumbach/Hefermehl, Wettbewerbsrecht, § 3 Rn. 68 ff..

gen vorzubehalten seien. So könne beispielsweise unter der Domain „anwalt.de" die Bundesrechtsanwaltskammer oder der Deutsche Anwaltsverein, nicht hingegen ein einzelner Anwalt auftreten.[435]

Ob tatsächlich eine Irreführung angenommen werden kann, ist aber letztlich nach den Umständen des jeweiligen Einzelfalls zu entscheiden. Die Gefahr einer Irreführung des Nutzers durch die Verwendung von Gattungsbezeichnungen ist grundsätzlich unwahrscheinlich. Das Internet ist mittlerweile ein derart verbreitet genutztes Medium, dass davon ausgegangen werden muss, dass die User mit den Besonderheiten des Internet zumindest in den Grundzügen vertraut sind. Dann wird aber ein User, welcher einen Gattungsbegriff verwendet, lediglich thematisch hierzu passende Inhalte, nicht hingegen einen Überblick über die gesamte Branche erwarten.[436] Handelt es sich um herkömmliche Produkte, so wissen die Nutzer ohnehin um die Vielzahl der Anbieter und lassen sich allein von der Gattungsbezeichnung im Domainnamen nicht irreführen. Anders kann dies sein, wenn es um ein neues Produkt oder ein solches aus einer bestimmten Handelsnische geht oder gerade ein internetspezifisches Angebot betroffen ist. Dann kann im Einzelfall der Eindruck entstehen, der gefundene Anbieter sei der einzige seiner Art.[437]

Eine Irreführung soll nach vereinzelter Ansicht auch dann vorliegen können, wenn auf der Web-Site andere als die durch den Domainnamen beschriebenen Produkte angeboten werden.[438] Ein Verstoß gegen § 3 UWG ist aber nur gegeben, wenn die Irreführung über den Inhalt der Web-Site wettbewerbsrechtliche Relevanz gerade für den Kauf des betreffenden Produktes hat.[439] Allein die Verwendung einer anderen als der üblichen Bezeichnung für das Produkt stellt keine solche wettbewerbsrechtliche Irreführung dar. Ist der User erst einmal auf der Homepage und findet dort nicht das aufgrund des Domainnamens erwartete Objekt, wird es auch nicht zu einem Kauf der Sache aufgrund einer Irreführung kommen.[440]

Es bleibt festzuhalten, dass Gattungsbegriffe grundsätzlich rechtmäßigerweise als Internet-Adresse verwendet werden können. Ein Wettbewerbsverstoß liegt in der Regel nicht vor, da der Domaininhaber lediglich den sich ihm bietenden

---

[435] Wagner, ZHR, 1998, 701, 718.

[436] BGH, NJW 2001, 3262, 3263 –„mitwohnzentrale.de"; LG Frankfurt/M. CR 2001, 713, 714 – „drogerie.de"; Bettinger, CR 1997, 273, 274; Kur, CR 1996, 325, 329; Ubber, WRP 1997, 497, 510; Bücking, MMR 2000, 656, 661.

[437] Wendlandt, WRP 2001, 629, 636.

[438] Schwarz/Poeck/Joos, Recht im Internet, Kap. 4-2.2, S. 70. 222; Hartmann, CR 1999, 779, 782; ähnlich auch OLG Hamburg, MMR 2002, 480, 481 – „jobpilot.de".

[439] Vgl. zur erforderlichen wettbewerbsrechtlichen Relevanz der Irreführung Baumbach/Hefermehl, Wettbewerbsrecht,§ 3 Rn. 87.

[440] Wendlandt, WRP 2001, 629, 626.

Vorteil nutzt, ohne in unlauterer Weise auf Kunden einzuwirken, welche bereits in Kontakt zum Mitbewerber stehen. Anders ist nur bei einer möglichen Irreführung des Verbrauchers durch den generischen Domainnamen zu entscheiden. Ist eine solche zu vermuten, kann dem Domaininhaber die Pflicht auferlegt werden, auf seiner Web-Site darauf hinzuweisen, dass es sich bei dem vorhandenen Angebot nicht um das einzige dieser Art handelt.[441]

Die Zulässigkeit der Verwendung von Gattungsbezeichnungen als Domainnamen stößt aber auch auf Grenzen, wenn kein Fall der Irreführung vorliegt. Sie kann zum einen missbräuchlich sein, wenn der Verwender die Bezeichnung nicht nur unter einer, sondern gleich unter allen relevanten Top – Level – Domains (z.B. ".de" und „.com“) nutzt. Des weiteren ist es auch als wettbewerbswidrig anzusehen, wenn eine Domain mit einer Gattungsbezeichnung in allen möglichen Schreibweisen blockiert wird, da hierdurch eine Nutzung der Bezeichnung als Internetdomain für andere Interessenten gänzlich verhindert wird.[442]

6. Rechtsverfolgung

§§ 1, 3 UWG gewähren Unterlassungs – bei Verschulden auch Schadensersatzansprüche. Die Anspruchsberechtigung für den Unterlassungsanspruch ergibt sich aus § 13 Abs. 2 UWG, insbesondere für Mitbewerber aus § 13 Abs. 2 Nr.1 UWG. Zu klären ist, welches Verhalten genau zu unterlassen ist. Wie gezeigt, liegt der eigentliche Unwert der Registrierung einer Gattungsbezeichnung in der faktischen Monopolisierung für den betreffenden Domaininhaber und dem Ausschluss der Nutzungsmöglichkeit für andere Interessierte. Daher scheint es sinnvoll, die Nutzung eines Gattungsbegriffs oder einer generischen Bezeichnung nicht vollständig zu untersagen, sondern nur die Situation der faktischen Monopolisierung zu verhindern, etwa indem den Mitbewerbern eine faire Teilhabe am Domainnamen eingeräumt wird.[443]

Zur Lösung des Konfliktes um die Nutzung von Gattungsbezeichnungen wird erwogen, den in Streit stehenden Gattungsbegriff gleichsam als Oberbegriff zu verwenden und für die einzelnen Anbieter durch unterschiedliche Sub-Domains zu ergänzen.[444] Teilweise ist dies auch schon erfolgt. Jedoch hing in diesen Fällen die Vergabe der Sub-Domain stets von der Gestattung desjenigen ab, der die Gattungsbezeichnung zuerst für sich registriert hatte. Zudem wurde sie oftmals von Zahlungen abhängig gemacht. Die Lösung der Zuteilung einer Domain mit unterschiedlichen Sub-Domains würde folglich nur dann zu gerechten Ergebnissen führen, wenn sie durch die DENIC eG mitgeregelt würde. Eine solche Rege-

---

[441] BGH, NJW 2001, 3262, 3263-„mitwohnzentrale.de“.
[442] BGH, NJW 2001, 3262, 3264 – „mitwohnzentrale.de“.
[443] OLG Braunschweig, MMR 2000, 610 –„stahlguss.de“.
[444] Vgl. Kur, CR 1996, 325, 329.

lung ist aber nicht vorgesehen und mit dem Verfahren der DENIC eG, insbesondere dem Prioritätsgrundsatz, auch nicht zu vereinbaren. Darüber hinaus wäre auch das hierdurch erreichte Ziel nicht unbedingt das gewünschte. In den meisten Fällen wollen die Mitbewerber keine eigene Sub-Domain unter der Gattungsbezeichnung erlangen, sondern schlicht verhindern, dass eine Gattungsbezeichnung als Domain registriert wird, weil diese eine Kanalisierungswirkung entfaltet, durch welche die Mitbewerber schlicht übersehen werden. Damit vermag die Vergabe einer Domain mit unterschiedlichen Sub-Domains nur in wenigen Ausnahmefällen zur Konfliktvermeidung geeignet zu sein.[445] Letztlich führt weder die uneingeschränkte Freigabe der Nutzung von Gattungsbegriffen und eine damit einhergehende Monopolisierung noch ein vollständiges Verbot der Nutzung zu einer angemessenen Lösung.

Eine andere Möglichkeit zur Konfliktbeseitigung wird darin gesehen, den Domaininhaber zur Linksetzung auf andere Mitbewerber auf seiner Homepage zu verpflichten. Dann wäre ein Abfangen von Kunden und eine faktische Alleinstellung des Domaininhabers nicht mehr gegeben.[446] Als Rechtsgrundlage hierfür wird vereinzelt eine Duldungspflicht als Unterfall des Unterlassungsanspruchs aus § 1 UWG angesehen[447] oder eine Anwendung des Rechtsgedankens des Notwegerechts gem. § 917[448] BGB für sinnvoll erachtet. Würde eine Gattungsbezeichnung durch Registrierung als Domain für andere Mitbewerber gesperrt, so müsse der Domaininhaber durch das Anbringen von Links einen Überweg über seine Homepage schaffen.[449] Die analoge Anwendung des § 917 BGB als Anspruchsgrundlage für eine Linksetzung scheidet aber aus, da kein Eigentum des Domaininhabers an der Domain besteht, so dass die Rechtslage nicht vergleichbar ist.[450]

Nach Ansicht *Wagners* soll dem Domaininhaber ein Wahlrecht zustehen, den Mitbewerbern entweder ein Teilhaberecht an der Domain zu gewähren oder diese selbst freizugeben. Dem Unterlassungsanspruch könne somit auch durch Linksetzung zu den anderen Anbietern Rechnung getragen werden.[451] Zwar ist, wie gezeigt, § 8 MarkenG nicht analog anwendbar, die Rechtslage ist aber durchaus vergleichbar mit der in § 8 Abs. 2 Nr.2 MarkenG erfassten. Liegt ein Gattungsbegriff vor, unter dem bestimmte Produkte angeboten werden und tritt eine faktische Monopolisierung ein, so ist ein Freihaltebedürfnis an der Domain

---

[445] Kur, CR 1996, 325, 329.
[446] Wagner, ZHR 1998, 701, 718 f. zu einem Anspruch aus § 3 UWG; Renck, WRP 2000, 264, 268.
[447] Renck, WRP 2000, 264, 268.
[448] Marwitz, WRP 2001, 9, 12; Renck, WRP 2000, 264, 268.
[449] Renck, WRP 2000, 264, 268; zustimmend Wendlandt, WRP 2001, 629, 643.
[450] Siehe hierzu schon oben B.I.9.b..
[451] Wagner, ZHR 1998, 701, 718.

gegeben. Dann muss zumindest der Rechtsgedanke des § 8 Abs. 2 Nr. 2 MarkenG, den Begriff für die gesamte Branche zugänglich zu belassen, auch i.R.d. § 1 UWG berücksichtigt werden. Dies soll sich am Besten dadurch verwirklichen lassen, dass jedem Mitbewerber ein Recht auf eine Linksetzung auf der entsprechenden die Gattungsbezeichnung enthaltenden Domain zukommen soll.[452] Dies scheint zwar ein sinnvoller Weg zur Konfliktlösung, es ergeben sich aber Probleme praktischer Art. Zum einen wird es sich in vielen Bereichen aufgrund der zahlreichen Anbieter kaum verwirklichen lassen, jedem Anbieter aus einer bestimmten Branche die Möglichkeit eines eigenen Links zu verschaffen.[453] Wird aber nur für einen Bruchteil der Anbieter ein Link gesetzt, so erhöht gerade dies die Gefahr, dass der User das dann vorhandene Angebot als abschließend ansieht oder zumindest aufgrund der großen Auswahl nun tatsächlich nicht mehr nach weiteren Anbietern sucht.

Für eine Vielzahl von Fällen fehlen hier noch zufriedenstellende Lösungen. Möglichkeiten zur Konfliktvermeidung beziehungsweise Konfliktverminderung könnten in der Erweiterung der Domainnamen um branchenspezifische Zusätze oder in der Umstrukturierung des Registrierungssystems liegen.[454] Solange hier keine Veränderungen vorgenommen werden, muss es aus Gründen der Rechtssicherheit bei der Anwendung des Prioritätsprinzips bleiben.

V. Ansprüche aus Deliktsrecht

Sind Ansprüche aus dem Marken -, Namens – oder Wettbewerbsrecht aufgrund fehlender Anspruchsvoraussetzungen, etwa dem Handeln „im geschäftlichen Verkehr“ i.R.d. §§ 14, 15 MarkenG oder „zu Zwecken des Wettbewerbs“ i.R.d. §§ 1, 3 UWG nicht gegeben, so bleibt dem Kennzeicheninhaber grundsätzlich die Möglichkeit, deliktischen Schutz über die Normen des BGB zu erlangen.

1. Anwendbarkeit neben dem MarkenG

Erwägungsgrund 9 der Präambel zur Markenrechtsrichtlinie[455] sieht vor, dass die Mitgliedstaaten bekannten Marken einen über die Richtlinie hinausreichenden Schutz gewähren können. Hieraus könnte man folgern, dass der Schutz bekannter Marken - und eben nur dieser - nicht abschließend durch die Richtlinie geregelt wird. Dann wäre in richtlinienkonformer Auslegung davon auszugehen, dass ein ergänzender Schutz nur für bekannte Marken möglich ist.

---

[452] Wagner ZHR 1998, 701, 716, 719.

[453] LG München I, MMR 2001, 185, 187.

[454] Siehe zu den Möglichkeiten der Konfliktvermeidung Kapitel E.

[455] Erste Richtlinie des Rates vom21.12.1988 zur Angleichung der Rechtsvorschriften der Mitgliedstaaten über die Marken (89/104/EWG) (Abl. EG Nr. L 40 v. 11.02.1989).

Der Wortlaut des MarkenG fordert eine solche Auslegung aber nicht. § 2 MarkenG schließt eine Anwendung anderer Vorschriften neben dem MarkenG grundsätzlich nicht aus. Eine Beschränkung auf bekannte Marken liegt nicht vor.

Deliktsrechtliche Regelungen können als ergänzende Schutznormen neben § 12 BGB und den wettbewerbsrechtlichen Ansprüchen in Betracht kommen, wenn Ansprüche aus dem MarkenG aufgrund der erhöhten Voraussetzungen wie Handeln im geschäftlichen Verkehr oder der Branchenähnlichkeit nicht gegeben sind. Insbesondere die Schutzlücke für Marken gem. § 12 BGB bei einem Handeln des Verletzers außerhalb des geschäftlichen Verkehrs kann über § 823 Abs. 1 BGB geschlossen werden.

2. Eingriff in den eingerichteten und ausgeübten Gewerbebetrieb, § 823 Abs. 1 BGB

Bevor am 1.1.1995 das neue Markengesetz in Kraft trat, wurden berühmte Warenzeichen auch gem. § 823 Abs. 1 BGB über das Rechtsinstitut des eingerichteten und ausgeübten Gewerbebetriebes (eaG) geschützt.[456] Teils wird vertreten, dass ein solcher Anspruch auch heute noch besteht.[457] Wollte der Kennzeicheninhaber einen Anspruch auf das Recht am eaG stützen, so müsste zunächst die Nutzung des eigenen Kennzeichens als Domain zum Recht am eaG gehören.

Der Schutzbereich des eaG umfasst alles, was den wirtschaftlichen Wert des Betriebes ausmacht.[458] Hierzu gehört auch die auf einem Internetserver betriebene Web-Site, die als Werbe – und Vertriebsfläche des Unternehmens dient und dadurch den wirtschaftlichen Wert des Betriebes erhöht. Wird diese Werbe- und Vertriebsmöglichkeit durch einen Dritten ohne eigenes legitimes Interesse be – oder verhindert, liegt ein betriebsbezogener Eingriff in das Recht am eaG vor.[459]

Ein Rückgriff auf das subsidiäre Institut des eaG ist aber nicht erforderlich. Dem Markeninhaber wird in § 14 Abs. 1 und § 15 Abs. 1 MarkenG ausdrücklich ein ausschließliches Recht an der Marke gewährt. Dann aber kann er seinen Anspruch direkt auf § 823 Abs. 1 BGB stützen, ohne dass es eines Rückgriffs auf das Rechtsinstitut des eaG bedarf.[460]

3. Anspruch gem. § 823 Abs. 1 i.V.m. § 1004 BGB

Gem. § 823 Abs. 1 BGB sind neben Leben, Körper, Gesundheit, Freiheit und Eigentum auch alle sonstigen Rechte vor widerrechtlichen Verletzungen geschützt. Als sonstige Rechte sind alle Rechte zu verstehen, die denselben Charakter wie das Eigentum haben und die ebenso wie Leben, Gesundheit und Frei-

---

456 Wegner, CR 1999, 250, 257.
457 So Racz ohne Begründung, Second-Level-Domains, S. 169.
458 BGH DB 1971, 571.
459 Bücking, Namens – und Kennzeichenrecht, S. 123.
460 Wegner, CR 1999, 250, 257; MünchKomm/Mertens, § 823 Rb. 153.

heit von jedermann zu beachten sind. Sonstige Rechte sind damit alle ausschließlichen Rechte.[461] Gem. §§ 14 Abs. 1, 15 Abs. 1 MarkenG gewähren der Erwerb des Markenschutzes gem. § 4 MarkenG sowie der Erwerb des Schutzes einer geschäftlichen Bezeichnung dem Inhaber ein ausschließliches Recht. Die Marke und die geschäftliche Bezeichnung unterfallen damit dem Schutzbereich des § 823 Abs. 1 BGB.

Wird ein fremdes Kennzeichen in der Absicht registriert, den Kennzeicheninhaber an der Benutzung des Zeichens im Internet zu hindern, ist darin ein rechtswidriger Eingriff in ein sonstiges Recht des Kennzeicheninhabers zu sehen. Diesem steht dann gem. §§ 823 Abs. 1, 1004 BGB ein Anspruch auf Unterlassung der schädigenden Nutzung der Domain und Ersatz des durch die bis zu diesem Zeitpunkt erfolgte rechtswidrige Nutzung entstandenen Schadens zu.

4. Anspruch gem. § 826 BGB

In den Fällen des Domain-Grabbings oder der Nutzung einer Sperrdomain kommt weiterhin ein Anspruch gem. § 826 BGB in Betracht. Dieser dient als Auffangtatbestand zum Schutz allgemeiner materieller und ideeller Interessen neben anderen Anspruchsgrundlagen innerhalb und außerhalb des BGB. Er setzt ein sittenwidriges Verhalten des Schädigers voraus.

Ein sittenwidriges Verhalten liegt unzweifelhaft in den Fällen vor, in welchen ein Domain-Händler gerade einen einzelnen Anbieter an der Nutzung seiner Domain hindern will und eine Domain nur in der Absicht registriert, diese für einen anderen zu sperren.[462]

Ein genereller Anspruch aus § 826 BGB gegen Domain-Händler besteht hingegen nicht. Zwar gewährte das LG Düsseldorf in der Entscheidung „literaturen.de" dem Kennzeicheninhaber einen Anspruch aus § 826 BGB gegen den Domaininhaber.[463] In diesem Fall war die umstrittene Domain bereits registriert, bevor ein Kennzeichenrecht an dem mit der Second-Level-Domain übereinstimmenden Begriff beansprucht wurde. Aus der Tatsache, dass die Beklagte sich eine Vielzahl von Domains hatte registrieren lassen sowie aus der mangelnden Erfahrung der Beklagten auf dem Gebiet der Gestaltung von Web-Sites, schloss das Gericht, dass die Domains nicht zur eigenen Nutzung, sondern zum Zwecke des Verkaufs an Dritte registriert worden seien. Dieser Domainhandel sei als sittenwidrig anzusehen.[464]

---

[461] Palandt/Thomas, BGB, § 823 Rn. 11.
[462] OLG Frankfurt/M. GRUR–RR 2001, 264, 265 – „weltonline.de"; siehe hierzu schon oben B.IV.4.a.dd..
[463] LG Düsseldorf, CR 2002, 138 – „literaturen.de".
[464] LG Düsseldorf, CR 2002, 138 -„literaturen.de".

Dem kann nicht gefolgt werden. Der Handel mit Domains ist in Deutschland und den USA üblich und weit verbreitet.[465] Es besteht eine grundsätzliche Berechtigung, mit regionalen und überregionalen Domains zu handeln, soweit diese keine national geschützten Unternehmenskennzeichen enthalten. Der Verkauf der Domain ist solange legitim, wie durch ihn nicht ein bestimmter Interessent behindert, sondern einer Vielzahl von Interessenten die Möglichkeit des Erwerbs der Domain eröffnet wird.[466] Es gibt verschiedene Web-Sites, auf denen ein solcher Handel betrieben wird, wie etwa www.domain-markt.de oder www.domainhandel.de. Dieser Handel wurde bislang nicht als sittenwidrig angesehen. Im übrigen ist nicht ersichtlich, worin die Sittenwidrigkeit liegen sollte, wenn Domainnamen, welche nicht mit einem geschützten Kennzeichen eines Dritten übereinstimmen, auf dem Markt angeboten werden. Aus der Begründung des Urteils durch das LG Düsseldorf geht hervor, dass es den Domainhandel grundsätzlich als sittenwidrig ansieht. Die Sittenwidrigkeit ergebe sich bereits daraus, dass der Domaininhaber, welcher sich eine Vielzahl an Domains zum ausschließlichen Zwecke des Weiterverkaufs registrieren lasse, Gewinne erziele, die sowohl hinsichtlich ihres grundsätzlichen Eintretens als auch in Bezug auf ihren Umstand unabhängig von einer Leistung des Rechtsinhabers sind.[467] Dies allein vermag aber die Sittenwidrigkeit nicht zu begründen. Auch in anderen Bereichen des Wirtschaftslebens können unabhängig von der eigenen Leistung Gewinne gemacht werden, etwa bei allen Arten von Spekulationsgeschäften, also dem Handel von Aktien oder Optionsscheinen oder der Spekulation mit Immobilien.[468] In diesen Fällen käme niemand auf die Idee, das Handeln als sittenwidrig einzustufen, insbesondere da es immer auch risikobehaftet ist. Nichts anderes kann dann für die Registrierung von Domains gelten. Der Domaininhaber kann darauf hoffen, dass die von ihm registrierten Domains bei seinen Kunden auf Interesse stoßen und er infolge dessen durch ihren Verkauf einen Gewinn macht. Wichtig ist eben, dass es sich bei den Domains nicht um geschützte Kennzeichen Dritter handelt.

Ein Schaden i.S.v. § 826 BGB liegt nicht nur in der nachteiligen Einwirkung auf die Vermögenslage, sondern beinhaltet jede Beeinträchtigung eines rechtlich anerkannten Interesses.[469] Hiervon erfasst ist insbesondere auch die Verwertung von Bemühungen, die ein anderer zur Schaffung bestimmter Kennzeichen oder

---

[465] Wilmer, CR 1997, 562, 566.

[466] Bücking, Namens – und Kennzeichenrecht, S. 125; Ubber, WRP 1997, 497, 510; Bettinger, GRUR Int. 1997, 402, 414; Völker/Weidert, WRP 1997, 652, 661; Mietzel/Hero, MMR 2002, 84, 87.

[467] LG Düsseldorf, CR 2002, 138 -„literaturen.de".

[468] Mietzel/Hero, MMR 2002, 84, 87.

[469] Ernst, BB 1997, 1057, 1062; Völker/Weidert, WRP 1997, 652, 661.

Titel aufgewendet hat.[470] Solange also kein bestimmter dritter Interessent an der Domain in seinen Rechten verletzt wird, liegt keine Sittenwidrigkeit vor.

Im Ergebnis muss die Entscheidung des LG Düsseldorf wohl als eine Ausnahmeentscheidung gesehen werden. Zwar nahm das OLG Frankfurt/M. in späteren Entscheidungen auch Sittenwidrigkeit gem. §§ 226, 826 BGB an, jedoch lagen hier die Sachverhalte so, dass der Domaininhaber nicht nur eine Vielzahl an Domains mit Gattungsbezeichnungen, sondern gerade auch mit berühmten oder bekannten Namen oder Kennzeichen registriert hatte, um sie dann in Gewinnerzielungsabsicht weiterzuveräußern.[471]

---

[470] Vgl. BGH GRUR 1986, 74, 76 f. –„Shamrock III"; MünchKomm/Mertens, § 826 Rn. 51.
[471] OLG Frankfurt/M., GRUR-RR 2001, 264, 265 f. – „weltonline.de"; OLG Frankfurt/M. K&R 2001, 420 ff. – „praline-tv.de".

C. Ansprüche gegen die Vergabestelle

I. Ansprüche gegen die DENIC eG

Während bislang nur mögliche Ansprüche gegen den unmittelbaren Störer, nämlich den Domain-Name-Inhaber, beleuchtet wurden, ist nun zu klären, ob der Kennzeicheninhaber auch Ansprüche gegen die Vergabestelle DENIC eG geltend machen kann. Ansprüche gegen diese können für den Kennzeicheninhaber insbesondere dann von praktischer Relevanz sein, wenn der Inhaber der streitgegenständlichen Domain sich im Ausland befindet, sich einer Freigabe der Domain beharrlich widersetzt oder die Prozesskosten nicht zahlen kann. In diesen Fällen könnte sich der Kennzeicheninhaber zur Durchsetzung seiner Ansprüche an die DENIC eG wenden, wenn diese tatsächlich als Mitverantwortliche anzusehen wäre. In der Literatur wird die Frage um die Mitverantwortlichkeit der DENIC eG schon seit längerer Zeit diskutiert. Teils wird eine Haftung völlig abgelehnt[472], teils nur bei groben und evidenten Verstößen der Vergabestelle bejaht.[473]

Problematisch ist bereits, auf welche Anspruchsgrundlage sich eine mögliche Haftung der DENIC eG stützen ließe. Für die Frage der Verantwortlichkeit muss zunächst zwischen Unterlassungs– und Schadensersatzansprüchen unterschieden werden. Im Gegensatz zu etwaigen Schadensersatzansprüchen sind Unterlassungsansprüche nach dem MarkenG und dem Wettbewerbsrecht nicht verschuldensabhängig. Für das Markenrecht ergibt sich dies aus einem Umkehrschluss aus §§ 14 Abs. 6 und 15 Abs. 5 MarkenG, wonach ein Schadensersatzanspruch nur bei Vorsatz oder Fahrlässigkeit gewährt wird. Diese Voraussetzung ist für die Unterlassungsansprüche in §§ 14 Abs. 5 und 15 Abs. 4 MarkenG nicht normiert. Auf den verschuldensunabhängigen Unterlassungsanspruch kann damit grundsätzlich auch die DENIC eG in Anspruch genommen werden. Eine zusätzliche Schadensersatzpflicht aufgrund von Fahrlässigkeit käme zudem in Betracht, wenn der DENIC eG eine Prüfungspflicht hinsichtlich der Verletzung von Rechten Dritter durch den Domainanmelder obläge.

1. Ansprüche aus täterschaftlicher Haftung

a. Markenrechtliche Ansprüche, §§ 14, 15 MarkenG

Unterlassungsansprüche gegen die DENIC eG könnten sich aus §§ 14 Abs. 5, 15 Abs. 4 MarkenG ergeben. Die DENIC eG betreibt eine Datenbank mit dem Verzeichnis aller „.de“ – Domains mit Angaben über den jeweiligen Domaininhaber. Hierdurch sollen Doppelregistrierungen verhindert werden. Zudem betreibt sie den sog. Nameserver. Hier wird jede „.de“ - Domain mit einer IP - Nummer versehen, die als eigentliche Adresse erst die Anwahl des Computers ermöglicht.

---

[472] Nordemann, NJW 1997, 1891, 1896 f..

[473] Bücking, Namens – und Kennzeichenrecht, S. 135; Ubber, WRP 1997, 497, 511; Freitag, MA 1996, 495, 497.

Die DENIC eG registriert und verwaltet also die Domains für die Domaininhaber. Darin ist – ebenso wie beim Eintragen einer Marke durch das deutsche Patent – und Markenamt - keine Nutzung im geschäftlichen Verkehr i.S.d. §§ 14, 15 MarkenG zu sehen.[474] Eine unmittelbare Verletzung des Kennzeichenrechts durch die Registrierung von Domains durch die DENIC eG scheidet damit aus.

In der Registrierung könnte aber eine sog. mittelbare Markenbenutzung durch die DENIC eG liegen. Auch derjenige ist mittelbarer Zeichenverletzter, der ursächlich einen Tatbeitrag zu einer unmittelbaren Zeichenverletzung eines Dritten leistet und die zur Vermeidung der Rechtsverletzung gebotenen und zumutbaren Maßnahmen unterlässt. Dabei kann als Mitwirkungshandlung auch die Unterstützung der Vorgehensweise eines Dritten genügen, sofern die rechtliche und tatsächliche Möglichkeit zur Verhinderung der verletzenden Handlung besteht.[475] § 14 Abs. 4 MarkenG erfasst einzelne Fälle mittelbarer Markenverletzungen und weist diese ausdrücklich als Verletzungshandlungen aus. Dabei ist die Aufzählung der Norm nur beispielhaft und keineswegs abschließend.[476] Durch die Registrierung der Domain hat die DENIC eG einen im Sinne der Äquivalenztheorie ursächlichen Beitrag zur Verursachung der Kennzeichenverletzung geleistet. Da es bei den markenrechtlichen Unterlassungsansprüchen auf ein Verschulden nicht ankommt, scheint ein Anspruch gegen sie unausweichlich.

Auch wenn es aber auf ein Verschulden nicht ankommt, könnte der DENIC eG doch nur ein Vorwurf gemacht werden, wenn es ihr tatsächlich zuzumuten wäre, die jeweilige Zeichenverletzung etwa durch Überprüfung entgegenstehender Rechte Dritter bei der Registrierung der Domain, zu verhindern. Für die Beantwortung der Frage, wann diese Zumutbarkeit als gegeben angesehen werden muss, wird vielfach eine Parallele zur Haftung von Presseunternehmen für das Anzeigengeschäft gezogen. Hier beschränkt sich die Prüfungspflicht des Verlegers bei der Veröffentlichung von Anzeigenaufträgen auf grobe und eindeutige Wettbewerbsverstöße.[477] Die nur eingeschränkte Haftung des Presseunternehmens wird mit einer verfassungskonformen Auslegung der Pflichten des Presseorgans, Art. 5 Abs. 1 GG, begründet. Eine Überprüfung aller zu veröffentlichenden Anzeigen auf Gesetzesverstöße sei gerade im Hinblick auf das Erfordernis

---

474 LG Düsseldorf, GRUR 1998, 159, 161 – „epson.de".
475 BGH WRP 1997, 325, 326 – „Architektenwettbewerb".
476 OLG Frankfurt/M., MMR 2000, 36, 37 – „ambiente.de"; Ingerl/Rohnke, MarkenG, § 14 Rn. 136.
477 BGH WRP 1991, 19, 21 – „Pressehaftung I"; BGH WRP 1992, 640, 641 – „Pressehaftung II"; BGH GRUR 1995, 751, 752 – „WSV-Werbung für Möbel"; vgl. zu den Grundsätzen der Haftung der Presse im Wettbewerbsrecht Baumbach/Hefermehl, Wettbewerbsrecht, Einl. UWG Rn. 239, § 13 Rn. 58.

einer möglichst zeitnahen Veröffentlichung nicht zumutbar, da hierdurch die Arbeit der Presse erheblich erschwert würde.[478]
Der Überlegung, die Grundsätze der Pressehaftung auf die Haftung der DENIC eG zu übertragen, wird vereinzelt entgegengehalten, dass der Zeitdruck bei der Vergabe der Domainnamen durch die DENIC eG nicht ohne weiteres in dem Maße bestehe. Daher seien die Sachverhalte nicht vergleichbar und die Grundsätze der Haftungsbeschränkung auf die DENIC eG nicht übertragbar.[479] In einigen Fällen wird die Überprüfung der Rechte eines Domainanmelders durch die DENIC eG tatsächlich nicht besonders aufwendig und zeitraubend sein. Dennoch muss von einer grundsätzlichen Unzumutbarkeit der Überprüfung ausgegangen werden. Die DENIC eG hat täglich eine Vielzahl an Domainregistrierungen (ca. 1800) vorzunehmen. Ziel der DENIC eG ist es gerade, diese möglichst schnell und unbürokratisch durchzuführen. Selbst relativ leicht vorzunehmende Kontrollen würden die Arbeit der Vergabestelle stark beeinträchtigen. Zudem hat der BGH auch in anderen Fallgestaltungen, in welchen nicht die Situation des besonderen Zeitdrucks bestand und die dennoch auf die hier in Frage stehende Situation übertragen werden können, Haftungsbeschränkungen angenommen. So ist beispielsweise auch der Herausgeber von Branchentelefonbüchern nur im Rahmen des ihm Möglichen und Zumutbaren verpflichtet, die wettbewerbsrechtliche Zulässigkeit der von einem Inserenten begehrten Eintragung sicherzustellen.[480]

Um das Ausmaß der Prüfungspflichten festzustellen, muss die Funktion und Aufgabenstellung des als mittelbaren Verletzer in Anspruchgenommenen sowie die Eigenverantwortlichkeit des unmittelbar handelnden Dritten berücksichtigt werden.[481] Da die DENIC eG in ihrer Arbeit nicht über Gebühr belastet werden soll, können ihr nur eingeschränkte Prüfungspflichten auferlegt werden. Die Frage ist, wie weit diese gehen müssen.

Nach Auffassung der Kammer im Fall „heidelberg.de" sollte gegen eine Verantwortlichkeit der Vergabestelle sprechen, dass diese nach ihren Registrierungsbedingungen gerade keine Prüfung der anzumeldenden Domains vorzunehmen habe.[482] Ähnlich sah dies das KG Berlin in der Entscheidung „concert-concept". Durch die Vergabestelle würde nur die Vergabe und Registrierung freier Domains vorgenommen. Eine inhaltliche Prüfung finde hingegen nicht statt, wodurch Ansprüche gegen die DENIC eG ausgeschlossen wären.[483] Aus

---

478 BGH WRP 1991, 19, 21 – „Pressehaftung I".
479 Völker/Weidert, WRP 1997, 652, 662.
480 BGH GRUR 1994, 841, 842 f. – „Suchwort".
481 Vgl. BGH GRUR 1995, 62, 64 f. – „Betonerhaltung"; BGH, GRUR 1993, 561, 562; BGH, GRUR 1994, 819, 821; BGH, GRUR 1996, 71, 72 f..
482 LG Mannheim, NJW 1996, 2736, 2737 – „heidelberg.de".
483 KG Berlin, NJW 1997, 3321, 3322 – „concert-concept".

den Registrierungsbedingungen der DENIC eG ergibt sich, dass es grundsätzlich zunächst in den Verantwortlichkeitsbereich des Anmelders fällt, die rechtliche Zulässigkeit seines Vorgehens festzustellen.[484] Die DENIC eG zeichnet sich zudem von der Haftung frei, sofern die Verletzung nicht grob fahrlässig oder vorsätzlich verursacht worden ist.[485]

Die Aussagen der Gerichte geben somit nur wieder, wie die DENIC eG sich aufgrund ihrer Registrierungsbedingungen verhält, nicht aber, wie sie sich verhalten soll. Die Frage ist gerade, ob, bzw. in welchem Umfang eine Haftungsfreistellung einseitig in den Registrierungsbedingungen festgelegt werden kann.

aa. Prüfungspflichten bei Erstregistrierung

Grundsätzlich obliegen der DENIC eG bei der Erstregistrierung eines Domainnamens keinerlei Prüfungspflichten. Das ergibt sich bereits daraus, dass es bei der Beurteilung markenrechtlicher Ansprüche immer auch auf die Verwechslungsgefahr und für die Beurteilung dieser ganz wesentlich auch auf den Inhalt der Web-Site ankommt. Damit müssen markenrechtliche Ansprüche gegen die DENIC eG grundsätzlich schon deshalb ausscheiden, da das bloße Registrieren eines Domainnamens in der Regel – sofern es sich nicht um eine bekannte Marke handelt - noch keine Verwechslungsgefahr erzeugt und damit auch nicht den Markenschutz beeinträchtigt.[486]

Der BGH hat in dem Urteil „ambiente.de“ zu recht entschieden, dass der DENIC eG bei der Erstregistrierung selbst eine Prüfung hinsichtlich völlig eindeutiger, für jedermann erkennbarer Verstöße nicht zumutbar wäre, da es mit dem bewährten automatisierten Registrierungsverfahren nicht in Einklang zu bringen sei.[487] Im Rahmen der Erstregistrierung ist die DENIC eG daher nur dann zum Handeln verpflichtet, wenn ihr ein rechtskräftiges Urteil vorliegt, welches die Rechtswidrigkeit der Domain festlegt.[488]

bb. Prüfungspflichten bei Hinweis auf Kennzeichenrechtsverletzung

Wird die DENIC eG auf eine Verletzung der Rechte Dritter hingewiesen, so trifft sie eine eingeschränkte Prüfungspflicht. Sie soll dann zur Löschung einer Registrierung verpflichtet sein, wenn die Verletzung eines Kennzeichenrechts durch die Domain „offenkundig“ ist.[489] Problematisch ist aber die Bestimmung,

---

[484] § 3 Abs. 1 der Registrierungsbedingungen der DENIC eG.
[485] § 5 Abs. 1 der Registrierungsbedingungen der DENIC eG.
[486] Vgl. schon oben B.I.5.a..
[487] BGHZ 148, 13, 20 - „ambiente.de“.
[488] Ein rechtskräftiges Urteil in einem einstweiligen Verfügungsverfahren reicht hingegen nicht aus, da die entsprechende Verfügung gem. §§ 926, 927, 936 ZPO wieder aufgehoben werden kann.
[489] BGHZ 148, 13, 21 - „ambiente.de“.

wann Offenkundigkeit in diesem Sinne vorliegt. Der BGH führte hierzu aus, dass eine Markenverletzung allenfalls dann offenkundig sei, wenn die Domain mit einer berühmten Marke identisch sei.[490] Die Grenze für das Erfordernis des Einschreitens der DENIC eG ist also ohnehin schon sehr eng gefasst. Hinzu kommt, dass der BGH den Begriff der Offenkundigkeit mit der subjektiven Voraussetzung verbindet, dass sich die Rechtsverletzung gerade den Mitarbeitern der DENIC eG „ohne weiteres erschließen", sie sich ihnen geradezu „aufdrängen" müsse. In der Regel wird es den Mitarbeitern der DENIC eG - bei denen es sich meist um juristische Laien handelt - nicht ohne weiteres möglich sein, eine Markenrechtsverletzung ohne weiteres eigenständig festzustellen. Oftmals ist die Rechtsfrage – man nehme nur die Frage um die Feststellung einer Verwechslungsgefahr oder eben die Einordnung einer Marke als bekannt oder berühmt - kompliziert und erfordert genaueste Kenntnisse des Markenrechts. Die Vergabestelle müsste so letztlich die rechtliche Prüfung vornehmen, die eigentlich im Fall des Streits zwischen Domaininhaber und Markeninhaber die Gerichte durchführen. Eine Rechtsverletzung kann folglich nur dann als offenkundig angesehen werden, wenn auch ein juristischer Laie sie sofort als solche erkennen würde. Alle darüber hinaus gehenden Feststellungen sind auch für die DENIC eG als unzumutbar anzusehen.[491]

Die Begrenzung der Haftung auf grobe Fahrlässigkeit und Vorsatz in den Registrierungsbedingungen der DENIC eG ist damit rechtlich unbedenklich. Solange ein für die DENIC eG offensichtlicher Rechtsverstoß nicht vorliegt, besteht nach geltendem Recht auch keine Überprüfungspflicht. Da ein offensichtlicher Rechtsverstoß nur unter engen Voraussetzungen angenommen wird, ist die DENIC eG im Ergebnis nahezu ausschließlich in den Fällen zum Eingreifen verpflichtet, in denen ein rechtskräftiges Urteil zugunsten des Kennzeicheninhabers vorliegt. Nur wenn sie in diesen Ausnahmefällen nicht handelt, kann sie als mittelbare Markenrechtsverletzerin in Anspruch genommen werden.

b. Ansprüche gem. § 12 BGB

Grundsätzlich käme ein Anspruch gegen die DENIC eG auch aufgrund einer mittelbaren Namensverletzung gem. § 12 BGB in Betracht. Eine Verletzung scheidet aber zumindest in der Tatbestandsalternative der Namensleugnung schon begrifflich aus, da die DENIC eG durch die Registrierung einer Domain nicht das Namensrecht eines Dritten bestreiten möchte. Ansprüche wären somit überhaupt nur in Form einer Namensanmaßung möglich, welche auch in der Bezeichnung eines Dritten liegen kann.[492] In der Zuordnung der strittigen Domain

[490] BGHZ 148, 13, 23 - „ambiente.de".
[491] BGHZ 148, 13, 23 – „ambiente.de" ; Bettinger/Freytag, CR 1999, 28, 35 f.
[492] Palandt/Heinrichs, BGB, § 12 Rn. 23.

an einen unberechtigten Anmelder könnte eine Namensanmaßung durch die DENIC eG zu sehen sein.

In einem Urteil des OLG Dresden hatte dieses über Ansprüche des früheren sächsischen Ministerpräsidenten gegen die Vergabestelle zu entscheiden, welche die Domain „kurt-biedenkopf.de“[493] an einen Dritten vergeben hatte, dem selbst keine Namensrechte an der Domain zustanden. Das Gericht sah zwar eine Namensleugnung als gegeben an, jedoch durch den Anmelder selbst und nicht durch die DENIC eG. Unterlassungsansprüche gegen diese wurden abgelehnt, da sie den Namen weder selbst nutzte, noch sie als Mittäter, Gehilfe oder Störer anzusehen sei. Eine Haftung könne nur bei groben und unschwer zu erkennenden Verstößen angenommen werden. Im konkreten Fall sei es der Vergabestelle aber nicht zumutbar gewesen, zu überprüfen, ob die Anmeldung tatsächlich im Namen eines gleichnamigen „Kurt Biedenkopf“ erfolgt sei.[494] Das Gericht zog auch in diesem Fall eine Parallele zur Haftung von Presseunternehmen und lehnte eine Haftung der DENIC eG ab, da ihre Prüfungspflicht auf das außer acht lassen zumutbarer Vorkehrungen beschränkt sei.

In dieser Entscheidung erscheint jedoch zweifelhaft, ob die Namensüberprüfung derart kompliziert und zeitaufwendig gewesen wäre, dass sie als unzumutbar angesehen werden musste. Die Identität des Anmelders nachzuprüfen, dürfte keine besondere Belastung für die DENIC eG darstellen. Bei dem automatisierten Verfahren der DENIC eG werden aber 99, 4 % aller Registrierungsfälle sofort elektronisch an die DENIC eG oder an die Internet-Service-Provider geschickt, welche ihrerseits die Anträge elektronisch an die DENIC eG weiterleiten. Die Anmeldungen gelangen somit unmittelbar auf den DENIC–Rechner, wo sie automatisch bearbeitet werden, ohne dass sie überhaupt Mitarbeitern zu Gesicht kommen. Daher würden selbst einfachste Überprüfungen aufgrund der Fülle der Anmeldungen für Neuregistrierungen die Arbeit der DENIC eG über Gebühr erschweren, da die Registrierungen dann nur noch in einem manuellen Eintragungsverfahren durchzuführen wären. Es bleibt damit bei den zum Markenrecht gemachten Feststellungen – auch eine Haftung der DENIC eG gem. § 12 BGB kommt nur in Fällen der für die DENIC eG offensichtlichen Rechtsverstöße oder dem Vorliegen rechtskräftiger Urteile in Betracht.

c. Ansprüche aus § 1 UWG

Ein Anspruch gegen die DENIC eG nach § 1 UWG kommt nicht in Betracht. Für einen solchen wäre erforderlich, dass die DENIC eG vorsätzlich den ebenfalls vorsätzlich begangenen kennzeichenrechtlichen Verstoß eines Domainanmelders fördern wollte oder eine erkennbar wettbewerbswidrige Registrierung

---

[493] OLG Dresden, WRP 2001, 706 f. – „kurt-biedenkopf.de“.
[494] OLG Dresden, WRP 2001, 706, 709 – „kurt-biedenkopf.de“.

einer Domain nicht sperrt.[495] Die DENIC eG handelt aber weder in der Absicht, fremden Wettbewerb zu fördern, noch den Absatz einer Person zum Nachteil einer anderen zu begünstigen oder gar in eigenem Interesse einen Domainanmelder unlauter zu behindern. Damit fehlt es schon am wettbewerbswidrigen Verhalten i.S.d. § 1 UWG. Da die DENIC eG zudem die bundesweit einzige Stelle ist, welche die Second-Level-Domains unter der Top-Level-Domain „.de" vergibt, besteht auch kein Wettbewerbsverhältnis zu einem anderen Anbieter, welches verletzt werden könnte.[496]

2. Ansprüche aus Gehilfenhaftung, § 830 Abs. 2 BGB

Ansprüche gegen die DENIC eG aus Gehilfenschaft gem. § 830 Abs. 2 BGB können sich grundsätzlich sowohl hinsichtlich der verschuldensabhängigen Haftung auf Schadensersatz wie auch der verschuldensunabhängigen Haftung auf Unterlassung und Beseitigung ergeben. Voraussetzung für die Beihilfe zu einer Kennzeichenverletzung oder einen Wettbewerbsverstoß ist jedoch, dass der Gehilfe den Täter vorsätzlich in dessen vorsätzlich begangenen Tat unterstützt.[497] Damit scheiden auch Ansprüche aus Gehilfenschaft gegen die DENIC eG aus.[498]

3. Ansprüche aus Störerhaftung , § 1004 BGB analog

Die sog. wettbewerbs – und kennzeichenrechtliche Störerhaftung wurde von der Rechtsprechung in analoger Anwendung des § 1004 BGB entwickelt, um Rechtsschutzlücken zu schließen, die bei Anwendung der speziellen Verletzungstatbestände entstehen.[499]

Der Störerbegriff gilt im Wettbewerbs- wie im Kennzeichenrecht gleichermaßen.[500] Es ist zudem der gleiche Begriff, der auch der Figur der mittelbaren Markenverletzung zugrunde liegt.[501] Als Störer haftet derjenige, der - auch ohne Wettbewerbsabsicht und ohne Verschulden - an dem Wettbewerbsverstoß eines Dritten derart beteiligt ist, dass er an der Herbeiführung der rechtswidrigen Beeinträchtigung in irgendeiner Weise willentlich und adäquat kausal beteiligt war.[502] Als Mitwirkungshandlung kann auch das Unterstützen oder Ausnutzen der Handlung eines eigenverantwortlichen Dritten ausreichen, wenn die rechtli-

---

[495] OLG Frankfurt/M., MMR 2000, 36, 37 – „ambiente.de".
[496] Bettinger/Freytag, CR 1999, 28, 32.
[497] Zu diesen Voraussetzungen siehe Schönke/Schröder, StGB § 27 Rn. 1-3.
[498] Bettinger/Freytag, CR 1999, 28, 33.
[499] So schon BGH GRUR 1957, 352, 353 – „Pertussin II".
[500] Vgl. BGH WRP 1997, 325, 326 f. – "Architektenwettbewerb"; BGH GRUR 1957, 352, 354 – "Pertussin II".
[501] BGH GRUR 1955, 492, 500; BGH GRUR 1960, 340, 344 – „Werbung für Tonbandgeräte"; BGH GRUR 1964, 94, 96 – „Tonbandgeräte-Händler"; BGH GRUR 1984, 54, 55 f. – „Kopierläden".
[502] BGH GRUR 1957, 352, 353 – „Pertusin II"; BGH GRUR 1990, 463, 464 – „Firmenrufnummer"; Baumbach/Hefermehl, Wettbewerbsrecht Einl. UWG Rn. 327.

che Möglichkeit zur Verhinderung der Handlung bestanden hätte.[503] Für die Bestimmung der rechtlichen Möglichkeit der Verhinderung der Rechtsverletzung ist wieder ausschlaggebend, ob dem Störer denkbare, erfolgsversprechende Maßnahmen zumutbar gewesen wären.[504] Hier kann auf die bereits zur mittelbaren Markenverletzung dargelegten Haftungsvoraussetzungen verwiesen werden. Die DENIC eG kann damit zumindest solange nicht als Störer gelten, wie nicht die Rechtsverletzung offenkundig ist oder ein rechtskräftiger Titel vorliegt, aus dem die Rechtswidrigkeit der fraglichen Domain erkennbar ist.

4. Ansprüche aus § 9 TDG bzw. § 7 MDStV

Ansprüche gegen die DENIC eG gem. § 9 TDG bzw. § 7 MDStV kommen nur in Betracht, wenn sie für eine objektiv rechtswidrige Anmeldung einer Domain durch einen Dritten mitverantwortlich ist. Das Teledienstgesetz (TDG), welches Teil des Informations – und Kommunikationsdienstegesetzes und des Mediendienste – Staatsvertrages (MDStV) ist, trat mit Wirkung zum 1.8. 1997 in Kraft und gilt heute in der Fassung vom 21.12.2001. Es enthält ausdrückliche Verantwortlichkeitsregelungen für den Online-Bereich.

§ 8 TDG enthält Regelungen für die Verantwortlichkeit eigener Informationen eines Diensteanbieters, welche er zur Nutzung bereithält. Die DENIC eG hält aber keine eigenen Informationen bereit, so dass die Anwendbarkeit des § 8 TDG von vornherein ausscheidet. Die Frage ist, ob Ansprüche aus § 9 TDG bzw. § 7 MDStV Anwendung finden können, wenn es um die Frage der Verantwortlichkeit der DENIC eG in Bezug auf Kennzeichenrechtsverletzungen durch Domainregistrierungen geht. § 9 Abs. 1 TDG erfasst die Frage, in welchem Umfang Diensteanbieter für fremde bereitgehaltene Informationen oder für Informationen, zu welchen sie den Zugang vermitteln, verantwortlich sein sollen. Die Norm nennt die einzelnen Voraussetzungen, die eine Verantwortlichkeit des Diensteanbieters im Rahmen der Durchleitung von Informationen entfallen lassen. Die Haftungsprivilegierung findet Anwendung, wenn (1.) der Diensteanbieter die Übermittlung der Information nicht veranlasst hat, (2.) den Adressaten der übermittelten Information nicht auswählt und (3.) auch die übermittelten Informationen nicht ausgesucht oder verändert hat. § 9 Abs. 1 TDG entspricht damit dem bisherigen § 5 Abs. 3 TDG, der diese Voraussetzungen zwar nicht ausdrücklich normierte, der Diensteanbieter aber bei Vorliegen fragwürdiger Umstände gerade die Tatsachen beweisen musste, die zu seiner Haftungsprivilegierung führen sollten. § 9 Abs. 1 TDG kommt folglich zur Anwendung, sofern die Tätigkeit des Diensteanbieters beim bloßen Durchleiten auf den

[503] BGH GRUR 1988, 829, 830 – „Verkaufsfahrten II"; GRUR 1990, 463, 464 – „Firmenrufnummer"; BGH, WRP 1997, 325, 326 – „Architektenwettbewerb".
[504] BGH, WRP 1997, 1059, 1061.

technischen Vorgang beschränkt ist, ein Kommunikationsnetz zu betreiben und den Zugang zu diesem zu vermitteln oder zum alleinigen Zweck der Übermittlung kurzzeitig zwischengespeichert werden. Die Haftungsprivilegierung ergibt sich daraus, dass der Dienstanbieter keine Kenntnis über die weitergeleitete oder kurzzeitig zwischengespeicherte Information erlangt, welche er überprüfen müsste.[505] Informationen im Sinne des § 9 TDG bzw. § 7 MDStV sind ohnehin nur alle diejenigen, die in Tele – oder Mediendiensten an die Nutzer übermittelt bzw. verbreitet werden, die also von dem durch die Domain angewählten Zielrechner zur Verfügung gestellt werden.[506] Hierzu gehören nicht die Daten, die lediglich den Übermittlungsvorgang selbst ermöglichen. Die Internetadresse führt aber lediglich zur Erreichbarkeit des angewählten Zielrechners. Sie ist damit nicht als überprüfungsfähiger und überprüfungspflichtiger Inhalt durch die DENIC eG anzusehen.[507]

5. Ansprüche aus § 20 Abs. 1 i.V.m. § 33 GWB

Denkbar wäre es auch, Ansprüche auf § 20 Abs. 1 i.V.m. § 33 GWB zu stützen. In der Literatur sind kartellrechtliche Ansprüche gegen die Vergabestelle zum Teil unter der Prämisse bejaht worden, dass die DENIC eG für die Vergabe von Second-Level-Domains eine Monopolstellung innehabe.[508] Der BGH hat der DENIC eG zwar eine „überragende Stellung“ auf dem deutschen Markt für die Vergabe von Domains zugesprochen, die Frage, ob die DENIC eG tatsächlich ein marktbeherrschendes oder marktstarkes Unternehmen i.S.d §§ 19 Abs. 2, 20 Abs. 2 GWB darstellt, jedoch offengelassen.[509] Nach Ansicht der Literatur, wonach der DENIC eG eine Monopolstellung zukommt, sollen Kennzeicheninhabern Ansprüche auf Zurückweisung einer Domain durch die Vergabestelle zustehen, sofern sonst durch die Registrierung ihre Rechte verletzt würden. Aus der Monopolstellung ergäben sich zwangsläufig auch Prüfungspflichten für die DENIC eG, dies insbesondere, da deren Handlungen aufgrund der gegebenen Marktstärke erhebliche Auswirkungen auf das Marktgeschehen haben.[510]
Die Handlung der Vergabestelle müsste für einen Anspruch gem. §§ 20 Abs. 1, 33 GWB eine Behinderung des Zeicheninhabers darstellen. Unter Behinderung im Sinne des § 20 Abs. 1 GWB ist jedes Verhalten zu verstehen, das die wettbewerbsrechtliche Betätigungsfreiheit eines anderen Unternehmens nachteilig beeinflusst.[511] Eine solche Beeinflussung ist durch die Registrierung einer Domain stets gegeben, wenn hierdurch in Rechte Dritter eingegriffen wird. Das aus

---

505 BT Drucks. 14/6098, S. 23 f..
506 Nordemann, NJW 1997, 1891, 1897; Spindler, MMR 1999, 199,201.
507 Bettinger/Freytag, CR 1999, 28, 31.
508 LG Frankfurt/M., CR 1999, 452, 453.
509 BGHZ 148, 13, 25 – „ambiente.de“.
510 Nordemann /Czychowski/Grüter, NJW 1997, 1897, 1900 f..
511 LG Frankfurt/M., CR 1999, 452, 453.

der marktbeherrschenden Stellung der DENIC eG auch Prüfungspflichten für diese erwachsen, ist heute kaum noch umstritten.[512]
Die Prüfungspflicht darf aber auch bei Monopolunternehmen die Grenze der Zumutbarkeit nicht überschreiten.
Im Ergebnis ergibt sich daher auch für etwaige kartellrechtliche Ansprüche die gleiche Beurteilung hinsichtlich des Haftungsmaßstabes für die DENIC eG, unabhängig davon, ob man ihr eine Monopolstellung oder eine nur „überragende Stellung“ auf dem deutschen Markt der Domainvergabe zuspricht. Für eine Monopolstellung spricht jedoch, dass die deutsche Rechtsetzungs – und Vollstreckungsbefugnis grundsätzlich an den Grenzen des Bundesgebietes endet, somit auch nur dieses Gebiet für die Beurteilung eines Monopols maßgeblich sein kann und zudem auf die Nachfrager des deutschen Raumes abgestellt werden muss, die sich in aller Regel für die Domain „.de“ interessieren.[513]

6. Ergebnis

Die Haftungsanforderungen an die DENIC eG, welche sich in Rechtsprechung und Literatur herausgebildet haben, hat der BGH am 17. Mai 2001 im Urteil „ambiente.de“ bestätigt. Hierin stellte er fest, dass die DENIC eG grundsätzlich keine Prüfungspflicht trifft, sie aber dann zur Aufhebung der Registrierung verpflichtet ist, wenn ein gerichtliches Urteil ergangen ist oder wenn ein Rechtsverstoß offenkundig und für die DENIC eG ohne weiteres feststellbar ist.[514]

II. Ansprüche gegen den Internet -Service-Provider

Ist die Domainregistrierung nicht durch die DENIC eG, sondern durch einen Internet-Service-Provider durchgeführt worden, so kann sich dieser ebenso wie die DENIC eG der Störerhaftung ausgesetzt sehen, da er den Usern ebenfalls Internetdomains zuweist und diese verwaltet. Damit kann auch er an einer Kennzeichenrechtsverletzung beteiligt sein. Gegen ihn kommen grundsätzlich die gleichen Ansprüche in Betracht wie gegen die Vergabestelle.[515] Im Gegensatz zur DENIC eG soll aber nach Ansicht *Nordemanns* den Internet-Service-Provider grundsätzlich eine Prüfungspflicht treffen. Diese andere Beurteilung soll sich daraus rechtfertigen, dass die DENIC eG mit der Registrierung der Domains keine eigenen wirtschaftlichen Zwecke verfolge, es sich bei der Re-

---

512 Welzel, MMR 2000, 39 f.; Nordemann, Czychowski/Grüter, NJW 1997, 1897, 1900; Biere, CR 1999,453, 454.

513 Bücking, GRUR 2002, 27, 28; siehe auch Nordemann/Czychowski/Grüter, NJW 1997, 1897, 1900.

514 BGHZ 148, 13, 21 - „ambiente.de“.

515 Nordemann, NJW 1997, 1891, 1896; Schwarz/Poeck/Jooss, Recht im Internet, Kap. 4-2.1, S. 24; Leible/Sosnitza, MMR 2002, 479.

gistrierung und Verwaltung von Domains durch einen Internet-Service-Provider aber gerade um den Kern seiner geschäftlichen Tätigkeit handele.[516]

Zwar ist es richtig, dass die Interessenlage bei der Registrierung der Domain durch den Internet-Service-Provider eine andere ist. Zudem ist davon auszugehen, dass er nicht die Fülle an Anmeldungen zu bearbeiten hat wie die DENIC eG. Insofern könnte ihm auch unter dem zeitlichen Gesichtspunkt einer Überprüfungsmöglichkeit eine Pflicht zur Überprüfung auferlegt werden. Gegen eine Prüfungspflicht des Internet-Service-Providers spricht aber ebenso wie bei der DENIC eG, dass er über exakte juristische Kenntnisse im Bereich des Markenrechts verfügen müsste. Derartige Kenntnisse können einem Nicht-Juristen aber kaum abverlangt werden. Solange also nach dem geltenden System die Domainregistrierungen durch Internet-Service-Provider ausgeführt werden dürfen, kann diesen keine bzw. keine weitergehende Überprüfungspflicht als auch der DENIC eG auferlegt werden. Der Internet-Service-Provider haftet somit ebenfalls nur, sofern die Verletzung des Kennzeichenrechts eines Dritten durch den Domainanmelder auch für ihn offenkundig war.

III. Lösungsansatz des InterNIC

Beim InterNIC wird die Frage der Haftung der Vergabestelle derart geregelt, dass aufgrund der Vergaberichtlinie des InterNIC den Markeninhabern die Anträge auf Registrierung einer Domain zugänglich gemacht werden.[517] Legt der Markeninhaber Widerspruch gegen die Domainregistrierung ein, so obliegt es dem Domainanmelder, ein eigenes Markenrecht an der Domainadresse nachzuweisen. Gelingt ihm dies nicht, ist eine gerichtliche Entscheidung erforderlich, bevor die Domain registriert werden darf.
Gelingt ihm der Nachweis eines eigenen Rechts hingegen, wird die Domain durch das InterNIC registriert, wenn der Domainanmelder eine Freistellungserklärung im Hinblick auf eine etwaige prozessuale Haftung des InterNIC abgibt.[518] Eine Haftung des InterNIC wird hierdurch vermieden.

---

[516] Nordemann, NJW 1997, 1891, 1897
[517] Abrufbar unter ftp://rs.internic.net/policy/internic/internic-domain-5 txt.
[518] Vgl. Kochnike/Bäumer, CR 1996, 499, 500; Nordemann, NJW 1997, 1891, 1897.

D. Schutz des Domainnamens

Nicht nur dem Kennzeicheninhaber können gegen den Domaininhaber, welcher gegebenenfalls sein Zeichen unrechtmäßig als Internet-Adresse nutzt oder eventuell gegen die DENIC eG Ansprüche zustehen. Umgekehrt kann auch der Domaininhaber Rechte haben, um sich gegen den Kennzeicheninhaber zur Wehr zu setzen. Welche Rechte dies sein können, ist davon abhängig, nach welchen Gesetzen eine Domain Schutz erlangen kann.

I. Schutz nach dem Markengesetz

Wieweit der Schutz einer Internetdomain reicht, hängt wesentlich davon ab, ob überhaupt Kennzeichenrechte an ihr entstehen können. Dies ist mit der heute h.M., nach welcher einer Domain nicht nur Adress – sondern auch Kennzeichenfunktion zukommt, zu bejahen.[519] Es ist möglich, dass ein Domainname zugleich als Marke oder geschäftliche Bezeichnung gebraucht wird. Auch ein Werktitel kann als Domainname Verwendung finden.[520] Dabei kann sich die kennzeichenrechtliche Funktion eines Domainnamens aus dessen Art oder Aussagegehalt ergeben, etwa wenn er aus einem Personen-, einem Firmen – oder Städtenamen gebildet wird.

1. Schutz des Domainnamens gem. §§ 1 Nr.1, 3 MarkenG

a. Erwerb des Markenschutzes

Ausgangspunkt für die Frage, ob eine Domain als Marke i.S.d. § 4 MarkenG angesehen und dementsprechend geschützt werden kann, ist die Markenfähigkeit nach § 3 Abs. 1 MarkenG. Um diese zu erlangen, reicht abstrakte Unterscheidungskraft des Begriffs aus.[521] Eine solche ist gegeben, wenn der Begriff in einem beliebigen, theoretisch vorstellbaren Fall zur Unterscheidung geeignet ist.[522] Der BGH stellt für die Feststellung der abstrakten Unterscheidungskraft darauf ab, ob der Verkehr aufgrund der für ihn objektiv erkennbaren Umstände die fragliche Kennzeichnung als einen zeichenmäßigen Hinweis auf die Herkunft der so bezeichneten Waren ansieht. Abstrakte Unterscheidungskraft liegt somit vor, wenn objektive Umstände für ein entsprechendes herkunftshinweisendes Verkehrsverständnis gegeben sind.[523]

aa. Erwerb des Schutzes einer Registermarke, § 4 Nr. 1 MarkenG

Wird das Wortzeichen des genutzten Domainnamens zugleich als Marke ins Markenregister des DPMA eingetragen (Registermarke gem. § 4 Nr.1 Mar-

---

519 Vgl. hierzu schon oben B.I.6..
520 Fezer, WRP 2000, 669, 671.
521 Althammer/Ströbele/Klaka, Markengesetz, § 3 Rn. 16.
522 von Schultz, Markenrecht, § 3 Rn. 1.
523 BGH GRUR 1995, 583, 584 – „Montana“; BGH GRUR 1996, 267, 268 – „AQUA“.

kenG), so kommt dem Domainnamen ohne weiteres kennzeichenrechtlicher Schutz nach dem Markengesetz zu.

bb. Erwerb des Schutzes einer Benutzungsmarke, § 4 Nr. 2 MarkenG

Sofern die Domain nicht ins Markenregister eingetragen wird, kann Markenschutz nur entstehen, wenn die Verwendung der Domain als Kennzeichnung von Waren oder Dienstleistungen eine Bekanntheit erreicht, die Markenschutz aufgrund von Verkehrsgeltung gem. § 4 Nr.2 MarkenG oder Notorietät gem. § 4 Nr. 3 MarkenG i.V.m. Art. 6 PVÜ entstehen lässt.[524] Erforderlich für den Rechtserwerb des Markenrechts aufgrund von Verkehrsgeltung ist das Bestehen eines konkreten Produktbezuges zwischen dem Kennzeichen und der Ware bzw. Dienstleistung. Problematisch ist, wie dieser Produktbezug im Rahmen von Internetdomains zu bestimmen ist.

aaa. Warenmarke als Benutzungsmarke

Nach der traditionellen Auffassung war die körperliche Verbindung zwischen Ware und Marke Voraussetzung der Entstehung einer Benutzungsmarke auf Grund des Erwerbs von Verkehrsdurchsetzung.[525] Nach neuerer Ansicht ist eine körperliche Verbindung zwischen Ware und Marke nicht mehr erforderlich. Ausreichend soll vielmehr eine gedankliche Verbindung zwischen Ware und Marke sein[526], bzw. bei der Benutzung eines Wortzeichens im Internet das Bestehen eines virtuellen Produktbezuges.[527]

bbb. Dienstleistungsmarke als Benutzungsmarke

Da es sich bei einer Dienstleistung um ein immaterielles Wirtschaftsgut handelt[528], entfällt hier aufgrund ihres unkörperlichen Charakters das Erfordernis des Versehens des Produktes mit der Marke von vornherein. Ansonsten gelten die gleichen Kriterien wie bei der Warenmarke, sofern die Dienstleistung direkt über das Internet erbracht wird. D.h., der Domainname muss seiner Funktion nach als Unterscheidungszeichen dienen und Assoziationen in Bezug auf die Internetdienstleistung hervorrufen. Führt die Nutzung des Domainnamens zur Verkehrsgeltung, entsteht der Markenschutz auch ohne Eintragung ins Markenregister.[529] Die Wahrscheinlichkeit, dass allein die Benutzung eines Zeichens als Second-Level-Domain zur Verkehrsdurchsetzung und damit zum Entstehen eines Kennzeichenrechts führt, ist jedoch gering.

---

[524] Omsels, GRUR 1997, 328, 329.
[525] BGH GRUR 1996, 267, 268 - „AQUA".
[526] Begründung zum MarkenG, BT-Dr. 12/6581, S. 170/171; Berlit, Markenrecht, Rn. 342.
[527] Fezer, WRP 2000, 669, 672.
[528] Vgl. zur Abgrenzung zwischen Ware und Dienstleistung Fezer, Markenrecht, § 3 MarkenG Rn. 111ff., 123ff.
[529] Fezer, WRP 2000, 669, 672.

b. Erhalt des Markenschutzes/Benutzungszwang des § 25 Abs. 1 MarkenG

Gem. § 25 Abs. 1 MarkenG entfallen die Reche des Markeninhabers aus einer eingetragenen Marke wieder, wenn er diese nicht innerhalb der letzten fünf Jahre vor der Geltendmachung seiner Ansprüche gegen einen Dritten für die Waren oder Dienstleistungen, für die er sich auf sein Markenrecht beruft, benutzt hat und die Marke seit mindestens fünf Jahren eingetragen ist.
Bei der rechtserhaltenden Benutzung gem. §§ 25 ff. MarkenG geht es nicht mehr um eine unmittelbare Kennzeichnung, sondern um eine funktionsgerechte Verwendung. Hierbei soll die Marke möglichst dicht an der Ware benutzt werden.[530] Dabei wird in Anlehnung an die traditionelle Auffassung teilweise vertreten, dass auch für die Benutzung ein körperlicher Bezug zwischen Ware und Marke bestehen müsse. Die Abbildung der mit der Marke versehenen Ware in einem Internetprogramm sei dafür allein nicht ausreichend. Demnach würde der Nutzung von Marken für Waren im Internet keine rechtserhaltende Wirkung zukommen. Anders soll dies hingegen bei Dienstleistungen sein, da hier eine körperliche Verbindung nicht möglich sei. Daher reiche für eine rechtserhaltende Benutzung bereits aus, wenn eine gedankliche Beziehung zwischen der Marke und der Dienstleistung hergestellt werden könne.[531]

Diese Ansicht überzeugt nicht. Nach der an die neuere Ansicht angelehnten Meinung, dass für die Entstehung von Markenschutz im Inland bereits eine gedankliche Verbindung zwischen Ware und Marke genüge, muss es auch für die rechtserhaltende Benutzung eines Domainnamens als Marke im Internet als ausreichend angesehen werden, wenn ein virtueller Produktbezug derart besteht, dass eine gedankliche Beziehung des Domainnamens als Wortzeichen zu den Waren oder Dienstleistungen des Domaininhabers hergestellt wird.[532] Allein diese Ansicht ist mit den Besonderheiten des Internet in Einklang zu bringen. Zudem wäre auch nicht einzusehen, warum die Rechte des Markeninhabers einer Ware allein aufgrund deren Körperlichkeit derart geringer sein sollten als die eines Markeninhabers einer Dienstleistung.

2. Schutz der geschäftlichen Bezeichnung, § 5 Abs.2 MarkenG

Beim Erwerb einer geschäftlichen Bezeichnung ist zu differenzieren zwischen den besonderen Geschäfts- oder Unternehmens-bezeichnungen gem. § 5 Abs. 2 S.1 MarkenG und den sonstigen betrieblichen Unterscheidungszeichen i.S.d. § 5 Abs. 2 S.2 MarkenG. Die Abgrenzung ist oftmals schwer zu treffen. Abgrenzungskriterium ist die Namensfunktion.[533] Die Namensfunktion nach § 5 Abs. 2

---

[530] Wiebe, CR 1998, 157, 159; Füllkrug, MA 1995, 498, 502.
[531] Omsels, GRUR 1997, 328, 330.
[532] Fezer, WRP 2000, 669, 671 f..
[533] BGHZ 4, 167, 169.

S.1 MarkenG kann einem Zeichen wie der Firma originär zukommen oder wie bei einem sonstigen Geschäftsabzeichen den Erwerb von Verkehrsgeltung als Hinweis auf das Unternehmen innerhalb der beteiligten Verkehrskreise voraussetzen. Für die Anwendbarkeit des S.1 muss das Zeichen als Name des Unternehmens im Verkehr dienen, für S. 2 ist der Erwerb von Verkehrsgeltung erforderlich.[534]

a. Schutz des Domainnamens als Unternehmenskennzeichen gem. § 5 Abs. 2 S. 1 MarkenG

Ein Kennzeichenrecht an einem Unternehmenskennzeichen gem. § 5 Abs. 2 S.1 MarkenG entsteht grundsätzlich mit Aufnahme der Benutzung des Zeichens als Unternehmenszeichen.[535] Erforderlich ist einzig ein Gebrauch zu geschäftlichen Zwecken. Das Kennzeichen muss abstrakt geeignet sein, ein Geschäft von anderen zu unterscheiden und auf das Geschäft des Benutzers hinzuweisen. Die Verwendung der direkten Bezeichnung einer natürlichen oder juristischen Person ist nicht erforderlich. Für die Annahme der Kennzeichenfunktion kommt es darauf an, dass die Domain als kennzeichenrechtlicher Hinweis auf online abrufbare Informationen einer Person, eines Unternehmens oder eines online verfügbaren Werktitels verstanden wird. Die betroffenen Verkehrskreise müssen den Namen als Hinweis bzw. Geschäftsbezeichnung des jeweiligen Unternehmens ansehen.[536] Somit muss der Domainname auch nicht aus der Firma des hinter dem Domainnamen stehenden Unternehmens hervorgegangen sein, es reicht vielmehr aus, wenn die Bezeichnung geeignet ist, einem Unternehmen als individueller Herkunftsnachweis zu dienen.[537] Dies ergibt sich bereits aus dem Wortlaut des § 5 Abs. 2 S.1 MarkenG, der ausdrücklich neben den Zeichen, die als „Firma“ verwendet werden, auch Zeichen, die „als besondere Bezeichnung eines Geschäftsbetriebes oder eines Unternehmens“ benutzt werden, erwähnt.

Aber auch für den Schutz eines Unternehmenskennzeichens als Domainname ist im Internet eine Besonderheit zu beachten. Der Schutz eines Unternehmenskennzeichens außerhalb des Internet wird sofort mit Benutzungsaufnahme des Zeichens im geschäftlichen Verkehr erlangt. Im Internet ist zu beachten, dass die Benutzungsaufnahme des Zeichens allein als Domainname zur Schutzbegründung nicht ausreicht. Es ist vielmehr eine Benutzung des Zeichens auch im allgemeinen Geschäftsverkehr außerhalb des Internets erforderlich.[538] Ließe man die bloße Nutzung des Zeichens als Domainname genügen, könnte hierdurch ein weltweit prioritätsbegründendes Kennzeichen, welches auch gegenüber den

---

[534] Fezer, WRP 2000, 669, 673.
[535] BGHZ 10, 196, 204 – „DUN-Europa“; BGH GRUR 1995, 825, 826 - „Torres“; Fezer, WRP 2000, 669, 672.
[536] Bücking, MMR 2000, 656, 659 f..
[537] LG München, CR 1999, 451, 452 – „fnet“.
[538] Bettinger, GRUR Int. 1997, 402, 418.

Kennzeichen, die außerhalb des Internet Verwendung finden, allein durch Benutzungsaufnahme im Internet begründet werden. Dadurch würde sämtlicher Kennzeichenschutz unterlaufen, die Registrierungsvoraussetzungen der nationalen Markenregister gerieten zur Farce.

Im Rahmen dieser Ausführungen ist schließlich der Frage nachzugehen, was im Rahmen der Internetdomain als Unternehmenskennzeichen in Betracht kommt. Dies kann zum einen die vollständige Internetadresse sein, aber auch der Domainname oder die Bezeichnung, die ein Anbieter für sich in seinem Internetprogramm verwendet. Die Internetadresse mit ihren Bestandteilen http:// und der TLD scheidet jedoch als Unternehmenskennzeichen aus, da sie nicht namens- sondern nur adressmäßig genutzt wird.[539] Auch hier ist also für den Schutz auf die Second-Level-Domain, also den eigentlichen Domainnamen abzustellen. Dieser besteht in vielen Fällen aus dem eigentlichen Namen des Unternehmens und kann damit unproblematisch Unternehmenskennzeichen i.S.d. § 5 Abs. 2 S.1 MarkenG sein.[540] Auf der Homepage des Anbieters präsentiert sich das Unternehmen im allgemeinen unter einer Bezeichnung, die es als Name verwendet. Dieser Name ist oft, aber nicht zwingend immer mit dem in der Internetadresse enthaltenen Namen identisch. Der Domainname ist dann als Unternehmenskennzeichen i.S.d. § 5 Abs. 2 S.1 MarkenG anzusehen, sofern die Tätigkeit im Internet geschäftlichen Zwecken dient.[541]

b. Schutz sonstiger betrieblicher Unterscheidungszeichen, § 5 Abs. 2 S. 2 MarkenG

Der Domainname dient dem Unternehmen neben dem Namen, der Firma und den sonstigen betrieblichen Unterscheidungszeichen als ein weiteres Unterscheidungszeichen. Sofern also der Domainname nicht gerade aus dem Wortzeichen des Firmennamens, welchem originäre Namensfunktion zukommt, gebildet wird, kann er Kennzeichenschutz nur als Geschäftsabzeichen oder als ein sonstiges betriebliches Unterscheidungszeichen gem. § 5 Abs. 2 S.2 MarkenG erlangen. Kennzeichenschutz in diesem Sinne kann etwa auch dem Namen eines abgegrenzten Teils des Unternehmens zukommen, sofern dieser Teil unter einer eigenen Geschäftsbezeichnung am Markt tätig wird.[542]

Im Gegensatz zur besonderen Geschäfts – oder Unternehmensbezeichnung gem. § 5 Abs. 2 S.1 MarkenG genügt für den Rechtserwerb eines bloßen Geschäftsabzeichens i.S.d. § 5 Abs. 2 S.2 MarkenG nicht allein die Inbenutzungnahme. Vielmehr muss dem Kennzeichen innerhalb der beteiligten Verkehrskreise Ver-

---

[539] Omsels, GRUR 1997, 328, 331.
[540] Bücking, Namens – und Kennzeichenrecht, S. 72.
[541] Omsels, GRUR 1997, 328, 332.
[542] LG München CR 1999, 451, 452 –„fnet".

kehrsgeltung zukommen.[543] Verkehrsgeltung in diesem Sinne bedeutet schlicht, als Name des Unternehmens im Verkehr verstanden zu werden. Die Verkehrsgeltung eines Zeichens allein durch die Nutzung als Domainname dürfte in der Regel selten sein. Sollte dies aber gelingen, so muss auch hier gelten, dass durch das Zeichen auch Marken bzw. geschäftliche Bezeichnungen außerhalb des Internet beschränkt werden können, sofern eine Verwechslungsgefahr möglich ist.

3. Werktitelschutz, § 5 Abs. 3 MarkenG

Werktitel sind Namen oder besondere Bezeichnungen von Druckschriften, Filmwerken, Tonwerken, Bühnenwerken oder sonstigen vergleichbaren Werken. Der Werktitel dient nicht als Hinweis auf die Herkunft des Werkes aus einem bestimmten Geschäftsbetrieb, sondern als Bezeichnung und Unterscheidungsmerkmal für etwas Immaterielles, in der gegenständlichen Welt nicht Fassbares.[544] Der Werkbegriff setzt das Vorliegen eines geistigen Produkts, sowie dessen Verkehrsfähigkeit und Bezeichnungsfähigkeit voraus.[545] Werktitelschutz entsteht dann mit Inbenutzungnahme des Domainnamens als Werktitel; Verkehrsgeltung ist nicht erforderlich.

Um Werktitelschutz zu erlangen, müsste der Domainname als Titel tatsächlich ein kennzeichenrechtliches Werk bezeichnen.[546] Er müsste geeignet sein, den Inhalt des Angebots, also den immateriellen Gehalt selbst, zu individualisieren und von anderen Angeboten bzw. Inhalten zu unterscheiden.[547]

Nach Ansicht des OLG Dresden soll es für die Entstehung von Werktitelschutz im Internet bereits genügen, wenn unter der Domain eine individuell gestaltete Homepage abrufbar ist.[548] Der Domainname würde dann zum Titel der Homepage als Werk.

Das Urteil basiert auf der Auffassung vom Vorrang des Werktitelrechts. Nach dieser auch in der Literatur teils vertretenen Ansicht ist die Abgrenzung, ob ein Geschäfts – oder Unternehmenszeichen gem. § 5 Abs. 2 S.1 oder § 5 Abs. 2 S.2 MarkenG vorliegt, oftmals überflüssig, da bei einem unterscheidungskräftigen Domainnamen ohnehin in den meisten Fällen auch Werktitelschutz in Betracht käme.[549] Begründet wird diese Auffassung mit dem durch den BGH ausgedehn-

---

[543] OLG München, CR 1999, 778 – „tnet.de“.
[544] BGH GRUR 1993, 767, 768 – „Zappel-Fisch“; Jacobs, GRUR 1996, 601, 603.
[545] Fezer, WRP 2000, 669, 673.
[546] Omsels, GRUR 1997, 328, 333; Wiebe, CR 1998, 157, 164; Schwarz/Poeck/Jooss, Recht im Internet, Kap. 4-2.1 S. 37; Fezer, Markenrecht § 15 Rn. 154e.
[547] Wiebe, CR 1998, 157, 164; Omsels, GRUR 1997, 328, 333.
[548] OLG Dresden, CR 1999, 102, 103 – „dresden-online.de“.
[549] OLG Dresden, CR 1999, 102, 103 –„dresden-online.de“; Hackbarth, CR 1999, 186, 187; einschränkend: Wiebe, CR 1998, 157, 164.

ten Titelschutz in Bezug auf EDV-Produkte.[550] Dieser erweiterte Schutz müsse auch dann gelten, wenn die Homepage individuell gestaltet sei und als elektronisches Werk in Frage komme.[551] Ein titelschutzfähiges Werk läge danach bereits dann vor, wenn der Anbieter in dem Bestreben, den Nutzern etwas Besonderes zu bieten, unter seiner Internetadresse eine Vielzahl von Web-Sites phantasievoll miteinander verknüpfe und dadurch ein immaterielles Gesamtwerk schaffe, welche unter einem bestimmten Domainnamen angeboten würde. Dann käme der Domainname als Werktitel in Betracht.[552] Voraussetzung für den Titelschutz sei lediglich, dass die Zusammenstellung der Web-Site das Ergebnis einer geistigen Leistung sei, die vom Nutzer gedanklich umgesetzt werden müsse.[553]

Daraus allein kann sich aber keine Bezeichnungsfähigkeit ergeben. Die bloße Verknüpfung verschiedener Web-Sites kann nur schwerlich ein immaterielles Werk geistigen Gehalts darstellen. Zumindest wird sich oftmals keine klare Trennung vornehmen lassen wird, ob eine Zusammenstellung der Web-Sites nun eine geistige Leistung des Anbieters darstellt oder ob lediglich eine einfache Verknüpfung sog. „Hyperlinks" vorliegt, der keine besondere Leistung geistiger Art zukommt. Darüber hinaus hätte eine konsequente Anwendung dieser Ansicht des weiten Werktitelbegriffes die Folge, dass es bald nur noch Millionen von Werktitelrechten an Domainnamen gäbe. Das übrige Kennzeichenrecht verlöre hingegen seine praktische Bedeutung.[554] Der Auffassung vom Vorrang des Werktitelrechts kann daher nicht gefolgt werden.

Werktitelschutz im Internet kommt somit nur in den Fällen in Betracht, in welchen tatsächlich ein kennzeichenrechtliches Werk als solches bezeichnet wird.[555] Dies ist insbesondere in den Fällen der Online-Versionen bestimmter Zeitschriften gegeben. So führt etwa die Domain „hotwired.com" unmittelbar zur Zeitschrift, also zu dem Werk selbst.[556] Der Titelschutz erstreckt sich auch auf virtuelle Museen oder Kunstgalerien, in welchen zeitgenössische Kunst, etwa in Form von computeranimierten Graphiken dargestellt wird.

4. Ergebnis

Domainnamen kann Schutz nach dem MarkenG zukommen, sofern die nach dem Markengesetz statuierten Voraussetzungen an den Erwerb des jeweiligen Kennzeichens erfüllt sind.

---

550 BGH CR 1998, 5 f. – "PowerPoint"; BGH CR 1998, 6, 7 –"FTOS".
551 Hackbart, CR 1999, 186, 187.
552 Bücking, Namens – und Kennzeichenrecht, S. 73.
553 Jacobs, GRUR 1996, 601, 603 f.
554 Fezer, WRP 2000, 669, 673.
555 Wiebe, CR 1998, 157, 164; Fezer, Markenrecht § 15 Rn. 154e.
556 Bsp. von Fezer, WRP 2000, 669, 673.

II. Schutz des Domainnamens gem. § 12 BGB

Neben dem Schutz nach dem MarkenG kann Domains nach der heute vertretenen Ansicht, nach der ihnen nicht nur Adress – sondern auch Namensfunktion zukommen kann, ergänzend zum markenrechtlichen Schutz auch der Namensschutz des § 12 BGB zuteil werden.

E. Lösungsansätze zur Verringerung der Domain-Streitigkeiten

Zur Vermeidung oder zumindest Verringerung von Domain-Streitigkeiten sind bereits verschiedene Lösungsansätze erwogen worden. Neben einigen Lösungsvorschlägen aus der Literatur wurde schon 1996 bei der WIPO das IAHC (International Ad Hoc Commitee) gebildet, welches Lösungen für Domainstreitigkeiten erarbeiten sollte. Mögliche Ansätze zur Konfliktvermeidung sollen im Folgenden dargestellt werden:

I. Erweiterung der Domainnamen um einen branchenspezifischen Zusatz

In seinen Überlegungen erwog das IAHC die Erweiterung der Domainnamen um eine weitere Ebene, die den Zusatz der Branche enthalten und so der Unterscheidungskraft dienen sollte. Ähnlich sah Schneider die Lösung der Probleme um Domains. Nach seiner Ansicht soll Konfliktsituationen in den Fällen, in welchen sie auf der Verwechslungsgefahr der Zeichen aufgrund Branchennähe beruhen, durch eine Angleichung der Regeln für die Domainvergabe an die des Markenrechts vorgebeugt werden, indem eine weitere Ebene mit der jeweiligen Waren – oder Dienstleistungsklasse in die Domain eingefügt würde.[557] Dieser Lösungsansatz ist heute in leicht abgewandelter Art verwirklicht worden. Zwar sind den Domainnamen keine Sub-Domains mit den jeweiligen Waren – und Dienstleistungsklassen des Markenrechts beigefügt worden, durch die Erweiterung der generischen TLDs Ende 2001, die ja im Großteil auch auf verschiedene Branchen hinweisen, ist aber ein ähnliches Ergebnis herbeigeführt worden. Es hat sich jedoch gezeigt, dass die Konfliktsituationen hierdurch nur unwesentlich entschärft worden sind. Dies hängt damit zusammen, dass nach wie vor die TLDs „.com“ sowie die geographische TLD des jeweiligen Landes bevorzugt werden und zudem die Zahl der Domainregistrierungen immer weiter zunimmt, somit auch immer mehr Domainnamen gebraucht werden.

II. Einführung eines Nummernsystems

In Betracht gezogen wurde durch das IAHC auch die Einführung eines - weniger verwechslungsträchtigen – Nummernsystems.[558] Durch dieses System sollten sämtliche marken – und namensrechtliche Probleme im Zusammenhang mit Domains entfallen. Verwirklicht werden sollte die Idee durch die Einführung von Verzeichnissen, in welchem – ähnlich einem Telefonbuch - Gleichnamige wieder problemlos neben – bzw. untereinander gelistet wären. Der Nutzer müsste sich lediglich daran gewöhnen, die IP-Adresse wie eine Telefonnummer zu verwenden. Zwar würde das Suchen einer solchen zeitlichen Aufwand erfordern, dieser wäre aber nicht größer, als die Telefonnummer eines Unternehmens

---

[557] Schneider, Anm. zu LG Mannheim v. 8.3.1996, http://www.anwalt.de/publicat/lgma96an.htm..

[558] Vgl. Kur CR 1996, 325, 331.

herauszufinden. Zudem könnten weiterhin Suchmaschinen zum Auffinden einer Web-Site genutzt werden.

Diese Idee wäre aber tatsächlich nicht geeignet, zur Lösung der bestehenden Probleme beizutragen. Letztlich geriete man durch dieses System wieder zum Ausgangspunkt der Internet-Adresse zurück, die ja eigentlich eine bloße Nummernfolge ist. Die IP-Nummern sind aber gerade in leicht zu merkende Domainnamen umgewandelt worden, um die Handhabbarkeit zu erleichtern. Zudem wäre das System auch mit Nachteilen bei der Internetrecherche für den User verbunden. Aufgrund der Globalität des Internet wäre in einer Vielzahl der Fälle der gesuchte Name mehrfach in dem Verzeichnis gelistet. Der User müsste dann sämtliche IP-Adressen gesondert anwählen, um die gewünschte Homepage zu erreichen. Zwar wäre es Unternehmen möglich, ihrem Firmennamen einen Zusatz anzufügen, der auf die Branche hinweist und so die Suche für den User erleichtert. Einen solchen Zusatz kann es aber auch nach dem geltenden System innerhalb der Domain hinzufügen. Damit wäre der Kampf um die einprägsamste Domain nur um eine Ebene verlagert, da jeder versuchen würde, auch innerhalb des Verzeichnisses mit einem möglichst prägnanten Namen gelistet zu werden. Folglich würden durch die Einführung eines Nummernsystems die meisten Probleme lediglich um eine Ebene verschoben, dafür die Handhabbarkeit der Internetrecherche für den User erheblich erschwert.

III. Bekanntmachung der Domainnamen

Eine weitere Möglichkeit der Konfliktvermeidung wäre eine Bekanntmachung der angemeldeten Domainnamen mit der Möglichkeit für Kennzeicheninhaber, Widerspruch gegen die Anmeldung einzulegen.[559] Diesen Lösungsweg hat das InterNIC gewählt. Hier gilt seit 1995 nicht mehr das Prioritätsprinzip. Statt dessen wird eine anzumeldende Domain zunächst bekannt gemacht. Legt ein Markeninhaber Widerspruch ein, muss der Antragsteller beweisen, dass für ihn ebenfalls ein Namens – oder Markenrecht an dem beantragten Domainnamen besteht, der ihn zur Nutzung berechtigt. Kann er dies nicht, wird der Antrag bis zur gerichtlichen Klärung zurückgestellt.[560] Gegen diese Lösung spricht einzig der Zeitaufwand, welcher mit dem Bekanntmachungs – und Widerspruchsverfahrens verbunden ist. In den Fällen, in welchen ein gerichtliches Verfahren notwendig wird, kann es für den Antragsteller Monate, bei Ausnutzung des Instanzenzuges sogar Jahre dauern, bis er Rechtssicherheit bezüglich der Registrierung seiner Domain erlangt.

Für diese Lösung spricht jedoch nicht nur die Verringerung der gerichtlichen Streitigkeiten um Domainnamen, sondern darüber hinaus die Angleichung des Konfliktvermeidungssystems für „.de" – Domains einerseits und „.com" - Do-

---

559 Hoeren, CR 1996, 355 f..

560 Vgl. schon oben C.III..

mains andererseits. Dieses Ergebnis wäre im Hinblick auf die Globalität des Internet und auch bezüglich der Rechtssicherheit wünschenswert. Allerdings müsste hierfür der Prioritätsgrundsatz geopfert werden.

IV. Einführung von Verwaltungsgebühren

Auch die Idee der Einführung von Jahresgebühren, welche in ihrem Charakter mehr Strafgebühren, denn Verwaltungsgebühren ähneln, ist bei der DENIC eG durch die Zahlungspflicht von 58 € pro Jahr für die Domainnamenpflege bereits durchgesetzt worden. Sinn dieser Gebühren ist es, von „mutwilligen" Eintragungen von Domainnamen abzuschrecken. Auch diese Maßnahme hat aber zu keiner wesentlichen Entschärfung der Domainstreitigkeiten geführt.

V. Überführung des Registrierungsverfahrens für Domains in die Zuständigkeit öffentlicher Stellen

Eine weitere Möglichkeit der Konfliktvermeidung wäre die Überführung des Registrierungsverfahrens für Domains in die Zuständigkeit öffentlicher Stellen. So wird etwa die Umgestaltung der DENIC eG in ein Internet-Markenamt erwogen, welches dann bei der Anmeldung einer Domain zur Registrierung auch die Markenrechte prüfen und die Verantwortung für die Richtigkeit der Zuweisung der Domain übernehmen soll.[561] Zwar wäre diese Lösung aufgrund der anarchisch-regellosen Struktur des Internet nur schwer durchführbar, im Hinblick auf die wirtschaftliche Bedeutung des Internet aber sinnvoll.

So ist beispielsweise das von Rechtsprechung und Literatur gefundene und nun vom BGH bestätigte Ergebnis bezüglich der Wettbewerbswidrigkeit von Gattungsbezeichnungen das einzige, welches sich mit dem aktuellen Vergaberecht der DENIC eG in Einklang bringen lässt. Tatsächlich ist aber eine Behinderung des Leistungsvergleichs durch die Nutzung von Gattungsbezeichnungen und generischen Begriffen nicht zu bestreiten. Daher wäre es wünschenswert, wenn Gattungsbegriffe ebenso wie sie nicht als Marke eingetragen werden können, auch nicht als Domain registriert werden sollten.

Ein Vergleich mit der Vergabepraxis in anderen Ländern wirft die Frage auf, ob eines der dort geltenden Vergabesysteme zur Entspannung der Lage um Domainstreitigkeiten beizutragen vermag. Das „first come – first served" Prinzip gilt nicht nur in Deutschland, sondern auch in Italien, Dänemark, den USA und Kanada, so dass hier die gleichen Rechtsprobleme auftauchen. Den Registrierungsbedingungen der Domainvergabestellen in Frankreich, Spanien, Belgien, Portugal, Norwegen, Schweden und Finnland lässt sich hingegen eine strengere Vergabepraxis entnehmen. Hier können beispielsweise Gattungsbezeichnungen nicht als Domains registriert werden.[562] Auch dies stellt aber keine überzeugen-

561 Hoeren, CR 1996, 355, 356.

562 Bettinger, CR 2000, 618, 619 mit Verweis auf Sosnitza, K&R 2000, 209, 216.

de Lösung dar. Die völlige Versagung der Registrierung von Gattungsbezeichnungen als Internetdomains würde zwar zu erhöhter Rechtssicherheit beitragen und Rechtsstreitigkeiten vermeiden helfen, andererseits aber die User um eine schnelle und oftmals auch effektive Möglichkeit im Rahmen der Internetrecherche berauben. Zudem ergäbe sich ein Problem hinsichtlich der rechtlichen Behandlung der Domaininhaber, welche bereits eine Domain mit einer Gattungsbezeichnung innehaben. Die Frage wäre, ob diese Domains freigegeben werden müssten oder beibehalten werden dürften. Nach französischem Recht kann die dort zuständige Registrierungsstelle den Domaininhaber zur Änderung seiner Gattungsbezeichnung bzw. generischen Domain auffordern. Kommt er dieser Änderungsaufforderung nicht nach, kann die Domain nachträglich entschädigungslos entzogen werden.[563] Problematisch hieran ist, dass durch die Verwendung der Gattungsbezeichnung als Domain oftmals ein Wert von großer wirtschaftlicher Bedeutung geschaffen worden ist.[564] Dieser kann nicht im nachhinein auf so leichte Weise zerstört werden. Erwägenswert wäre somit lediglich, die bisher eingetragenen Gattungsbegriffe beizubehalten. Würde dann die Durchführung der Registrierung und Verwaltung durch ein Internet-Markenamt wahrgenommen, könnten zugleich auch die Probleme um Gattungsbezeichnungen dem Markenrecht angepasst gelöst werden.

VI. Aufbau einer länderübergreifenden Datenbank

Ein weiterer Lösungsvorschlag durch das IAHC stellt die Einführung einer Datenbank dar, in welcher sich sämtliche Marken aus aller Länder der Welt wiederfinden sollen.[565] Dann könnten alle zur Registrierung angemeldeten Domains schon vor ihrer Registrierung mit vorhandenen Marken verglichen werden. Diese Überprüfung könnte - im Gegensatz zu der Idee der Einführung eines Internet-Markenamtes – in einem völlig automatisierten Verfahren durchgeführt werden. Vorteil dieses Ansatzes wäre, dass die Einrichtung eines riesigen Verwaltungsapparates zur Überprüfung einzelner Rechte an einem Domainnamen vermieden würde und dennoch eine schnelle und effektive Überprüfung auf entgegenstehende Kennzeichenrechte vorgenommen werden könnte. Dieser Ansatz bietet großes Potential zur effektiven Umsetzung der Einschränkung von Domainstreitigkeiten. Problematisch ist jedoch, dass er – zumindest zur Zeit - noch nicht durchführbar ist. Voraussetzung für den Aufbau der Datenbank wäre die Heranziehung aller nationalen Markenregister. Solche sind aber bislang nicht in

---

563 Siehe http://www.nic.fr/english/register/charter.html.

564 So wird der Streitwert im Rahmen von Domainstreitigkeiten in der Regel in der Größenordnung von 125 000 € angesetzt, Sick/Richter, K&R 2000, 339, 347.

565 Vgl. zu diesem Ansatz Sick/Richter, K&R 2000, 339, 342.

allen Ländern vorhanden. Somit wäre der Schutz nur lückenhaft. Daher ist auch dieses System zumindest vorläufig nicht durchführbar.

VII. Ergebnis

Wie sich zeigt, gibt es eine Reihe mehr oder weniger sinnvoller und effektiver Lösungsmöglichkeiten, mit welchen einer Vielzahl der Domainstreitigkeiten begegnet werden könnte. Dabei haben sich die bereits verwirklichten Vorschläge der Einführung weiterer branchenspezifischer TLDs zur Vermeidung der Verwechslungsgefahr sowie die Einführung von Verwaltungsgebühren der DENIC eG zur Abschreckung vor der Eintragung bloßer Sperrdomains als wenig erfolgreich herausgestellt. Auch die Idee der Einführung eines Nummernsystems würde den gewünschten Erfolg nicht bringen. Die Lösungsmöglichkeit der Einführung einer Datenbank, in welcher die Listen aller international bestehenden Markenregister aufgeführt sein sollen, ist ebenfalls nicht durchführbar, da nationale elektronische Markenregister momentan nur in einigen Ländern vorhanden sind. Damit verbleiben als zur Zeit durchführbare Ansätze zur Konfliktvermeidung letztlich nur die Möglichkeit der Bekanntmachung einer Domain vor ihrer Registrierung mit der Möglichkeit des Widerspruchs durch den Kennzeicheninhaber sowie die Einführung eines Internet – Markenamtes. Beide Lösungen wären aber mit großen Veränderungen des derzeit geltenden Vergabesystems verbunden, erstere mit der Aufgabe des Prioritätsgrundsatzes, letztere gar mit einer vollständigen Umgestaltung der DENIC eG.

F. Fazit

Ein Ende des Internet-Booms, welcher im Laufe der letzten sechs Jahre erfolgt ist, ist nicht in Sicht. Im Internet wird die allgemeine Globalisierung offensichtlich. Es gehört für eine Vielzahl an Personen zum täglichen Leben. Online-Shopping hat sich zu einem der dynamischsten Wachstumsmärkte der Welt entwickelt und ist heute nicht mehr wegzudenken. Wie gezeigt, bergen das Internet und insbesondere die Fragen um Domainnamen eine Fülle von Kollisions – und Streitfällen. Bis heute sind aber für den Bereich des Kennzeichenrechts keine Gesetze vorhanden, die geeignet wären, die bestehenden Probleme interessengerecht zu lösen. Dennoch handelt es sich beim Internet keineswegs um einen rechtsfreien Raum. Die Instrumentarien des Markenrechts, wie auch die deliktsrechtlichen und wettbewerbsrechtlichen Regeln werden in ihren Grundsätzen auch zur Lösung der Konflikte im Internet angewendet. Allerdings sind sie nur bedingt geeignet, den internetspezifischen Problemen gerecht zu werden.

Die sich durch die Nutzung von Internetdomains ergebenden Streitigkeiten basieren zum Großteil darauf, dass jeder Domainname nur einmalig vergeben werden kann. Häufig werden mit der Registrierung und Nutzung einer Domain, welche den Namen oder das Kennzeichen eines Dritten enthält, dessen Rechte verletzt. Ansprüche des Kennzeicheninhabers gegen den Domaininhaber können sich dann aus §§ 14, 15, 128 MarkenG, 12 BGB, § 37 HGB, § 823 I BGB oder aus § 826 BGB ergeben.

Wesentlich für die Feststellung von Ansprüchen aus dem Markengesetz ist dabei vor allem die Frage, ob eine Domain überhaupt kennzeichenmäßig verwendet wird. Dies ist heute allgemein anerkannt. Dem Domainnamen kommt nicht nur eine reine Adressfunktion zu, er dient darüber hinaus dem User auch als Herkunftshinweis.

Des weiteren ist die Frage der Ähnlichkeit der Domain mit dem Kennzeichen und die der Verwechslungsgefahr zu klären. Für die Feststellung der Ähnlichkeit zwischen Verletzerdomain und Kennzeichen sind die technischen Besonderheiten des Internet zu berücksichtigen. Der Ähnlichkeitsbereich ist hier enger gefasst, als es außerhalb des Internet üblich ist. Um im Rahmen des § 14 Abs. 2 Nr. 2 MarkenG die Branchenähnlichkeit zu bestimmen, kommt es nicht auf die Domain selbst, sondern auf den Inhalt der Web-Site an. Es wird überprüft, ob die Waren – oder Dienstleistungen, welche der Domaininhaber auf seinen Web-Sites anbietet mit denen des Kennzeicheninhabers ähnlich oder identisch sind, folglich eine Verwechslungsgefahr zu befürchten ist. Einer Feststellung der Verwechslungsgefahr bedarf es nur dann nicht, wenn es sich bei dem registrierten Domainnamen um eine bekannte Marke gem. § 14 Abs. 2 Nr. 3 MarkenG handelt. Diese wird vor unlauterer Ausnutzung ihrer Unterscheidungskraft oder Wertschätzung geschützt, das Bestehen einer Verwechslungsgefahr ist hier nicht erforderlich.

Der markenrechtliche Schutz der geschäftlichen Bezeichnung gem. §§ 5, 15 MarkenG richtet sich nach den gleichen Grundsätzen wie der Schutz für die Marken. Die Abgrenzung für die Feststellung der Verwechslungsgefahr erfolgt hier aber nicht nach Waren und Dienstleistungen sondern nach Branchen und Werkarten bzw. Werkinhalten.
Für die Aufnahme der erforderlichen Nutzung des Kennzeichens im geschäftlichen Verkehr reicht es aus, wenn unter der Domain Werbung oder Handel betrieben wird. Selbst in den Fällen der bloßen Registrierung einer Domain kann sich ein Anspruch aufgrund von Erstbegehungsgefahr ergeben. Dann muss der Kennzeicheninhaber aber beweisen können, dass eine zukünftige Verwechslungsgefahr zu befürchten ist. Auch in den Fällen des Domain-Grabbings liegt geschäftliches Handeln vor.
Stehen dem Kennzeicheninhaber markenrechtliche Ansprüche gegen den Domaininhaber zu, so hat er gegen diesen lediglich einen Unterlassungs- bzw. Freigabeanspruch, wenn es sich bei seinem Kennzeichen nicht gerade um ein berühmtes Zeichen handelt. Nur in diesem Fall kann er auch die Übertragung der Domain an sich selbst verlangen.

Neben Ansprüchen aus dem Markengesetz können sich für den Kennzeicheninhaber auch Ansprüche aus § 12 BGB ergeben. Solche sind vor allem für die Fälle der Gleichnamigen von Bedeutung. In den Konstellationen der gleichberechtigten Domaininhaber kommen als Möglichkeiten der Konfliktlösung sowohl die Anbringung unterscheidungskräftiger Zusätze wie auch eine gemeinsame Nutzung der Homepage oder die Verpflichtung des Erstregistranten auf Setzung eines Links auf seiner Homepage in Betracht. Kommt aber einem Namensgleichen Berühmtheitsschutz zu, setzt er sich gegenüber seinem Streitgegner durch, so dass letzterer zur Änderung seiner Domain, etwa durch Hinzufügen unterscheidungskräftiger Zusätze oder zur Aufgabe, gegebenenfalls auch zur Übertragung der Domain verpflichtet sein kann.

Auch Gebietskörperschaften sind vom Schutz des § 12 BGB erfasst. Jedoch kommt diesen nicht automatisch das bessere Recht an einer Domain zu. Sie können sich gegenüber gleichberechtigten Namensinhabern allenfalls dann durchsetzen, wenn es sich um bekannte oder berühmte Städte oder Gemeinden handelt. Im übrigen gelten hier dieselben Grundsätze wie auch sonst im Bereich der Gleichnamigen. Auch die Gebietskörperschaft kann somit zum Hinzufügen unterscheidungskräftiger Zusätze an ihre Domain verpflichtet sein. Ein Anspruch gegen einen Domaininhaber gem. § 12 BGB steht ihnen darüber hinaus dann nicht zu, wenn es sich um eine durch diesen genutzte „.com“-Domain handelt. Hier wird nämlich in der Regel keine Zuordnungsverwirrung entstehen, da der User unter dieser TLD kommerzielle Tätigkeiten und keine Informationen über die Stadt oder Gemeinde selbst erwartet.

Um den Schutz des Kennzeichenrechts auch außerhalb des geschäftlichen Verkehrs und jenseits der Branchennähe zu gewährleisten, kommt ein ergänzender Schutz des Kennzeichenrechts gegebenenfalls nach § 37 Abs. 2 HGB, §§ 1, 3 UWG und §§ 823 Abs. 1, 826 BGB in Betracht. Der Anwendungsbereich dieser Normen ist durch das Markengesetz nicht beschränkt worden, § 2 MarkenG.

In Fällen der Registrierung von Sperrdomains und des Domains-Grabbings kann der Kennzeicheninhaber gegen den Domaininhaber auch Ansprüche aus dem UWG geltend machen. Problematisch ist dabei, dass durch das bloße Registrieren einer Domain grundsätzlich noch kein Wettbewerbsverhältnis entsteht. Ansprüche nach § 1 UWG kommen daher nur dann in Betracht, wenn der Domaininhaber durch die Sperrung der Domain einen Konkurrenten des Kennzeicheninhabers fördern will. Beim Domain-Grabbing ist der wettbewerbsrechtliche Anspruch des § 1 UWG nur gegeben, wenn die Domain gerade an ein drittes Unternehmen weiterveräußert werden soll. In den Fällen, in welchen es dem Kennzeicheninhaber selbst zum Kauf angeboten wird, mangelt es hingegen am Wettbewerbsverhältnis.

Gegen die Verwender von Gattungsbezeichnungen oder generischen Begriffen bestehen grundsätzlich keine Ansprüche. Sie nutzen lediglich die Möglichkeiten, welche sich aus dem Prioritätsgrundsatz ergeben und sichern sich so eine einprägsame Domain. Ansprüche aus UWG können nur in den seltenen Ausnahmefällen bestehen, in welchen die Domain nicht nur unter einer TLD, sondern unter allen relevanten TLDs oder in allen möglichen Schreibweisen blockiert wird. Dann nämlich tritt eine faktische Monopolisierung ein; die Nutzung der Bezeichnung als Domain wird für andere Interessenten gänzlich verhindert.

Neben Ansprüchen gegen den Domaininhaber können dem Kennzeicheninhaber grundsätzlich auch Ansprüche gegen die DENIC eG oder den Internet-Service-Provider zustehen. Da aber die Prüfungspflichten sowohl der DENIC eG , wie auch der Internet-Service-Provider begrenzt sind, kommt eine Haftung derselben nur in Betracht, wenn sich die Registrierung der Domain für sie als offensichtlicher Rechtsverstoß darstellen muss oder ihnen ein rechtskräftiges Urteil vorliegt, welches die Nutzung der Domain untersagt.

Ansprüche stehen nicht nur einseitig dem Kennzeicheninhaber gegen den Domaininhaber zu, sondern es können umgekehrt auch letzterem Ansprüche zum Schutz seiner Domain zustehen. Als solche kommen marken – und namensrechtliche Ansprüche in Betracht. Erforderlich ist für erstere, dass die Domain Schutz nach dem Markengesetz erlangt. Dies kann durch Eintragung des Domainnamens als Marke ins Markenregister oder durch die Erlangung von Verkehrsgeltung erfolgen. Die Erlangung von Verkehrsgeltung allein durch eine Nutzung als Domain im Internet wird aber nur in seltenen Fällen erfolgen.

Nach wie vor bestehen viele Konfliktfälle, die nach geltendem Recht nicht befriedigend gelöst werden können. Ein Widerspruchsverfahren wie im Markenrecht gibt es nicht. Der Dispute-Eintrag im Bereich der „.de“ - Domains schützt den Kennzeicheninhaber oftmals nur unzureichend. Inhaber von Marken und geschäftlichen Bezeichnungen ist es in vielen Fällen kaum möglich, gegen Firmen vorzugehen, die in einer anderen Branche tätig sind. Der Schutz gem. §§ 1 und 3 UWG schützt zwar vor bewusster Annäherung an ein Zeichen und vor Irreführung im Verkehr, sie setzen aber stets ein Wettbewerbsverhältnis voraus, so dass Ansprüche gegen Privatpersonen regelmäßig nicht in Betracht kommen.

Auf der anderen Seite erhalten die Kennzeicheninhaber – insbesondere die bekannter oder berühmter Namen - oftmals einen zu weitreichenden Schutz gegen Domaininhaber aufgrund des MarkenG. Durch den weiten Schutz können sie eine Vielzahl gleicher oder ähnlicher Namen für sich blockieren. Dies erscheint aufgrund des begrenzten Angebots an Domainnamen unangemessen.

Effektive Lösungsmöglichkeiten zur Vermeidung von Domainstreitigkeiten sind zur Zeit kaum vorhanden. Zu erwägen wäre die Einführung eines Internet-Markenamtes, welches vor jeder Domainregistrierung eine Prüfung auf entgegenstehende Rechte vornehme müsste und dadurch auch selbst in die Haftung geraten könnte. Ein solches Verfahren wäre aber de facto mit einem zu großen Aufwand verbunden und kaum durchführbar. Die sinnvollste Möglichkeit bestünde in einer Angleichung zum bereits in den USA bestehenden System, nach welchem Domains vor ihrer Registrierung bekannt gegeben werden und dem Kennzeicheninhaber damit die Möglichkeit eröffnet wird, schon vor der Registrierung der Domain Widerspruch hiergegen einzulegen. Dies wäre zwar verbunden mit der Aufgabe des derzeit herrschenden Prioritätsgrundsatzes, würde aber eine Fülle an Domainstreitigkeiten vermeiden und zudem zu der dringend erforderlichen Rechtsangleichung im internationalen Raum beitragen. Aufgrund der Globalität des Internet können die durch das Internet aufgeworfenen Probleme und Rechtsfragen ohnehin nicht auf nationaler Ebene geregelt werden. Auf Dauer müssen international verbindliche Regelungen auf internationaler Ebene gefunden werden.

Anhang

DENIC-Registrierungsbedingungen

§1 Geltungsbereich
Die Allgemeinen Geschäftsbedingungen gelten für den Registrierungsvertrag zwischen der DENIC Domain Verwaltungs- und Betriebsgesellschaft eG, Frankfurt am Main, (nachfolgend "DENIC") und dem Auftraggeber (nachfolgend "Kunde"). Der Kunde sendet den Registrierungsauftrag direkt oder über einen Internet Service Provider, der DENIC-Genosse ist, (nachfolgend "ISP") an die DENIC. Die DENIC nimmt den Auftrag durch Bestätigung oder Durchführung der Registrierung an.

§2 Aufgaben von DENIC
(1) Die DENIC registriert die Domain unter dem Top-Level .de., wenn die Domain nicht bereits für einen Dritten registriert ist. Die DENIC ist nicht verpflichtet zu prüfen, ob die Nutzung durch den Anmelder rechtmäßig ist. Bei offensichtlichen Rechtsverletzungen kann die DENIC die Registrierung verweigern.

(2) Die DENIC nimmt die Domain und deren technischen Daten in ein öffentliches Register (whois) auf, das, ausgenommen der Wartungszeiten, mit dem Internet verbunden ist und in regelmäßigen Abständen zum Herunterladen zur Verfügung gestellt wird. Die Bereitstellung des Registers durch andere Betreiber ist nicht Bestandteil der DENIC-Leistung.

(3) Die DENIC versieht eine Domain mit einem Dispute-Eintrag, wenn ein Dritter glaubhaft macht, dass er ein Recht auf die Domain hat und dieses gegenüber dem Domain-Inhaber geltend macht, vorausgesetzt, er stellt die DENIC und den ISP von möglichen Ansprüchen des Domain-Inhabers und Dritter frei. Der Dispute-Eintrag hat Wirkung für ein Jahr. Die DENIC verlängert auf Antrag den Dispute-Eintrag, wenn der Dritte nachweist, dass die Auseinandersetzung noch nicht abgeschlossen ist. Eine Domain, die mit einem Dispute-Eintrag versehen ist, kann vom Inhaber weiter genutzt, jedoch nicht übertragen werden.

§3 Pflichten des Kunden
(1) Der Kunde versichert, dass seine Angaben richtig sind und er zur Nutzung der Domain berechtigt ist, insbesondere, dass die Domain keine Rechte Dritter verletzt und nicht gegen allgemeine Gesetze verstößt. Hat er keine(n) Wohnsitz/Niederlassung in Deutschland, benennt er einen in Deutschland ansässigen Zustellungsbevollmächtigten als "admin-c". Jeder "admin-c" ist mit Zustellanschrift anzugeben.

(2) Der Kunde stellt die technischen Voraussetzungen zur Konnektierung der Domain sicher, prüft sofort nach Registrierung die Funktionsfähigkeit des Zugriffs im Internet und die unter *http://www.denic.de/servlet/Whois* veröffentlichten Angaben und teilt der DENIC oder dem ISP Änderungen hierzu jeweils unverzüglich mit.

§4 Vergütung

(1) Wird der Auftrag über einen ISP erteilt und kommt dieser seinen Domain-Zahlungsverpflichtungen gegenüber der DENIC nach, ruht die Vergütungspflicht des Kunden.

(2) Erfüllt der ISP seine Zahlungspflichten gegenüber der DENIC nicht, hat der Kunde die Registrierungsleistungen unmittelbar an die DENIC zu vergüten. Die Registrierungspreise und die Zahlungsfälligkeit ergeben sich aus der jeweils aktuellen DENIC-Preisliste, abrufbar unter *http://www.denic.de/DENICdb/domainreg/DENICdirect/preisliste.html*. Die DENIC kann die Preise mit einer Ankündigungsfrist von zwei Monaten ändern.

§5 Haftung

(1) Die DENIC haftet nur für von ihr oder ihren Erfüllungsgehilfen grob fahrlässig oder vorsätzlich verursachte Schäden sowie bei verschuldeter Verletzung wesentlicher vertraglicher Hauptpflichten und bei Fehlen zugesicherter Eigenschaften. Der ISP ist nicht DENIC-Erfüllungsgehilfe.

(2) Bei leicht fahrlässiger Verletzung wesentlicher vertraglicher Hauptpflichten haftet die DENIC höchstens bis zum typischerweise vorhersehbaren Schaden, in der Regel bis zur Höhe einer Domain-Jahresvergütung.

(3) Der Kunde haftet für sämtliche Schäden, die der DENIC aufgrund fehlerhafter Registrierungsangaben entstehen.

(4) Der Kunde leistet der DENIC Ersatz für alle Schäden, die der DENIC durch die Inanspruchnahme Dritter wegen fehlender Berechtigung des Kunden zur Nutzung der Domain entstehen und stellt die DENIC von allen Ansprüchen Dritter frei.

§6 ISP-Wechsel und Domain-Übertragung

(1) Bei Beendigung des ISP-Vertrags mit anschließender Selbstverwaltung durch den Kunden oder bei ISP-Wechsel gibt der Kunde selbst oder durch den neuen ISP den Auftrag, die Domain umzuregistrieren. Die DENIC nimmt die Umregistrierung vor, wenn der alte ISP der Freigabe nicht widerspricht oder der DENIC der Umregistrierungsauftrag des Kunden vorliegt.

(2) Die Domain ist übertragbar. Die DENIC überträgt die Domain an einen vom Kunden benannten Dritten, wenn der Kunde den Registrierungsvertrag kündigt und der Dritte einen Auftrag zur Registrierung erteilt. Die DENIC ist berechtigt, einen Registrierungsauftrag abzulehnen, solange ein Dritter ein Recht auf die Nutzung der Domain gegenüber der DENIC geltend macht (Dispute-Eintrag).

§7 Kündigung und Sperrung

(1) Der Vertrag wird auf unbestimmte Zeit geschlossen. Er kann vom Kunden - erstmals nach Ablauf des ersten Vertragsjahres - mit einer Frist von einem Monat zum Ende des Folgemonats gekündigt werden. Geleistete Vergütungen erstattet die DENIC nicht. Die Kündigung bedarf der Schriftform.

(2) Die DENIC kann den Vertrag ohne Einhaltung einer Frist aus wichtigem Grund kündigen, insbesondere wenn

a) der Kunde wesentliche Vertragspflichten nachhaltig verletzt, insbesondere z.B. nach Mahnung und Fristsetzung die fällige Vergütung nicht bezahlt oder

b) die Domain als solche rechtswidrig ist oder

c) der Kunde schriftlich und uneingeschränkt erklärt, er wolle die Domain nicht nutzen oder
d) in einem rechtskräftigen gerichtlichen Titel festgestellt ist, dass der Kunde nicht berechtigt ist, die Domain zu nutzen oder

e) der ISP des Kunden nach Mahnung und Fristsetzung eine fällige Domain-Vergütung nicht bezahlt oder die Domain nicht ordnungsgemäß verwaltet und der Kunde nach Aufforderung innerhalb einer Frist von einem Monat weder einen neuen ISP benennt noch der Weiterführung ohne ISP zustimmt oder

f) die Identität des Kunden aus den Registrierungsangaben nicht festgestellt werden kann oder

g) die Zustellung an den unter "admin-c" Genannten bei zwei aufeinander folgenden Versuchen scheitert, ohne dass die DENIC dies zu vertreten hat, oder

h) der Kunde nach Aufgabe seines Wohnsitzes/seiner Niederlassung in Deutschland nach Mahnung und Fristsetzung keinen Zustellungsbevollmächtigten in Deutschland als "admin-c" benennt oder

i) Domain-Daten falsch sind.

§8 Datenschutzhinweis
Der Kunde wird darauf hingewiesen, dass Namen und Anschriften des Domaininhabers sowie des administrativen und technischen Ansprechpartners und des Zonenverwalters, vom technischen Ansprechpartner und Zonenverwalter zudem die Telefon- und Telefaxnummer sowie die E-Mail-Adresse, im DENIC-Register (whois) veröffentlicht und im Rahmen des DENIC-Abfrageservices weitergegeben werden. Weitere Telefonnummern, Telefaxnummern sowie E-Mail-Adressen werden nur auf ausdrücklichen, schriftlich erklärten Wunsch des Kunden veröffentlicht und mitgeteilt.

§9 Rechtswahl und Gerichtsstand
Der Registrierungsvertrag unterliegt deutschem Recht. Für Kaufleute und Personen mit Wohnsitz oder gewöhnlichem Aufenthalt im Ausland ist Frankfurt am Main ausschließlicher Gerichtsstand für alle Ansprüche im Zusammenhang mit dem Vertrag. Die DENIC kann auch im allgemeinen Gerichtsstand des Kunden klagen.

DENIC-Registrierungsrichtlinien

Die DENIC eG registriert Internet-Domains unterhalb der deutschen Top Level Domain (TLD) .de. Sie tut dies ohne Gewinnerzielungsabsicht zum Nutzen aller am Internet Interessierten und befindet sich darin in Übereinstimmung mit den international anerkannten Standards für den Betrieb einer Länder-TLD-Registrierungsstelle.

I.

Registrierungsaufträge können entweder über einen Internet-Service-Provider, der DENIC-Mitglied ist (ISP), oder unmittelbar an die DENIC (DENICdirect) erteilt werden. Voraussetzung für die Bearbeitung ist in beiden Fällen, dass der Auftraggeber die nach diesen Richtlinien erforderlichen Angaben vollständig und zutreffend übermittelt und die gewünschte Domain den in diesen Richtlinien enthaltenen Vorgaben entspricht. Der Registrierungsvertrag kommt zwischen dem künftigen Domaininhaber und der DENIC erst durch die Registrierung zustande; für ihn gelten neben diesen Richtlinien die Registrierungsbedingungen der DENIC.

II.

Eine Domain kann (neben der TLD .de) nur bestehen aus Ziffern (0 bis 9), Buchstaben des lateinischen Alphabets (A bis Z, also ohne Umlaute und andere Sonderbuchstaben) und Bindestrichen (-). Sie muss wenigstens einen Buchstaben enthalten, darf mit einem Bindestrich weder beginnen noch enden und nicht an der dritten und vierten Stelle Bindestriche enthalten. Groß- und Kleinschreibung werden nicht unterschieden. Die Mindestlänge einer Domain beträgt drei, die Höchstlänge 63 Zeichen. Unzulässig als Domains sind die Namen anderer Top Level Domains (wie gegenwärtig z. B. arpa, com, edu, gov, int, net, nato, mil, org und sämtliche länderbezogenen TLDs) sowie deutsche Kfz-Kennzeichen. Die Einrichtung eigener Subdomains unterhalb der bei der DENIC registrierten Domain ist zulässig.

III.

Der Domaininhaber (descr:) ist der Vertragspartner der DENIC und damit der an der Domain materiell Berechtigte. Sofern es sich nicht um eine natürliche Person handelt, ist bei Auftragserteilung die vollständige den gesetzlichen Vorschriften entsprechende Firmierung mit Rechtsformzusatz anzugeben. Ebenso muss die Anschrift mitgeteilt werden, wobei die Angabe einer Postfachadresse nicht ausreicht.

Der administrative Ansprechpartner (admin-c) ist die vom Domaininhaber benannte natürliche Person, die als sein Bevollmächtigter berechtigt und verpflichtet ist, sämtliche die Domain betreffenden Angelegenheiten verbindlich zu entscheiden, und die damit den Ansprechpartner der DENIC darstellt. Anzugeben sind Name und Adresse des admin-c. Sofern der Domaininhaber seinen Sitz nicht in Deutschland hat, ist der admin-c zugleich dessen Zustellungsbevollmächtigter i. S. v. §§ 174 f. ZPO; er muss in diesem Falle seinerseits seinen Sitz in Deutschland haben und seine Straßenanschrift angeben.
Der technische Ansprechpartner (tech-c) betreut die Domain in technischer Hinsicht. Für ihn sind Name, Anschrift, Telefon- und Telefaxnummer sowie E-Mail-Adresse anzugeben.

Der Zonenverwalter (zone-c) betreut den oder die eigenen Nameserver des Domaininhabers und ist mit Name, Anschrift, Telefon- und Telefaxnummer sowie E-Mail-Adresse anzugeben. Sofern der Domaininhaber keine eigenen Nameserver delegiert, ist ein zone-c nicht erforderlich.

IV.

Die DENIC nimmt die nach Ziffer III. erforderlichen Daten in die öffentliche DENIC-Datenbank (whois) auf und gibt sie im Rahmen des DENIC-Abfrageservice weiter, da dies technisch und rechtlich erforderlich ist. Wünscht der Auftraggeber die Veröffentlichung weiterer Telefon- und Telefaxnummern sowie E-Mail-Adressen, hat er diese ebenfalls anzugeben und ausdrücklich seine Zustimmung zur Veröffentlichung zu erteilen.

Uniform Domain Name Dispute Resolution Policy

Policy Adopted: August 26, 1999
Implementation Documents
Approved: October 24, 1999

ICANN

Notes:

1. This policy is now in effect. See *www.icann.org/udrp/udrp-schedule.htm* for the implementation schedule.

2. This policy has been adopted by all accredited domain-name registrars for domain names ending in.com,.net, and.org. It has also been adopted by certain managers of country-code top-level domains (e.g.,.nu,.tv, ws).

3. The policy is between the registrar (or other registration authority in the case of a country-code top-level domain) and its customer (the domain-name holder or registrant). *Thus, the policy uses "we" and "our' to refer to the registrar and it uses "you" and l.your' to refer to the domain-name holder.*

Uniform Domain Name Dispute Resolution Policy

(As Approved by ICANN on October 24, 1999)

1. Purpose._This Uniform Domain Name Dispute Resolution Policy (the "Policy") has been adopted by the Internet Corporation for Assigned Names and Numbers ("ICANN"), is incorporated by reference into your Registration Agreement, and sets forth the terms and conditions in connection with a dispute between you and any party other than us (the registrar) over the registration and use of an Internet domain name registered by you. Proceedings under *Paragraph 4* of this Policy will be conducted according to the Rules for Uniform Domain Name Dispute Resolution Policy (the "Rules of Procedure"), which are available at *www.icann.org/udrp/udrp-rules-24oct99.htm*, and the selected administrative –dispute –resolution service provider's supplemental rules.

2. Your Representations. By applying to register a domain name, or by asking us to maintain or renew a domain name registration, you hereby represent and warrant to us that (a) the statements that you made in your Registration Agreement are complete and accurate, (b) to your knowledge, the registration of the domain name will not infringe upon or otherwise violate the rights of any third party; (c) you are not registering the domain name for an unlawful purpose, and (d) you will not knowingly use the domain name in violation of any applicable laws or regulations. It is your responsibility to determine whether your domain name registration infringes or violates someone else's rights.

3. Cancellations,Transfers, and Changes._We will cancel, transfer or otherwise make changes to domain name registrations under the following circumstances:

a. subject to the provisions of *Paragraph 8*, our receipt of written or appropriate electronic instructions from you or your authorized agent to take such action,

b. our receipt of an order from a court or arbitral tribunal, in each case of competent jurisdiction, requiring such action; and/or

c. our receipt of a decision of an Administrative Panel requiring such action in any administrative proceeding to which you were a party and which was conducted under this Policy or a later version of this Policy adopted by ICANN. (See *Paragraph 4(i)* and *(k)* below.)

We may also cancel, transfer or otherwise make changes to a domain name registration in accordance with the terms of your Registration Agreement or other legal requirements.

4. Mandatory Administrative Proceeding.
This Paragraph sets forth the type of disputes for which you are required to submit to a mandatory administrative proceeding. These proceedings will be conducted before one of the administrative-dispute-resolution service providers listed at *www.icann.org/udrp/approved-providers.htm* (each, a "Provider").

a. Applicable Disputes. You are required to submit to a mandatory administrative proceeding in the event that a third party (a "complainant") asserts to the applicable Provider, in compliance with the Rules of Procedure, that

(i) your domain name is identical or confusingly similar to a trademark or service mark in which the complainant has rights; and

(ii) you have no rights or legitimate interests in respect of the domain name; and

(iii) your damain name has been registered and is being used in bad faith.

In the administrative proceeding, the complainant must prove that each of these three elements are present.

b. Evidence of Registration and Use in Bad Faith.
For the purposes of *Paragraph 4 (a) (iii)* , the following circumstances, in particular but without limitation, if found by the Panel to be present, shall be evidenceof the registration and use of a domain name in bad faith:

(i) circumstances indicating that you have registered or you have acquired the domain name primarily for the purpose of selling, renting, or otherwise transferring the domain name registration to the complainant who is the owner of the trademark or service mark or to a competitor of that complainant, for valuable consideration in excess of your documented out-of-pocket costs directly related to the domain name; or

(ii) you have registered the domain name in order to prevent the owner of the trademark or service mark from reflecting the mark in a corresponding domain name, provided that you have engaged in a pattern of such conduct; or

(iii) you have registered the domain name primarily for the purpose of disrupting the business of a competitor; or

(iv) by using the domain name, you have intentionally attempted to attract, for commercial gain, Internet users to your web site or other on-line location, by creating a likelihood of confusion with the complainant's mark as to the source, sponsorship, affiliation, or endorsement of your web site or location or of a product or service on your web site or location.

c. How to Demonstrate Your Rights to and Legitimate Interests in the Dornain Name in Responding to a Complaint. When you receive a complaint, you should refer to *Paragraph 5* of the Rules of Procedure in determining how your response should be prepared. Any of the following circumstances, in particular but without limitation, if found by the Panel to be proved based on its evaluation of all evidence presented, shall demonstrate your rights or legitimate interests to the dornain name for purposes of *Paragraph 4(a)(ii)*:

(i) before any notice to you of the dispute, your use of, or demonstrable preparations to use, the domain name or a name corresponding to the domain name in connection with a bona fide offering of goods or services; or

(ii) you (as an individual, business, or other organization) have been commonly known by the domain name, even if you have acquired no trademark or service mark rights; or

(iii) you are making a legitimate noncommercial or fair use of the domain name, without intent for commercial gain to misleadingly divert consumers or to tarnish the trademark or service mark at issue.

d. Selection of Provider. The complainant shall select the Provider from among those approved by ICANN by submitting the complaint to that Provider. The selected Provider will administer the proceeding, except in cases of consolidation as described in *Paragraph 4 (f)*.

e. Initiation of Proceeding and Process and Appointment of Administrative Panel. The Rules of Procedure state the process for initiating and conducting a proceeding and for appointing the panel that will decide the dispute (the "Administrative Panel").

f. Consolidation. In the event of multiple disputes between you and a complainant, either you or the complainant may petition to consolidate the disputes before a single Administrative Panel. This petition shall be made to the first Administrative Panel appointed to hear a pending dispute between the parties. This Administrative Panel may consolidate before it any or all such disputes in its sole discretion, provided that the disputes being consolidated are governed by this Policy or a later version of this Policy adopted by ICANN.

g. Fees. All fees charged by a Provider in connection with any dispute before an Administrative Panel pursuant to this Policy shall be paid by the complainant, except in cases where you elect to expand the Administrative Panel from one to three panelists es provided in Paragraph 5 (b) (iv) of the Rules of Procedure, in which case all fees will be split evenly by you and the complainant.

h. Our Involvement in Administrative Proceedings. We do not, and will not, participate in the administration or conduct of any proceeding before an Administrative Panel. In addition, we will not be liable as a result of any decisions rendered by the Administrative Panel.

i. Remedies. The remedies available to a complainant pursuant to any proceeding before an Administrative Panel shall be limited to requiring the cancellation of your domain name or the transfer of your domain name registration to the complainant.

j. Notification and Publication. The Provider shall notify us of any decision made by an Administrative Panel with respect to a domain name you have registered with us. All decisions under this Policy will be published in full over the Internet, except when an Administrative Panel determines in an exceptional case to redact portions of its decision.

k. Availability of Court Proceedings. The mandatory administrative proceeding requirements set forth in *Paragraph 4* shall not prevent either you or the complainant from submitting the dispute to a court of competent jurisdiction for independent resolution before such mandatory administrative proceeding is commenced or after such proceeding is concluded. If an Administrative Panel decides that your domain name registration should be canceled or transferred, we will wait ten (10) business days (as observed in the location of our principal office) after we are informed by the applicable Provider of the Administrative Panel's decision before implementing that decision. We will then implement the decision unless we have received from you during that ten (10) business day period official documentation (such as a copy of a complaint, file-stamped by the clerk of the Court) that you have commenced a lawsuit against the complainant in a jurisdiction to whith the complainant has submitted under *Paragraph 3 (b) (xiii)* of the Rules of Procedure. (In general, that jurisdiction is either the location of our principal office or of your address as shown in our Whois database.
See *Paragraphs 1* and *3 (b) (xiii)* of the Rules of Procedure for details.) If we receive such documentation within the ten (10) business day period, we will not implement the Administrative Panel's decision, and we will take no further action, until we receive (i) evidence satisfactory to us of a resolution between the parties, (ii) evidence satisfactory to us that your lawsuit has been dismissed or withdrawn, or (iii) a copy of an order from such court dismissing your lawsuit or ordering that you do not have the right to continue to use your domain name.

5. All Other Disputes and Litigation. All other disputes between you and any party other than us regarding your domain name registration that are not brought pursuant to the mandatory administrative proceeding provisions of *Paragraph 4* shall be resolved between you and such other party through any court, arbitration or other proceeding that may be available.

6. Our Involvement in Disputes._We will not participate in any way in any dispute between you and any party other than us regarding the registration and use of your domain name. You shall not name us as a party or otherwise include us in any such proceeding. In the event that we are named as a party in any such proceeding, we reserve the right to raise any and all defenses deemed appropriate, and to take any other action necessary to defend ourselves.

7. Maintaining the Status Quo. We will not cancel, transfer, activate, deactivate, or otherwise change the status of any domain name registration under this Policy except as provided in *Paragraph 3* above.

8. Transfers During a Dispute

a. Transfers of a Domain Name to a New Holder. You may not transfer your domain name registration to another holder (i) during a pending administrative proceeding brought pursuant to *Paragraph 4* or for a period of fifteen (15) business days (as observed in the location of our principal place of business) after such proceeding is concluded; or (ii) during a pending court proceeding or arbitration commenced regarding your domain name unless the party to whom the domain name registration is being transferred agrees, in writing, to be bound by the decision of the court or arbitrator. We reserve the right to cancel any transfer of a domain name registration to another holder that is made in violation of this subparagraph.

b. Changing Registrars. You may not transfer your domain name registration to another registrar during a pending administrative proceeding brought pursuant to *Paragraph 4* or for a period of fifteen (15) business days (as observed in the location of our principal place of business) after such proceeding is concluded. You may transfer administration of your domain name registration to another registrar during a pending court action or arbitration, provided that the domain name you have registered with us shall continue to be subject to the proceedings commenced against you in accordance with the terms of this Policy. In the event that you transfer a domain name registration to us during the pendency of a court action or arbitration, such dispute shall remain subject to the domain name dispute policy of the registrar from which the domain name registration was transferred.

9. Policy Modifications. We reserve the right to modify this Policy at any time with the permission of ICANN. We will post out revised Policy at <URL> at least thirty (30) calendar days before it becomes effective. Unless this Policy has already been invoked by the submission of a complaint to a Provider, in which event the version of the Policy in effect at the time it was invoked will apply to you until the dispute is over, all such changes will be binding upon you with respect to any domain name registration dispute, whether the dispute arose before, on or after the effective date of our change. In the event that you object to a change in this Policy, your sole remedy is to cancel your domain name registration with us, provided that you will not be entitled to a refund of any fees you paid to us. The revised Policy will apply to you until you cancel your domain name registration.

Glossar

DENIC	Deutsches Network Information Center
DNS	Domain-Name-System
E – Commerce	Elektronischer Handel im Internet
FTP	File Transfer Protocol Dateien-Übertragungsprotokoll im Internet
Homepage	Empfangsseite eines Internet – Dienstes im www (World Wide Web), mit dem der Anwender zuerst konfrontiert wird, wenn er sich mit einem entsprechenden Programm über das Internet mit einem entfernten Server verbindet. Der Begriff wird auch für die Empfangsseiten von anderen Online – Systemen verwendet. Die Homepage ist eine multimediale Informationsseite, die mit Hypertexten (Links) zu anderen Internet – Seiten führt oder Internet – Diensten verbunden ist, so dass man auf diesem Wege von einer Homepage zu weiteren Informationen gelangen kann.
Host	Als Hosts dienen Zentralrechner, die ihre Ressourcen anderen Systemen zur Verfügung stellen
HTML	Hypertext Markup Language Programmiersprache für Websites
http://	Hypertext Transfer Protocol
Hyperlink	Auf einer Website angebrachter Querverweis auf eine andere Website entweder desselben Anbieters (relativer Hyperlink) oder auf die Website eines anderen Anbieters (absoluter Hyperlink).
IANA	Internet Assigned Numbers Authority
ICANN	Internet Corporation for Assigned Names and Numbers
IP-Adresse	Internet Protocol Adresse
ISOC	Internet Society
ISP	Internet – Service – Provider Das gesamte Internet besteht aus den Netzen dieser ISPs, welche ihr jeweiliges Netz zur Verfügung stellen und dadurch für einen reibungslosen Datenaustausch mit benachbarten Netzen sorgen.
NIC	Network Information Center
RFC	Request for Comment. RFCs beschreiben bereits seit 1969 alle Internet-Protokolle und Standards, sowie Regeln und Strategien der Kommunikations – und

	Netzwerktechnik. Sie sind nur eine Empfehlung und keine bindenden Regeln. Üblicherweise setzen sie sich aber in kürzester Zeit durch.
Server	Bei einem Server handelt es sich um einen mit Software ausgestatteten Computer mit einem Netzwerk, der Übertragungs – und Verarbeitungsaufgaben für einzelne Computer (Clients) wahrnimmt; auf dem Server werden die von dem Inhaltsanbieter zur Verfügung gestellten Informationen gespeichert und den Nutzern zum Zugriff bereitgestellt.
SLD	Second-Level-Domain
TLD	Top-Level-Domain
URL	Unified Resource Locator
Web – Site	Eine Web – Site stellt eine Zusammenfassung von Informationen dar, die über das Internet von einer Person einem Nutzer über die Internet – Adresse der Person verfügbar gemacht werden.